고해 사제의 밤

Tomáš Halík
NOC ZPOVĚDNÍKA

© 2012 Tomáš Halík
All rights reserved.

Translated by Choe Moonhee
Korean translation copyright © 2021 by Benedict Press, Waegwan, Korea.

Korean translation rights arranged with Tomáš Halík through Kristin Olson Literary Agency s.r.o., Praha, Czech Republic.

고해 사제의 밤

2021년 1월 20일 교회 인가
2021년 3월 25일 초판 1쇄
2021년 4월 29일 초판 2쇄

지은이	토마시 할리크
옮긴이	최문희
펴낸이	박현동
펴낸곳	성 베네딕도회 왜관수도원 ⓒ 분도출판사
찍은곳	분도인쇄소
등록	1962년 5월 7일 라15호
주소	04606 서울시 중구 장충단로 188 분도빌딩(분도출판사 편집부)
	39889 경북 칠곡군 왜관읍 관문로 61(분도인쇄소)
전화	02-2266-3605(분도출판사) · 054-970-2400(분도인쇄소)
팩스	02-2271-3605(분도출판사) · 054-971-0179(분도인쇄소)
홈페이지	www.bundobook.co.kr

ISBN 978-89-419-2103-5   03230

이 책의 한국어판 저작권은 Kristin Olson Literary Agency s.r.o.를 통해 Tomáš Halík와 독점 계약한 분도출판사에 있습니다.
저작권법에 의해 한국 내에서 보호를 받는 저작물이므로 무단 전재와 무단 복제를 금합니다.

고해 사제의 밤

불확실한 시대의 신앙

Tomáš Halík
토마시 할리크

최문희 옮김

분도출판사

하느님은
가까이 계시나 손에 잡히지 않는 분.
하지만 위험이 있는 곳에
구원도 자란다.
- 프리드리히 횔덜린

코헬렛은 현인이었을 뿐만 아니라 끊임없이 백성에게 슬기를 가르쳤으며
검토하고 연구하여 수많은 잠언들을 지어내었다.
- 코헬 12,9

충실하고 지혜로운 하느님의 종 세 사람을 기억하며
이르지 라인스베르크 몬시뇰(†2004.1.6.)
교황 요한 바오로 2세(†2005.4.2.)
떼제의 로제 수사(†2005.4.16.)

그분은 내게 말씀하시기를 "너는 내 은총을 넉넉히 받고 있다.
그 능력은 허약함 가운데서 완성되는 법이다" 하셨습니다.
… 내가 약할 때 오히려 나는 강하기 때문입니다.
- 2코린 12,9-10

차례

1	고해 사제의 밤	9
2	저희에게 작은 믿음을 주소서	29
3	불가능한 것들의 나라가 오시며	39
4	어렴풋한 현존	51
5	진중한 신앙	69
6	믿음이 있는 과학자의 고달픔	87
7	하느님이 아니라는 기쁨	105
8	다시, 여기	125
9	바이올린을 연주하는 토끼	143
10	하느님은 아신다	167
11	시야 안에 살아가기	179
12	폭력이다!	191
13	요나의 표징	211
14	이 저녁의 기도	225
15	사라의 웃음	233
16	원기를 회복하는 그리스도교	249

주 273

1   고해 사제의
              밤

이 책에서 내내 말하는, 그리고 이 책을 쓰게 한 신앙은 역설적 성격을 띤다. 그러니 겉핥기식이 아니라 진정으로 신앙에 관해 쓰려면 역설을 끌어와야만 하고, 껍데기로가 아니라 진정 신앙을 살아 내는 것도 역설로서만 가능하다.

낭만주의에서 말하는 시적인 '자연종교'나 계몽주의에서 말하는 교육적인 '도덕 종교'에는 역설이 없어도 될지 모른다. 그러나 참된 그리스도교라 불릴 수 있을 만한 종교는 그렇지 않다. 그리스도교의 핵심에는 수수께끼 같은 파스카 이야기, 패배를 통한 승리라는 커다란 역설이 들어 있다.

두 가지 단서, 신약성경에 나오는 역설적인 두 선언에 기대어 이

신앙의 신비와 이 신비들이 비추는 우리 세계의 여러 문제를 묵상해 보고자 한다. 첫째는 "사람들은 이것을 할 수 없으나 하느님은 무슨 일이나 다 하실 수 있습니다"(마태 19,26)라는 예수의 말씀이고, 둘째는 "내가 약할 때 오히려 나는 강하기 때문입니다"(2코린 12,10)라는 바오로 사도의 말씀이다.

내가 라인 지방의 숲속 은수처에서 홀로 여름을 지내며 쓴 책들은 장르는 각기 다르지만 모두 공통점이 있다. 언제나 내 의도는 나의 다양한 활동 영역에서 비롯된 경험을 나눔으로써 현 세태를 다른 각도에서 진단하고 '시대의 징표를 읽도록' 돕는 데 있었다.

제목이 말해 주는 것처럼 이 책에서는 **고해 사제로서의 경험**을 나누고자 한다. 독자들이 오해하거나 실망하는 일이 없도록 미리 말해 두자면, 이 책은 고해 사제나 고해자들을 위한 조언을 담고 있지 않으며, 비밀 엄수의 서약으로 보호받는 고해 내용의 장막을 벗기는 일도 결코 없을 것이다. 내가 나누고 싶은 것은, 자신의 잘못과 허물을 인정하는 이들, 자신의 갈등과 약함과 의심을 털어놓으면서 새로운 시작을 위해 용서와 화해와 내적 치유를 바라는 마음도 드러내는 이들의 이야기에 자주 귀 기울이는 한 사람이 어떻게 현재를 — 이 세계와 그 외적·내적 면면들을 — 바라보는가에 관한 이야기다.

25년이 넘는 꽤 긴 시간을 사제로 살아오면서 나는 화해의 성사를 받으러 오는 이들을 위해 적어도 일주일에 한 번 이상은 몇 시간씩 꼬박꼬박 시간을 냈다. 나를 찾아오는 이들 가운데 많은 이는 재세례파 신자이거나 신앙생활을 하지 않는 가톨릭 신자였기에 '영적 담소'

가 되는 경우도 많았다. 그동안 수천 명에게 귀를 빌려준 셈이다. 누군가는 가장 가깝고 사랑하는 이들에게도 말하지 못한 이야기들을 나에게 털어놓기도 했을 것이다. 내 세계관을 형성한 것은 학업이나 직무, 전 세계 일곱 대륙을 두루 돌아다닌 여행보다도 바로 이 체험이 아니었나 생각한다. 운명은 나를 여러 직업에 몸담게 이끌었다. 모든 직업은 각기 다른 관점에서 세계를 바라보게 한다. 의사, 화가, 판사, 언론인, 사업가, 관상 수도승은 모두 서로 다른 곳에 초점을 두고 다른 시각에서 세계를 바라본다. 고해 사제들도 그들 나름의 방식대로 세계를 바라보고 현실을 인식한다.

더는 순진해 빠지지도, 그렇다고 냉소적이지도 않은 요즘 사제들은 몇 시간씩 고해를 듣고 나면 지치기도 할 것이다. 고통스럽고 복잡하고 독특한 삶의 사연들로 이루어진 살덩이를 차가운 칼처럼 무자비하게 베어 버리며 명령과 금령들의 계명을 들이대는 가혹하고 가차 없는 스킬라와, '하느님을 사랑하기만 한다면 이래도 저래도 괜찮다'는 식의 미온적이고 허울 좋은 상냥함이라는 카리브디스 사이에서 좁은 양심의 길을 찾도록 사람들을 도와야 하는 어려운 임무 때문이다. "사랑하라. 그리고 그대 원하는 대로 하라"는 성 아우구스티누스의 격언은 그리스도인에게 참자유를 향한 왕도이지만, **진정으로** 사랑하는 일에 따르는 어려움과 위험과 책임을 아는 사람들만이 실현할 수 있다.

사람들의 영적 여정을 동행하는 기술은 '산파술'이다. 소크라테스가 산파인 어머니를 기리며 '영혼을 돌보는 것'을 이렇게 표현했다.

(키르케고르도 이 표현을 썼다.) 개인이 각자의 독특한 상황에서 길을 찾고 해결책에 이르며 그것에 대한 책임을 받아들일 수 있도록 돕되 조종하지 않아야 한다. "법은 확고"하지만 삶은 복잡다단하다. 때론 옳은 답이라도 계속 물음을 던지는 인내와 용기를 지녀야 한다.

성당에서 나를 기다리는 사람들의 이야기를 끝까지 다 듣고 돌아오면 대개 이슥한 밤이다. '돌봄 직업'에 대해 사람들이 말하는 '고객의 문젯거리를 퇴근 후 집까지 들고 가지 말 것'이라는 조언을 나는 제대로 지킨 적이 없다. 때로는 쉬이 잠들지 못할 때도 있다.

그럴 때면 나는 사람들이 당연히 사제에게 기대하듯, 나를 신뢰해 준 이들을 위해 기도한다. 그러나 때로는 나를 '다시 가다듬기' 위해 침대 옆에 놓인 신문이나 책들을 집어 들거나 심야 뉴스를 틀어 놓기도 한다. 내가 읽거나 듣는 것들, 즉 우리 세계에서 일어나고 있는 일들에 대한 온갖 증언들이 지난 몇 시간 동안 성당에서 귀 기울여 들었던 이야기들과 아주 흡사함을 깨닫는 것은, 바로 그런 순간들이다. **나는 고해 사제의 관점에서** 그것들을 인식한다. 예전에 임상심리학자로 일하면서 오랫동안 배웠고, 고해를 듣는 사제의 직무를 통해 더욱 깊이 배우게 된 방식으로 말이다. 나는 인내심을 갖고 집중해서 경청하고 식별하며 최선을 다해 이해하려고 노력하고, 자칫하면 상처를 줄 수 있는 캐묻는 투의 질문의 위험을 피하려 한다. 나는 '행간에 숨은 속뜻을 읽고', 사람들이 온갖 말을 늘어놓으면서도 차마 이야기하지 못하는, 어쩌면 꺼리는 것들을 이해하려고 노력한다. 그것은 수치심이나 수줍음이나 어색함 때문일 수도 있고, 너무 복잡 미묘한 문제라 입 밖으로 꺼내는 데 익숙하지 않아서 '할 말을 찾지 못했기' 때문일 수도 있다. 그럴 때는 그들을 위로하고 격려하기 위해 적절한 말을 찾거나, 필요하면 그들이 그 순간에 그것들을 인식하고 평가하는 것과는 다른 각도에서 바라보고 다르게 평가할 수도 있다는 것을 그들에게 일러 준다. 내가 던지는 물음들은 그들이 근본적인 어떤 것을 자신에게 숨기고 있지는 않은지 성찰하도록 이끌기 위한 것이다. 고해 사제는 심문관도, 재판관도 아니다. 심리학자도 아니다. 고해 사제들이 심리학자와 겹치는 부분은 극히 일부분이다. 사람들이 고해 사제에게 올 때는 그들의 인간적 기량이나 전문적 교육, '임상'과 개인적 실제 경험이 내포하는 것 이상을 줄 수 있기를 기대하고 희망한다. 고해 사제들은 우리가 성사라 부르는 신비(mysterion), 그 거룩한 신비 깊은 곳에서 나오는 의미와 치유력을 지닌 말들을 해 줄 수 있다.

'성사적 차원'이 없는 고해의 대화는 한낱 심리치료에 그칠 수 있다. 다른 한편으로, 엠마오로 가는 길에서 그리스도께서 슬픔과 혼란에 빠진 제자들과 동행하셨을 때처럼, 대화와 복음 정신 안에서 벗이 되어 주는 인간적 만남 없이 기계적으로 행해지는 '성사'는 마술 비슷한 것으로 변질될 수 있다.

사람들은 때때로 자기 생각과 경험과 행동으로 이루어진 '종교적 체계' 전체가 크고 작은 위기에 처했을 때 고해 사제를 찾는다. 적어도 이 책을 통해 고백하는 고해 사제의 경우에는 그랬다. 그들은 '막다른 골목'에 이르렀다는 느낌을 받지만, 이런 일이 벌어진 것이 자신도 인정하는 의식적인 도덕적 잘못 또는 '죄'의 결과인지, 아니면 자기 삶이나 인간관계의 어떤 변화와 관련이 있는지, 그것도 아니면 오랜 시간에 걸쳐 자기도 모르게 신앙이 약해지고 희미해진 결과를 이제야 깨닫게 된 것인지 분간하지 못할 때가 많다. 진지한 노력과 오랜 영적 추구에도 불구하고 그들이 지금까지 찾아간 곳에서는 충분히 납득할 만한 대답을 발견하지 못했거나, 지금까지 영적 고향으로 여겼던 것이 좁아터진 거짓 껍데기로 보이기 시작해서 공허함을 느끼기도 한다.

고해자들은 저마다 사연이 다르지만, 고해 사제를 오래 하다 보면 분명히 반복되는 주제를 발견할 수 있다. 그것이 이 책에서 말하려는 고해 사제로서의 경험 두 번째 측면이다. 물론 앞에서 밝힌 것처럼 그 내용은 비밀 엄수 서약으로 보호받겠지만, 수많은 개별 고해들을 통해 고해 사제는 더욱 보편적이고 모두에게 공통된 것, 개별 삶들의 표면 아래 있으며 '시대의 숨은 얼굴' 또는 그 '내적 조율'이라 할 만한 무언가를 접하게 된다.

특히 젊은이들의 영적 여정을 동반할 때면 세상에 곧 닥칠 진동과 변화를 어느 정도 측정할 수 있는 일종의 지진계 또는 우리가 살아가는 사회의 영적·도덕적 오염 수치를 알 수 있는 가이거계수기를 손에 넣는 것 같다. 나는 제법 이성적으로 사고하고 주술의 징조와 심령술사의 강신술 같은 어둑한 세계는 몹시 싫어하는 편이다. 하지만 전쟁이나 테러, 자연재해처럼 불쑥 튀어나와 세상을 흔들어 놓는 사건들은 사람들의 **내적 세계**와 다소 유사하거나 그 세계 안에 어떤 조짐을 드러내며, 많은 개인의 영적 삶의 변화와 '시대 분위기'는 일찍

감치 그러한 사건들의 전조가 된다는 생각이 들 때도 있다.

    그런 의미에서, 나의 폭넓고도 제한된 '고해소 경험'은 현대사회를 바라보는 내 관점에 영향을 미친다. 나는 철학자, 심리학자, 신학자뿐 아니라 역사가와 언론인 등 동료 전문가들의 글과 내 관점을 꾸준히 비교해 본다.

    악이 놀라운 방식으로 세계화되고 있으며 — 자연재해도 한 축을 차지하지만, 세계화된 악의 가장 적나라한 표출은 국제적 테러다 — 우리 인간 지성이 이런 현상을 바로잡기는커녕 충분히 파악하지도 못하는 지금, 현대의 낙관주의를 되살릴 가능성은 희박해 보인다. 우리 시대는 분명 탈낙관주의 시대다.

    내가 이해하는 낙관주의란 '다 괜찮다'는 확신, 무언가가 상황이 점점 나아지도록 보장할 것이며 설사 지금은 우리가 '최고의 세계'에 살고 있지 못하더라도 곧 그 **최고**를 성취하리라고 천진하게 신뢰하는 경향이다. 낙관주의가 기대는 그 구원의 '무언가'는 과학기술 발전일 수도 있고, 인간 지성의 힘이나 혁명, 사회공학, '인간 영혼의 기술자들'이 꿈꾸는 여러 계획, 사회 개혁의 교육학적·사회학적 실험들일 수도 있다. 이런 것들은 세속적 낙관주의라 할 수 있다. 그러나 종교적 낙관주의도 있다. 종교적 낙관주의란, 어쨌거나 우리에게는 그분께서 우리 요구를 들어주시도록 설득할 확실한 도구가 있다고 확신하는 것이다. '우리는 온 힘을 다해 믿고, 기도 운동을 벌이기만 하면 된다' 같은 것이다. 또한 '데우스 엑스 마키나'처럼 우리를 문제들에서 해방해 줄 축성된 무대감독에 의존하는 태도다.

나는 세속적 낙관주의와 '독실한' 낙관주의를 모두 거부한다. 둘 다 순진하고 피상적이며, 선과 옳음에 관한 우리의 제한적 전망과 계획과 인식의 틀에 미래를, 그리고 하느님까지도 끼워 맞추려 하는 태도가 엿보이기 때문이다. 그리스도인의 희망은 장차 올 것에서 의미를 찾으려는 준비된 마음가짐과 개방성이지만, 이러한 어림짐작 뒤에는 결국 우리는 언제나 우리에게 무엇이 최고인지를 미리 알고 있다는 건방진 억측의 냄새가 풍긴다.

세속적 낙관주의('진보'를 만병통치약으로 보는 계몽주의 신앙)의 순진함과 그 실패에 관한 글들은 이미 많이 나와 있다. 나는 그보다는 '종교적 낙관주의'에 더욱 반대하는 견해다. 속임수 같은 '하느님과의 흥정' 가능성과 사람들의 불안을 활용하여 복잡한 문제들에 지나치게 단순화된 '신실한' 대답들을 제시하는 **안일한 신앙** 말이다.

우리의 위기를 감추어서는 안 된다는 것이 내 깊은 확신이다. 위기를 회피하거나 비껴가서는 안 된다. 위기가 우리를 겁주게 해서도 안 된다. 위기를 헤치고 나갈 때만 우리는 더 성숙하고 지혜로운 상태로 '다시 형성될' 수 있다. 이 책에서 나는 우리를 둘러싼 세상의 위기와 '종교의 위기' — 이 말의 의미를 전통 종교 제도의 영향력과 안정성의 하락으로 받아들이든, 또는 세상과 신앙에 관한 기존의 종교 해석 체계가 지닌 설득력의 약화나 개인의 '영성 생활'의 위기로 받아들이든 간에 — 들은 하느님께서 우리에게 열어 주신 거대한 기회의 창이라는 것을 보여 주고 싶다. 이 위기들은 우리가 '깊은 데로 나아가도록' 재촉하는 도전들이다.

위기를 회피하지 않고 **자기 십자가를 지는** 삶의 태도를 일깨우는 것이 그리스도교가 할 수 있는 가장 가치 있는 이바지 가운데 하나라고 본다. 그리스도교는 기본적으로 '교의 문서들의 체계'가 아니라 '**메토도스**'(*methodos*), 곧 길이다.² 겟세마니의 어둠과 성금요일, 성토요일의 '저승으로 내려가심'을 피하지 않았던 분의 길을 따르는 것이다.

그리스도인이라면 누구나 부활 사건을 주제로 하는 묵상과 설교를 수없이 들어왔다. 그러나 부활이 정말 우리의 삶과 현재 교회의 상태를 이해하는 열쇠가 되었는가? '십자가'라는 말에서 우리는 그저 질병이나 노화 같은 개인적 문제를 떠올린다. **부활하신 분을 위한 자리를 만들기 위해 우리 자신 안의, 교회 안의, 우리 신앙 안의, 우리 확신 안의 많은 것이 '죽어' 십자가에 못 박혀야 한다**는 개념이 우리 그리스도인 다수에게 상당히 낯선 생각이 된 것 같아 사뭇 걱정스럽다.

부조리한 패배를 통한 승리라는 역설이 그 핵심인 부활 신앙을 고백하면서, 왜 우리 자신의 패배는 두려워하는가? 오늘날 세상에서 두드러지는 그리스도교의 약함까지 두려워하는가? 우리가 부활 이야기를 읽으면서 기억하는 사건들을 통해 말씀하셨듯이, 하느님께서는 이런 현실을 통해서도 우리에게 말씀하고 계시지 않는가?

안타깝게도, 우리에게 익숙한 형태의 종교는 정말이지 '죽어 가고' 있다. 종교의 역사와 그리스도교의 역사는 위기의 시대와 쇄신의 시대로 엮어진다. 참으로 죽은 종교는 변화를 겪지 않는 종교, 그러한 삶의 리듬에서 중도 하차한 종교뿐이다.

'역설의 신학자들'이라고 일컬을 만한 그리스도교 사상가들인성 바오로, 성 아우구스티누스, 파스칼, 키르케고르 등은 모두 신앙의 역사에서 결정적인 시기에 살았으며, 그들의 해석을 통해 '시대의 표징'을 보여 줌으로써 신앙생활을 위한 새로운 지평을 열어젖혔던 것은 우연이 아니다. 바오로는 초기 그리스도교가 유다교와 결별할 때, 아우구스티누스는 로마 몰락 이후 혼란기에, 파스칼은 현대 세계가 태동한 격동기에, 키르케고르는 이 시민 대중적 현대 그리스도교 세계가 결국 허물어지기 시작할 무렵에 살았다.

이 책 곳곳에서 보여 주려고 노력하겠지만, 현재 우리는 계몽주의 시대에 생겨난 종교 유형이, 그리고 그리스도교가 한편으로는 그 영향 아래서, 또 한편으로는 그에 대한 반작용으로 스러져 가는 것을 목격하고 있다. 그 종교는 자신의 시대인 '현대'와 함께 저물고 있다. 역사상 많은 경우에 그랬듯이, 이러한 신앙 상황은 '낙관적'으로도, '대재앙'으로도 해석할 수 있다. '낙관적' 해석은 다양한 '기술적 해결책'(현대 이전 종교로의 회귀 또는 안일한 '종교의 현대화')을 제시한다. 재앙으로 보는 시각은 그리스도교의 궁극적 종말을 (또 한 번) 이야기한다.[3] 내가 시도하는 것은 '현대의 위기'에 대한 전혀 다른 접근이다. 나는 이를 '파스카 역설'로 해석하려 노력할 것이다. 파스카 신비는 **그리스도교의 알맹이**다. 바로 그 안에서 나는 지금 우리가 살아가는 세상과 종교, 곧 '그리스도교의 문제들'을 다룰 수 있는 **길**(method)을 본다.

이 책에 담긴 생각들은 **역설의 신학과 영성**을 한 단계 더 끌고 나가고자 한다. 내가 말하는 '역설의 신학'은 바오로 사도에서 테르툴리아누스, 오리게네스, 아우구스티누스를 거쳐 디오니시우스 아레오

파기타와 모든 '부정신학' 전통 그리고 마이스터 엑카르트에서 십자가의 요한에 이르는 철학적 신비가들, 또한 파스칼과 키르케고르에서 오늘날의 '포스트모더니스트들'인 존 카푸토, 장 뤽 마리온, 또 내가 무척 좋아하는 작가인 니콜라스 래시에 이르기까지 그리스도교 전통 전체에서 그 흔적을 찾을 수 있다. 초기 유다교에서 마르틴 부버, 한스 요나스, 아브라함 헤셸을 비롯한 현대 유다교 사상가에 이르기까지, 유다교 신비주의와 신학에서도 이는 분명히 드러난다. '심층 심리학'이나 '심층 생태학'과 유사하게 우리도 '**심층 신학**', 곧 '하느님의 숨어 계심'을 강조하는 신학을 말할 수 있을 것이다.⁴ 나는 이 성찰을 통해 신앙의 **역설**이란 단순히 신학적 추론의 주제가 아니라 우리가 '살아 낼' 수 있는 것이며, 우리 시대의 영적 상황과 도전들을 이해하는 열쇠가 된다는 것을 보여 주고 싶다.

고해 사제들에게 맡겨진 **권한**, 곧 '매고 풀' 수 있는 권한, 세상에서 악과 죄로 입은 상처를 치유하는 권한의 원천은 바로 '파스카 신비'다. 사죄경을 외울 때마다 가장 핵심적이라고 여기는 부분은 "성자의 죽음과 부활로"라는 대목이다.⁵ 이 '부활의 권한'이 없다면 고해는, 그리고 화해의 성사 전체는 외부인들이 생각하는 것처럼 '속마음을 털어놓고', 마음의 짐을 덜어 내며, 응어리를 풀어내고, 조언을 구하는 기회 그 이상이 되지 못할 것이다. 다시 말해, 주술사나 정신분석 전문가로 쉽게 대체할 수 있는 것이 되고 말 것이다. 그러나 사실 화해의 성사는 이런 것과는 전혀 다르고, 그보다 훨씬 깊다. 화해의 성사는 부활 사건들에서 오는 치유의 열매다.

바오로 사도가 아테네 아레오파고스에서 그리스인들에게 부활절의 의미와 부활의 신비에 관하여 말하기 시작할 때, 대부분은 바오로를 비웃으며 등을 돌렸다. 자신들은 이미 그런 신화들을 넘치도록 알고 있다고 생각했기 때문이다. 그리스인들은 '죽은 이들의 부활'이라는 표현이 그들 생각과는 **전혀 다른 것**을 뜻한다는 것을 설명할 기회도 주지 않은 채 그저 바오로를 비웃었다. 그 가운데 아레오파고스의 디오니시오와 다마리스와 그 밖에 다른 몇몇만이 바오로 편에 섰다(사도 17,22-34 참조).

이런 물음을 던져 본다. 이 책 전체에서 가장 '어려운' 부분이 될 것 같은 이 장이 끝날 때까지, 수많은 오해 속에 가려져 있는 그 신비에 관한 묵상에 줄곧 머물러 있다면 내 독자들 가운데 계속 남아 있을 디오니시오는 몇 명이나 될까?

부활 소식과 더불어 그 순간 복음은 '기쁜 소식'(에우앙겔리온: *euangelion*), 해방하는 구원의 메시지가 된다. 그 부활을, 심지어 제자들도 처음에는 믿을 수 없고 불가능한 일로 여겼다. 그도 그럴 것이 그런 일은 인간의 행동이나 이해의 가능성을 뛰어넘는다는 점에서는 분명 '불가능'하기 때문이다. 그것은 우리나 그 어떤 인간이 체험한 것과도 근본적으로 다르다. 성경에서나 신학적 의미에서 예수님의 부활은 '주검의 소생', 이전 상태로의 복귀, 다시 한번 더 죽음으로 끝나게 될 이 세상 삶으로의 복귀가 아니다. 가장 심오하게는 바오로를 비롯하여 신약성경의 저자들은 우리가 이런 것들을 혼동하지 않게 하려고 공을 들였다.[6] 그리스도의 부활은 성경을 읽은 사람이라면 누구나 익숙한 이런저런 이적들 가운데 하나가 아니다. 이 개념(하느님에 관하여 이야기하려는 모든 시도는 이미지나 은유에 기대기 마련이니 이미지 또는 은유라 해도 좋겠다[7])은 그보다 **훨씬 더한 것**을 뜻한다. 그렇기에 이 메시지, 즉 부활에 관한 복음은 우리에게도 단순히 예수님의 시신에 무슨 일이 벌어졌는가에 관한 의견을 형성하는 것 이상의 훨씬 더 근본적인 응답을 요구한다. 무엇보다도, 우리 삶에 대해 무언가를 해야 한다. 바오로의 말처럼 "그리스도와 함께 죽어, 죽은 이들 가운데 되살아나기" 위해 우리도 깊숙한 변화를 겪어야 한다. 부활 신앙이란 '제 십자가를 짊어지는' 용기와 '새로운 삶을 살려는' 결심을 뜻한다. 부활 이야기가 들려주는 사건은 그것이 우리 삶을 변화시킬 때에만 우리에게 '기쁜 소식', '생기 가득한' 말씀이 될 수 있다.

부활 이야기는 전혀 다른 두 방식으로 읽을 수 있다. 첫째는, **2막으로 된 연극**으로 읽는 방법이다. 제1막에서는 아무 죄 없는 의인이 사형을 선고받아 처형되고, 제2막에서는 그가 부활하여 하느님께 받아들여진다. 다른 하나는, 두 버전의 이야기가 동시에 벌어지는 **단막극**으로 읽는 방법이다.

첫째 해석에 따르면, '부활'은 행복한 결말이고 전체 이야기는 전형적인 신화 또는 행복한 동화가 된다. 그런 이야기를 듣는 사람은, 그런 식으로 사건이 벌어졌겠거니 하고 혼자 생각하거나(사람들은 이를 '신앙'과 혼동한다), 그런 일은 일어나지 않았을 거라고 결론 내릴 수 있다(사람들은 이를 '신앙의 결핍'과 혼동한다).

그러나 실제로 **신앙의 눈으로 읽는** 방법은 둘째 해석인 '평행' 해석이다. 여기서 신앙은 두 가지를 뜻한다. 한편으로는 **그 이야기가 역설적이라는 깨달음**(이야기의 다른 측면인 '부활' 사건은 앞 사건에 뒤따르는 행복한 결말이 아니라 그것의 재해석이라는 것[8])이고, 다른 한편으로는 **그 이야기를 자기 삶의 이야기에 연결하려는 결심**이다. 그것은 '이야기 속으로 들어가' 그것에 비추어 자기 삶을 새롭게 이해하고 살아 내는 것, 그 역설성을 간직하며 삶이 제시하는 역설들을 두려워하지 않을 수 있게 됨을 뜻한다.

부활 이야기의 둘째 해석은 모든 것이 어떻게든 괜찮아지리라는 **견해**인 '낙관주의'가 아니라 **희망**에 관한 것이다. 곧, '괜찮지 않다고 드러나는' 것들(결국, 삶 전체는 '필연적으로 죽음으로 끝날 수밖에 없는 불치병'이라고 볼 수 있지 않은가)도 '재해석'할 수 있는 능력, 그리하여 우리가 현실과 그 무게를 받아들이고 이 상황을 버티며 시련을 견디면서 가능하다면 다른 이들에게도 도움이 될 수 있게 하는 것이다.

부활의 신비는 십자가의 신비를 취소하고 무효화하면서 우리 기분을 좋게 하는 해피엔딩이 아니다. 20세기의 위대한 신학자 가운데 하나인 요한 밥티스트 메츠는 우리가 부활 메시지를 선포할 때 "십자가에 못 박히신 분의 울부짖음을 침묵시켜서는 안 된다"고 강조했다. 자칫하다가는 그리스도교 부활 신학 대신 얄팍한 "승리의 신화"를 제시하게 될 것이다.[9]

부활 신앙은 인간 삶의 비극적 측면들을 경시하지 않는다. 그것은 우리에게 (고통과 죽음의 신비를 포함한) 신비의 무게를 회피할 수 있게 하거나, 희망을 붙잡고 치열하게 씨름하는 이들, 우리 세계의 내적·외적 사막이라는 "뙤약볕 아래에서 온종일 고생하는"(마태 20,12) 이들을 무겁게 받아들이지 말라고 하지 않는다. 부활 신앙은 십자가에 못 박히신 그리스도의 길을 따르는 대신 일종의 '종교적 이데올로기'와 **안일한 믿음**을 내세우지도 않는다. 사실 요즈음 사방에서 우리에게 다가오는 안일한 믿음은, 내가 보기에 우리가 그리스도교와 우리 자신의 영적 여정을 지키기 위해 경계해야 할 가장 위험한 전염병이다.

그리스도교의 역설적 성격을 이해하지 못하면 (모든 것이 '참이 아니다'라는 것을 증명하는) 공허한 '과학적 무신론'이나, 그에 못지않게 공허한 (합리성을 획득하고 모순을 피하고자 하지만, 예컨대 '역사로서의 성경' 같은 제목을 단 책자들처럼 모든 것이 참이라고 주장하는) 호교론적 논증들로 흐르기 십상이다. 이 두 가지 모두, **어째서** 그것들이 참인지 또는 참이 아닌지, 또는 여기서 드러나고 또 숨겨져 있는 그 진리의 **성격은 무엇인지**에 관해서는 묻지 않는다. 그리스도교의 역설적 성격을 이해한다는 것은 단순히 흥미로운 글을 쓰기 위한 영감을 얻는 것 이상을 의미한다. 문학이나 철학이나 신학은 역설을 건드리고 현실의 이런저런 측면들을 검열하여 삭제하지 않을 때만 흥미롭기에 역설에서 영감을 얻는 것은 사실이지만 말이다. 이런 독서는 '삶을 위한 영감'이 될 수 있다.

이 책에서 나는 주로 **현실을 대하는 특정한 태도**라는 관점에서 신앙에 관해 이야기할 것이다. 고해 사제 경험을 포함한 여러 경험을 통해 나는 **명시적** 신앙과 **암시적** 신앙을 구별하는 법을 배웠다. 명시적 신앙은 성찰의 열매다. 그것은 의식적이며 말로 표현된다. 그러나 신앙을 받들지 않는 사람들도 때로는 신앙 자세의 기본 가치들을 '암시'하고 있음을 그들의 행동에서 볼 수 있다.

하느님의 시험을 견딜 수 있는 유일한 신앙은 **살아 낸 신앙**이라고 신약성경은 곳곳에서 말하고 있다. 하느님께서는 신앙의 진리에 맞갖은 태도와 행실과 행동을 가치 있게 여기신다. 그것이 명시적으로 '의식적인 종교적 동기'의 산물이 아니라 할지라도 그렇다. 그렇지만 삶으로 체현되지 않는 **단순한** '확신'은 그분 보시기에는 그저 위선, '죽은 신앙'일 뿐이다.[10]

'종교적 확신'과 '삶'의 불일치에 관하여 이야기할 때, 예수님께서 바리사이들을 꾸짖으시며 말씀하셨던 노골적인 '위선'에만 주목하지는 말자. 결국, 모든 그리스도인은 우리가 선포하는 것과 관련하여 크고 작은 허물과 빚을 지닌 죄인이다.

한마디로, 사람들이 그들의 삶에서 또는 삶에 대해 하는 일들은 (종교적 견해를 포함하여) 그들 견해의 기계적 반영이 아니다. 가끔 우리는 좋은 의미에서 또는 그 반대로 놀랄 수 있다. 지그문트 프로이트의 충실한 벗이자 제자인 개신교 신학자 오스카 피스터는 신앙하는 그리스도인이 무신론을 견딜 수 있냐는 물음에 스승에게 이렇게 대답했다. "선생님은 선생님의 불신앙보다 훨씬 더 낫고 더 깊으며, 나는 내 신앙보다 훨씬 더 못하고 더 얄팍하다는 것을 생각하면, 우리 사이의 심연은 그렇게 끔찍하게 입을 쩍 벌리지는 않으리라는 결론에 이릅니다."[11]

그렇다고 내가 명시적 그리스도인 신원의 형식적 측면을 어느 모로든 폄훼하려는 뜻은 아니다. '암시적' 신앙과 '명시적' 신앙의 관계는 복잡하다. 내가 지적하고 싶은 점은 지나치게 흑백론적인 관점과 단순화된 경계선을 피해야 한다는 것이다.

이 책의 한 장에서 설명하겠지만, 개인이 참으로 세상을 신뢰하며 세상을 선물로 받아들이는 태도를 **신앙의 태도**라고 할 수 있다. 마찬가지로, 스스로 '자기 나름의 신'이 되거나 불완전한 가치를 신격화(절대화)하는 '생활 방식'은 '우상숭배'이자 신앙의 태도에 반대되는 태도다. 나는 **신심**이란 손대지 않은 삶의 신비에 대한 개방성이라고 생각한다.

이 책에서 말하는 하느님은 가시적 세계의 날개 밑 어딘가에 있는 '초자연적 존재'가 아니라,[12] 모든 실재의 가장 깊은 곳, 가장 바탕이 되는 기초인 신비. (나는 성경과 그리스도교 전통에서 말하는 하느님도 그러하리라고 굳게 확신한다.) 우리가 우리 삶을 그분께로 맞추어 나아간다면, 우리 삶 그리고 삶과 현실에 대한 우리 태도는 **독백에서 대화**로 변화되며, 불가능해 보였던 것이 가능해진다.

이 책에서 말하는 '하느님의 나라'는 '불가능한 것들의 나라'를 일컫는다. 그 나라는 인간의 지성과 상상력이나 일상의 경험에서는 당연히 **불가능하고 상상할 수조차 없을** 것 같은 많은 것들로 이루어지기 때문이다. 삶의 여러 상황에서 예수님께서는 우리가 교활함과 이기심과 폭력의 세계인 '이 세상'의 논리에 따라 보면 '불가능한' 방식으로 행동하기를 바라신다. 그분께서는 우리가 복수할 수 있는 상황에서 용서하기를, 자기 몫을 챙겨 놓을 수 있는 상황에서 내어놓기를, 우리를 사랑하지 않고 '사랑스럽지도' 않은 이들을 사랑하기를 바라시며, 우리가 유쾌하고 안락한 무관심 속에서 거리를 둔 채 냉정하고 차분하게 언제까지나 태평하게 지낼 수 있을 때도 우리에게 되갚을 능력이 없는 가난한 이들을 위해 행동하기를 바라신다.[13] 예수께서는 다른 사람들처럼 '불가능한 묘기들', 극적인 기적들, 매력적인 환시들, 파격적인 이론들로 우리를 사로잡는 것에 만족하지 않으신다. 그분은 우리가 당신을 본받기를, 우리가 불가능한 것들의 주역이 되기를 바라신다. "나를 믿는 사람은 내가 하는 일들을 그도 또한 하게 될 뿐 아니라 그보다 더 큰 일들을 하게 될 것입니다. 그것은 내가 아버지께로 가기 때문입니다"(요한 14,12).

그리스도인 삶의 핵심인 믿음과 사랑과 희망만이 인간의 눈으로는 더 이상 기대할 수 없을 때도 이런 새로운 기회를 줄 수 있다. 바오로 사도가 그의 여러 역설 가운데 하나에서 말하듯, 그리스도교적 의미의 희망이란 "희망할 수 없는데도 희망하는 것"(로마 4,18)이다. 그 바탕에는 (성경 전반에 스며 있는) 나자렛 예수께서 선포하신 위대한 역설, 곧 "사람에게는 불가능한 것이 하느님께는 가능하다"라는 말씀이 있다. **하느님께는 불가능한 것이 없다.**

지금까지 짧게 집약해서 풀어놓은 이야기가 어쩌면 이 책 전체의 메시지다. 이런 것들에 관해 진작 결심한 바가 있어서 더 이상 이를 묵상할 필요도, 그럴 뜻도 없는 사람들은 굳이 이 책을 읽지 않아도 좋다. 이런 관점을 근본적으로 수용할 수 없으며 애초부터 이는 말도 안 되거나 틀렸다고 여기는 사람들, 또는 반대로 이미 굳게 확신하고 있는 사람들도 마찬가지로 시간 낭비하지 않는 편이 낫다. 그러나 이런 생각들을 **묵상할 가치**가 있다고 여기는 사람들, 아직은 찬반 결정을 잠시 미뤄 둘 준비가 된 사람들은 얼마든지 더 읽어 나가도 좋다. 대신 앞에서 했던 이야기들이 다양한 맥락, 다른 관점에서 조금씩 결을 달리하여 반복되는 것을 들을 각오를 해야 할 것이다.

이어지는 이야기들이 독자들에게 (주변 세계와 신앙의 신비와 자신에 관한) 깊은 **묵상**의 기회가 되고, 때로는 조용한 **관상**의 시간으로 이끌며, 때로는 즐거운 **재미**를 느끼는 시간이 되기를 바란다. 이 이야기들을 펜 끝으로 풀어내면서 나 또한 이 세 가지 큰 기쁨을 누렸기 때문이다.

2 저희에게 작은 믿음을 주소서

'그대는 무언가를 얻기 위해서가 아니라 많은 것을 버리기 위해 여기에 온 것입니다.' 연륜 깊은 수도승은 자신을 찾아 수도원으로 들어온 수련자에게 이렇게 말했다. 어제, 일 년 만에 다시 은수처에 발을 들여놓으면서 이 말이 떠올랐다. 오늘 아침 복음 묵상을 하면서도 똑같은 생각이 머리를 스쳤다. 제자들이 예수께 이렇게 말하는 대목이다. "'저희에게 믿음을 더하여 주십시오.' 그러자 주님께서 말씀하셨다. '여러분이 겨자씨 한 알만 한 믿음이라도 갖고 있다면 …'"(루카 17,5-7).
문득 이 구절이 통상적 해석과는 다른 방식으로 나에게 말을 걸어왔다. 예수께서는 실은 **우리에게** 이렇게 말씀하고 계신 것이 아닐까? 왜 너희는 **많은** 믿음을 청하느냐? 어쩌면 너희 믿음은 '너무 큰'

것인지도 모른다. 믿음이 작아질 때만, 겨자씨 한 알만 하게 **작아질** 때만 열매를 맺고 그 힘을 드러낼 수 있을 것이다.

아주 작은 믿음이 꼭 죄스러운 부족한 믿음의 열매는 아닐 것이다. '작은 믿음'이 때로는 '커다란 믿음'보다 더 많은 생명과 진리를 담고 있을 수도 있다. 씨앗이 변하지 않고 그대로 있으면 아무 쓸모 없이 사라지고, **죽어야만** 큰 유익을 가져올 수 있다는 비유, 여기서 예수께서 하시는 말씀을 믿음에 적용할 수는 없을까? 인간의 삶에서나 역사의 흐름 속에서 믿음도 철저한 축소와 죽음의 시간을 겪어야 하는 것 아닐까? 작은 것이 큰 것보다 앞자리를 차지하고, 잃는 것이 얻는 것이며, **줄어듦**과 **작아짐**이 곧 하느님의 활동을 앞당기기 위한 개방성을 뜻하는 복음의 역설적 논리에 비추어 이 상황을 이해한다면, 이 위기는 실은 "하느님께서 찾아오시는 때"(루카 19,44 참조), 카이로스, 적절한 때가 아닐까?

어쩌면 우리는 우리에게 익숙한 여러 '종교적 문제들'에 너무 성급하게 '신적' 의미를 부여했는지도 모른다. 실은 그것들은 인간적이다. 지극히 인간적인 그 문제들이 철저히 축소될 때 비로소 참으로 **신적인** 요소가 작용하게 될 것이다.

마치 어렴풋한 예감처럼 내 안에 오랫동안 움터 오던 생각이 불쑥 다급하게 터져 나와 더는 억눌러 놓을 수 없었다.

나는 교회 안에 잘 자리 잡은 그리스도인들뿐 아니라 교회 밖의 영적 구도자들에게도 오랫동안 관심이 있었던 터라, 우리가 마침내 그들에게 돌 대신 빵을 건넬 수 있다면 어쩌면 우리는 바로 그들에게

'작은 신앙'을 빚지게 될지도 모른다는 생각이 들었다. 우리가 지나치게 익숙하게 여기는 많은 것들이 그들에게는 낯설다는 사실을 생각해 보면, 그들은 바로 이 '작은 신앙'을 가장 잘 이해할 수 있을 사람들이 아닐까?

그렇다고 단순화되고 '단조로우며' '인간화된', 안이한 그리스도교를 제안하는 것은 결코 아니다. 낭만주의 또는 근본주의에서 말하는 '근원으로의 회귀'를 주장하는 것은 더더욱 아니다. 오히려 그 반대다!

나는 위기의 불길에 담금질되면서 '지나치게 인간적인' 요소들을 벗겨 낸 신앙이야말로 종교를 단순화·세속화하고 헐값에 팔아넘기려는 끈질긴 유혹에 더욱 저항력을 지닐 것이라고 확신한다.

내가 생각하는 '작은 믿음'의 반대는 실제로 맹신에 가까운 믿음, 곧 '확신'과 이념에 매몰되고 이런 온갖 '나무들' 때문에 신앙의 '숲'—신앙의 그 깊이와 신비—을 마지막까지 보지 못하는 가벼운 믿음이다.

실제로 숲의 고즈넉함 속에서 묵상하는 요즘, 나는 종교의 신비를 표현할 적절한 은유로 숲이나 **삼림**의 이미지에 마음이 끌린다. 흥미롭고 다채로운 온갖 생명을 품고 있는 넓고 깊은 숲은 다층적 생태계, 자연의 미완성 교향곡이며, 미리 계획되고 설계된 거리와 공원 들이 있는 인간의 서식지와는 달리 자연스럽게 어우러져 뒤섞인 공간, 몇 번이고 길을 잃을 수도 있지만 다른 한편으로는 속속들이 숨어 있는 선물들을 놀라워하며 발견할 수도 있는 공간이다.[1]

'작은 신앙'이 '쉬운 신앙'은 아니다. 신앙을 이해하는 길에서 내가 받은 가장 큰 격려는 가르멜 영성의 신비주의였다. 십자가의 성 요한은 우리가 우리 인간의 '영적 용량', 우리의 이성과 기억과 의지의 한계에 이르기까지 끝까지 가야만 하며, 막다른 골목에 도달한 듯 느끼는 바로 그곳에서 비로소 참된 믿음과 사랑과 희망이 생겨난다고 가르쳤다. 죽어 가는 어두운 순간에 그 정점에 이른 리지외의 데레사가 말한 '작은 길'도 그러하다.

내가 던지고 싶은 물음은 이것이다. 우리 믿음도 주님처럼 '죽은 이들 가운데 부활'할 수 있으려면 그에 앞서 '많은 고통과 십자가 처형과 죽음'을 거쳐야 하지 않을까?

믿음은 무엇 때문에 고통받으며, 무엇이 믿음을 십자가에 못 박는가? (그리스도인들에 대한 외적 박해를 말하는 것은 아니다.) 언젠가는 끝날 수밖에 없는 원초적 형태의 믿음 — 폴 리쾨르가 말한 '최초의 순수성' — 은 무엇보다도 '삶의 가치들의 다면성' 때문에 고통받는다. 믿음의 십자가는 현실의 뿌리 깊은 양가성, 단순한 규칙들과 금령들과 명령들의 체계를 무시하며 삶이 안겨 주는 역설들이다. 그 바위에 부딪혀 원래의 믿음은 종종 박살 난다. 그러나 그 의미와 결과를 생각해 본다면, 그러한 '부서짐'의 순간은 우리가 알맹이를 얻으려고 호두를 쪼개는 순간 같은 것 아닐까?

많은 이의 경우, 이 '단순한 신앙', 그리고 거기서 비롯되는 '단순한 도덕'은 조만간 삶의 특정 상황들의 (주로 인간관계에 관련된) 복잡성 그리고 수많은 가능한 선택지들 가운데 아무런 '결격 사유'도 없는 하나의 해결책을 고를 수 없다는 불가능성에 맞닥뜨릴 수밖에 없고, 그럴 때 심각한 위기에 빠진다. 이러한 위기는 단순한 유형의 신앙으로는 극복할 수 없는 '종교적 동요'와 의심의 발작을 초래한다.

어떤 신자들은 자기 나름의 예기치 못한 의심의 장벽에 부딪치면 안전하다고 예상되는 그들의 시작으로 '되돌아간다'. **자기 신앙의 '유아기적 단계' 또는 교회의 과거에 대한 답습**으로 회귀하는 것이다.

그런 이들은 분파적 형태의 종교에서 안식처를 찾고는 한다. 그런 이들이 불안감에서 '기도로 무찌르고', 소리치고, 눈물 흘리며, 손뼉을 치고, 심리적 퇴행을 체험하면서 '유아어'('방언')를 내뱉고, 자기와 비슷한 경향의 사람들이나 더 심각한 문제를 지닌 사람들의 존재에서 위안을 느낄 만한 환경을 제공하는 집단들은 다양하게 있다.

그런가 하면 **교회**의 과거가 제공하는 '민속 박물관'들도 다양하게 있다. 그들은 '단순한 인간적 신심'의 세계 또는 '현대성에 망가지지 않은' 과거의 신학과 전례와 영성을 흉내 내려고 애쓴다. 그러나 '같은 강에 두 번 발을 담글 수 없다'는 격언이 여기도 적용된다. 대부분은, 이것이 결국 그저 낭만적인 놀이, 더는 존재하지 않는 세계로 들어가려 했던 시도에 불과한 것으로 드러난다. 환상 속에 정착하려는 시도는 자신과 다른 이들을 속이려는 필사적인 노력과 나란히 가게 마련이다. 시간의 경계를 거슬러 근대 이전 종교의 영적 세계로 들어가려고 하는 것은, 다 큰 어른이 유아기적 신앙의 놀이방 안으로 들어가거나 회심자의 첫 열정을 되찾으려고 애쓰는 것만큼 얼빠진 일이다. 사람들이 그렇게 만들어 내는 민속 박물관은 전통적인 인간적 신심이 살아 있는 마을이나 중세의 수도원이 **아니다**. 그것은 세계와 교회가 '아직 질서정연했던' 시절에는 이랬을 것이라고 우리가 추측하는 생각들을 낭만적으로 투사한 것들을 그러모은 것에 지나지 않는다. 그것은 그저 과거에 대한 딱하도록 우스꽝스러운 캐리커처다.

'근본주의'는 골치 아픈 삶의 복잡함에 맞서 과거의 그림자 속으로 피신하고자 하는 병든 상태의 신앙이다. 근본주의와 종종 연결되는 광신은 그에 따르는 좌절, 그것이 거짓 흔적일 뿐이라는 것을 받아들이기 싫은 씁쓸한 깨달음에 대한 짜증 섞인 반응이다. 종교적 무관용은 '바깥'에 있는 다른 이들에 대한 은근한 시기심의 열매인 경우가 많은데, 그런 시기심은 자신의 영적 고향에 대한 뿌리 깊은 불만감을 인정하지 않으려는 이들의 분한 마음에서 비롯한다. 그들은 자신의 영적 고향을 변화시킬 힘도 저버릴 힘도 없어서 그냥 악착같이 매달려 있으면서, 가능한 대안을 제시할 만한 것은 죄다 눈에 보이지 않는 곳으로 치워 버리려고 한다. 그들은 인정할 수 없고 해결할 수도 없는 자신의 의심들을 다른 이들에게 투영하고는, 거기서 그것들을 붙잡고 씨름한다.

'위대하고' '굳건해' 보이는 신앙이 사실은 납덩이처럼 무겁고 굳어 있으며 부풀려져 있는 경우가 흔하다. 그런 신앙에서 유일하게 위대하고 굳건한 것은 절망의 불안을 감추는 '방탄 갑옷'뿐이다.

물러서지 않고 십자가의 불길을 통과한 신앙은 어쩌면 자신의 신원이라 여기는 것 또는 자신에게 익숙했던 것을 상당 부분 잃어버릴 수도 있다. 비록 껍데기라 해도 많은 것이 그슬려 타 버릴 것이다. 그러나 그 신앙이 새로 무르익게 되었음은 그것이 더 이상 '갑옷'을 입고 있지 않다는 사실에서 분명히 알 수 있다. 신비가들이 말하는 '벌거벗은 신앙'과 비슷해지는 것이다. 그 신앙은 공격적이거나 교만하지 않으며, 타인과의 관계에서 조바심 낼 일은 더더욱 없다. 물론 '위대하고' '굳건한' 신앙에 비교하면 그것은 작고 보잘것없어 보일 것이다. 어쩌면 겨자씨 한 알처럼 **무**無에 가까워 보일 수도 있다.

그러나 하느님이 이 세상에서 활동하는 방식이 바로 그러하다고 마이스터 엑카르트는 말한다. 하느님은 존재들의 세상에서 '무'無이시다. 하느님은 존재들 가운데 한 존재가 아니기 때문이다. 엑카르트는 여기서 더 나아가, 하느님을 만나기를 바란다면 우리도 '무'가 되어야 한다고 말한다. 우리가 '무언가'가 되고자 한다면, 곧 무언가를 의미하고, 무언가를 소유하며, 무언가를 알고자 하며, 한마디로, 사물들의 세계와 각각의 존재들에 집착하고자 한다면 하느님을 만나는 데 자유로울 수 없다.

우리 신앙도 '무언가'의 속성을 지닌 많은 것들, 곧 우리의 개인적 개념들과 투영들과 바람들, 너무나 인간적인 우리의 기대들, 우리가 만든 정의들과 이론들, 우리의 이야기들과 신화들의 세계, 우리의 '가벼운 믿음' 등에 짓눌려 있었을지 모른다. 아마 우리는 아직 그 모든 것에서 우리 양을 한껏 채우지 못해 더 많이 바랄지도 모른다. "이 복잡한 삶에서 우리에게 **더 많은** 신앙, 더 많은 확신과 약속을 주십시오!" 하고 말이다. 그러나 그리스도는 말씀하신다. "하느님의 믿음을 가지시오."[2] 우리 시대의 이념들과 철학들 사이에서 길을 잃을 수 있는 '인간의' 믿음 말고 '하느님의 믿음'을 말이다. '하느님다운 믿음'이란 이 세상 관점에서 보면 거의 알아볼 수조차 없을 만큼 작디작은 믿음을 뜻한다.

십자가에 못 박혀 돌아가시고 죽은 이들 가운데 부활하신 분께서 이 세상에서 드러내시고 선포하신 하느님은 역설의 하느님이시다. 사람들이 지혜롭다고 여기는 것을 그분은 어리석다고 여기시며, 사람들이 광기이며 걸림돌이라고 여기는 것이 그분 눈에는 지혜이고, 사람들이 약함이라고 생각하는 것을 그분은 강함으로 여기시며, 사람들이 위대하다고 보는 것을 그분은 작다고 보시고, 사람들이 작다고 보는 것을 그분은 위대하다고 여기신다(1코린 1,19-30 등 참조).

우리 종교의 많은 것을 날려 버리며 휘몰아치는 강풍 속에서도 — 이 말에서 우리가 떠올리는 것이 무신론적 비판의 맹습이든, 아니면 우리 자신의 의심과 신앙의 내적 위기의 폭풍이든, 그것도 아니면 '영성에 우호적이지 않은' 시대 분위기이든 — 우리는 마침내 성령의 해방하는 힘을 식별할 수 있을까? 이스라엘 백성이 그들의 패배 속에서도 예언자들 덕분에 '하느님의 교훈'을, 그들의 원수인 네부카드네자르 안에서도 '하느님의 종'을 식별할 수 있었던 것처럼 말이다.

'하느님의 백성'인 인간이 자신들 앞날의 여정에 걸리적거리며 방해하는 것들을 버리지 못할 때, 때로 주님께서는 우리가 불편하게 느낄 구원의 방식들을 쓰기도 하신다. 니체가 말한 '소멸하다'라는 말은 좌초하여 사라진다는 의미뿐 아니라, 문자 그대로 '바닥으로 가다', 알맹이를 건드린다는 뜻도 있다.

이 첫 번째 묵상을 기도로 마무리하려 한다. 주님, 저희의 신심이 저희 확신의 무게에 짓눌려 있다면 이 '커다란 믿음'을 저희에게서 거두어 가소서. '너무나 인간적인' 저희의 종교를 걷어 가시고 저희에게 '하느님의 믿음'을 주소서. 당신 뜻이라면, 대신 저희에게 겨자씨만 한 '작은 믿음'을 주소서. 작지만 **당신의** 힘으로 가득한 믿음을!

3 불가능한 것들의 나라가 오시며

그리스도는 '작은 믿음'에 대해 무엇을 약속하시는가? 어제 묵상한 복음 말씀에서 전체 구절을 다 인용하지 않은 데는 이유가 있었다. 뒷부분이 너무나 놀랍고 도발적이라 '작은 믿음'에 관한 말씀에 집중할 수 없게 만들기 때문이다. 나는 이 구절을 읽을 때면 늘 그랬다. 이제 처음부터 끝까지 읽어 보자. "여러분이 겨자씨 한 알만 한 믿음이라도 갖고 있다면, [이] 돌무화과나무더러 '뿌리째 뽑혀 바다에 심어져라' 하더라도 그것이 여러분에게 순종할 것입니다"(루카 17,6).

예수께서는 무엇을 약속하시는가? 말도 안 되게 터무니없는 것이다.

내 친구 하나는, 어릴 때 이와 비슷한 예수의 말씀에 자극을 받아

자기 마을 너머 들판에 나가서는 큰 산을 뚫어지게 보았던 이야기를 들려주었다. 그는 극도로 집중하여 정말 진지하고 열렬한 믿음의 힘을 다 모아서는, 큰 산더러 예수의 이름으로 움직이라고 명령했다. 결론부터 말하자면, 아무 일도 일어나지 않았다. 그 어린아이가 몇 년간 '믿음을 잃은' 것 말고는 말이다.

물론 이것은 우스운 이야기이다. 우리는 천진한 아이들이 아니다. 우리는 성경을 문자 그대로 받아들여서는 안 되며, 예수께서 과장법이 풍부한 중동 지역의 언어를 사용하고 계셨다는 것을 안다. 세상에서 가장 완고한 근본주의자라도 예수의 말씀을 곧이곧대로 받아들여 산이나 나무더러 도구의 도움 없이 그들의 의지력만으로 움직이라고 명령하려 들지는 않을 것이다. 그러면 이 말씀은 우리에게 무엇을 남기는가?

자주 들을 수 있는 해석은, 예수께서 믿음이 굳은 이들에게는 놀랍고 대단한 일을 할 수 있게 해 주시겠다고 약속하신다는 것이다. 요즘 '성령의 특별한 은사'를 약속하는 그리스도교 단체들이 아주 흔하다. 특히 거부당한 경험이 있고 콤플렉스로 가득한 이들이 더 그렇지만, 자신의 은근한 자아도취나 과대망상을 충족시키고 싶은 유혹을 받지 않는 이가 누가 있겠는가? 메시아 콤플렉스, 존경받으려는 갈망, 선민의식, 그 뭐가 됐든 말이다. 큰 경기장에 군집한 열광하는 군중 앞에서 마귀를 쫓아내고, 기도와 안수로 온갖 질병을 고쳐 주며, 약물중독자나 정신질환자들에게 기나긴 치료 대신 재빠른 대안을 제공해 주면서도 '이것은 나의 공덕이 아니고' 나는 그저 이타적이고 거룩한 봉사에 몸담고 있을 뿐이라고 느끼는 역할을 누가 마다하겠는가? 놀라운 '기적들'을 행할 수 있게 약속하고 계시니 우리는 그저 옳은 길을 믿기만 하면 된다는 것, 좋다, 이것도 예수의 이 말씀(을 비롯한 다른 여러 말씀)을 해석하는 한 방식일 수 있겠다.[1]

이와 비슷하면서 더 널리 퍼진 그릇된 해석은 '강한 믿음'을 자기암시와 동일시하는 데서 온다. '실바 메소드'류의 마인드 컨트롤 프로그램들은 '우리 마음의 숨은 능력들'을 쉽고 빠르게, 그러나 비싼 가격에 훈련하는 법을 알려 주거나 우리가 탁월한 성공을 거둘 수 있게 돕는다. (그보다 더 흔하게는, 우리 스스로 정말 성공적이라고 확신하거나 귀가 얇은 주변 사람들에게 그렇게 설득하도록 돕는다.) 이런 프로그램들은 종종 성경을 양념처럼 곁들여 인용하거나 참조하기도 한다. 이로써, 성경에서 말하는 믿음과 주님에 대한 신뢰는 최대한의 자기 확신과 자기주장, '잠재 능력 확장' 기술이라는 전혀 상반된 것으로 너무나 쉽고 빠르고 성공적으로 대체되고 만다. 미국의 수많은 진실한 그리스도인의 마음을 상하게 하고 싶지는 않지만, 세속화된 유럽에서 미국의 대단한 '신심'을 본보기로 내세우는 이야기를 들을 때마다 미국 철학자 리처드 로티의 말이 생각나서 섬뜩해진다. 그가 말하길, 미국인들은 신앙을 저버린 것이 아니라 "하느님을 **다시 정의했다**. 그들이 말하는 하느님이란 '미래의 우리 자신'이라는 뜻이다".[2]

적절한 기법들로 사람들의 잠재의식에 영향을 미칠 수 있고 자기암시가 행동에 영향을 줄 수 있다는 사실까지 의심하는 것은 아니지만, 나는 자기암시가 성경에서 말하는 **믿음**과 '별반 다르지 않다'는 견해는 단호히 거부한다.

예수께서는 "겨자씨 한 알만 한 믿음"만 있으면 불가능하고 터무니없는 것, 유례없고 생각할 수도 없는 것을 이루리라고 진정 약속하신다. 그러나 그것은 '특별한 업적'이나 '기적'의 문제가 아니며, 선풍적 흐름을 무턱대고 추종하는 이들이 기대하는 '성령의 특별한 은사'도 아니다. 신앙의 가장 급진적인 표현, 곧 정말 터무니없고 불가능한 것, **이 세상**[3]**의 눈에는** 너무나 어리석고 미친 것은 그런 모습이 아니다. 그보다는 복수할 수 있을 때 용서하는 것, 남이 나에게 나쁜 짓을 했을 때 "이웃을 사랑"하거나 "다른 뺨을 내미는" 것, 나만을 위해 재어 놓을 수 있는 것을 내어 주는 것, 되갚을 능력이 없는 이들에게 더욱 후하게 베푸는 것, 다른 사람들이 행복한 삶의 필수 조건으로 여기는 것을 '하느님 나라를 위해' 포기하는 것이 여기 속한다.[4]

이 세상의 눈에 이런 일들은 사람의 말 한마디에 나무나 산이 움직이는 것보다도 훨씬 더 정신 나가고 낯설며 유례없는 것들이다. 우리도 세상 일부로 세상에 속해 있고 세상 정서에 영향을 받는 만큼, 사실 우리 눈에도 그렇다. 예수께서 우리에게 바라시는 것이 터무니없는 정신 나간 짓이고 불가능한 일이라는 생각을 한 번도 해 본 적 없다면, 그것은 아마 우리가 예수의 가르침의 급진성을 누그러뜨려 우리 머리로 이해할 수 있는 해석으로 성급하게 희석하고 다듬었기 때문이다. 또는 전혀 다른 원리가 적용되는 '이 세상'에 우리의 생각과 관습과 행동이 얼마나 깊이 뿌리내리고 있는지를 (대부분 순진하게 착각에 빠져서, 또는 위선적으로) 너무 쉽게 잊은 탓일 게다.

현대의 시작과 함께 현실이 '객관적' 현실과 '주관적' 현실로 분리되었을 때, 하느님은 집을 잃었다. 하느님을 이런저런 범주에 집어넣으려는 모든 시도는 언제나 '하느님의 죽음'으로 끝났다. 하느님께서는 사물들의 세상, 눈에 보이고 헤아릴 수 있으며 입증할 수 있고 특히 조작할 수 있는 '실재'의 세상에 속하지 않으신다. 그렇다고 하느님이 '감정'이나 '생각'이나 '사상'도 아니다. 인간의 생각과 감정이 하느님께 가까워질 수 있다 하더라도 그러하다. (그러다가 마침내 인간은 하느님의 신비를 꿰뚫을 수 없으며 기껏해야 그분 '옷자락 술'에 손을 댈 수 있을 뿐임을 깨닫게 된다.)

"내 나라는 이 세상에 속하지 않습니다"(요한 18,36). 하느님의 자리는 '불가능한 것들의 나라', '말도 안 되는 것들의 나라' 안에, '이 세상'과는 전혀 다른 논리인 역설의 논리가 적용되는 어딘가에 있다. 커지고자 하는 사람은 가장 작아져서 모든 이의 종이 되어라. 제 목숨을 잃는 사람은 목숨을 얻을 것이다. 가진 자는 더 받을 것이고 가진 것이 없는 자는 가진 것마저 빼앗길 것이다. 맨 나중에 고용된 일꾼이 '뙤약볕 아래서 온종일 고생한' 사람과 똑같은 품삯을 받을 것이다. 주인의 재산을 훔친 '불의한 집사'를 주인은 영리하다고 칭찬한다. 아버지는 충실하고 순종했던 아들보다 탕자를 더 애틋하게 여긴다. 지극히 높으신 분의 아드님께서 마구간에서 태어나시고 흉악범들 사이에서 십자가 처형을 당하신다. 죽은 이가 살아나고, 눈먼 이가 보게 되며, '눈이 밝다'라고 자처하는 이들이 눈멀게 된다.

이런 것이 어떤 체제나 논리, 도덕 또는 합리적이고 건강하며 성공적인 '삶의 방식'의 기초가 되는가? 불가능하다. '여기에서' 보면 그것은 '불가능한 것들의 나라'이다. 예수님께서 즐겨 말씀하셨듯이, "사람들은 이것을 할 수 없으나 하느님은 무슨 일이나 다 하실 수 있습니다"(마태 19,26). "하느님께는 불가능한 일이 없다"(창세 18,14; 루카 1,37 등 참조). 사람에게는 불가능한 것이 하느님께는 가능하다. 그리고 우리는 오직 '사람들에게 불가능한 것' 안에서만 하느님을 뵐 수 있다. 하느님 본질의 신비를 꿰뚫고자 하는 인간의 시도는 길을 잃게 마련이다. 장차 다가올 놀라운 **불가능한 것들의 나라**를 우리가 만날 수 있다면 그 길은 오직 하나, **역설의 길**뿐이다.

그러나 겨자씨는 성장의 역동성을 자기 안에 감추고 있다. 다른 비유에서 예수님께서는 겨자씨를 하늘나라에 비유하시며, 큰 것과 작은 것의 역설을 다시 한 번 암시하신다. 가장 작은 시작, "어떤 씨앗보다도 작은" 작디작은 씨앗 하나에서 새들이 와서 깃들 수 있는 큰 나무가 자라난다(마태 13,31-32 참조). 신앙살이도 비슷하다. 신앙을 살아 내려면 신뢰하고 자신을 열어젖히며 '정서적 장벽들'을 뛰어넘는 용기, 행동하고 희망하며, 희망하고 행동하는 용기가 필요하다. 앞에서 지적한 엉성한 신앙, 신앙의 캐리커처들과는 대조적으로, 이것은 우리를 조종하거나 우리를 둘러싼 현실을 조작하려 하는 힘이 아니다. 우리는 자신의 이익을 위해서, 또는 대단한 성과나 사람들의 칭찬을 얻기 위해서 이 힘을 사용해서는 안 된다.

신앙의 표현이자 '불가능한 것들의 나라'가 우리 삶(과 세상) 속에 들어오게 하는 이 '불가능한 것들', 예컨대 용서와 비폭력과 너그

럽고 이기심 없는 사랑은 대체로 성공과는 정반대의 것을 가져온다. 그것은 예수님의 생애, 그분의 '하강하는 삶의 굴곡'에서도 분명하게 드러난다.

이기심 없는 사랑과 신뢰는 실제로 우리에게 문제를 일으키고, 심지어는 정신적 외상을 입히는 슬픈 결과들을 낳기도 한다. '예수님을 따르고' 이 세상에서 '불가능한 것들의 나라'의 논리를 실천하기 위해서는 용기가 필요하다. 이는 세상의 눈으로 보면 어리석은 것이다. 때로는 **자신의 체험을 거슬러 행동**해야 할 때도 있다. 그런 면에서 믿음은 참으로 '초경험적'이고 '탈경험적'이다. 유령 이야기들과 엮여 있다는 뜻이 아니라, 우리에게 이기심과 폭력의 세상에 대한 정신적 외상의 체험을 뛰어넘으라고 가르치기 때문이다.

'적자생존의 법칙'이 적용되고 인정사정없이 남들을 제치고 나아가는 것이 규칙이 되어 버린 '이 세상'은 그것을 못마땅하게 여기는 이들에게 세 가지 선택지만 준다. 절망하여 체념하거나, 순응하여 '로마에서는 로마법을 따르거나', 그것도 아니면 약물이나 다른 수단으로 감각을 마비시켜 잠재우는 것이다. 시장에는 화학적 약물에서 종교적 약물까지 오만 가지 약물들이 나와 있다!

믿음이란 **네 번째 가능성을 선택할** 용기이다. 이 세상의 논리와 힘과 통상적 방식에 맞서는 것처럼 보일지라도, 사심 없음과 비폭력과 너그러운 사랑의 길을 인내심 있게 가는 것이다. 바오로 사도는 이러한 갈등을 '영'(*pneuma*)과 '육'(*sarx*)의 싸움으로 여러 번 묘사하며, 자신도 이런 투쟁을 힘들게 치렀고, 하느님의 힘이 떠받쳐 주지 않았더라면 자신도 자주 패배하거나 포기했을 것이라고 인정한다. 그러나 바오로 특유의 또 다른 역설이 말하듯, 그 힘은 인간의 약함 안에서 가장 분명하게 드러난다(로마 7,14-25 참조).

예수께서 분명히 말씀하시듯, **당신의 발자취를 따르기**로 결심한 이들은 그 길을 대다수가 선택한 넓고 편안한 길로 여기거나, 그 길에 따르는 고생이 '보상'을 받아 이 세상에서 성공으로 이끌 것이라는 환상을 조금이라도 가져서는 안 된다. 십자가에 대한 반복되는 언급은 우리의 기대치에서 현실을 자각하게 한다. 말하자면, 온갖 역경과 낭패들이 있으리라고 인정하고, 때로는 목숨을 바치는 정도에 이르기까지 희생을 받아들일 용기를 지니라는 것이다. 그럴 때 그 '넷째 길'이 타당해진다.

이 넷째 길은 '4차원적 현실'이며, '하느님께서 머무르시는' 영역이다. 인간의 관점에서는 '이 세상'에 맞지 않고 그 안으로 들어갈 수도 없는, '불가능한 것들의 영역'이다.

다른 쪽, 곧 신앙의 관점에서 보면, 사심 없음과 비폭력 같은 '터무니없고' '비논리적인' 행동들을 의미 있게 만드시는 분은 바로 하느님이다. 그분은 그런 행동들이 의미를 지니게는 하시지만, 그렇다고 성공을 보장하지는 않는다. 이 둘을 혼동하지는 말자! '우리가 하느님을 의지한다면', 그때 비로소 '예수님의 길'과 예수님을 따르는 것이 의미를 지니게 될 것이다.

불가능한 것들, 이기적이지 않은 사랑을 위해 노력하는 삶의 여정은 그 의미를 '세상에서'는 찾을 수 없다. 그것 역시, 이를 드러내거나 입증하는 것이 이 세상의 능력과 영역과 수단을 넘어서는 까닭이다. '이 세상'과 세상의 논리가 보기에 그것은 여전히 부조리하다.[5]

우리 삶 내내 우리는 온갖 악을 충격적으로 체험하며, 우리 자신과 세상과 마침내는 죽음의 덧없음도 체험한다. '좋으신 하느님'과 '영원한 생명'을 **우리가 믿는다**면, 이 믿음은 우리 자신의 충격적 체험 앞에서 일종의 반항 형태를 띤다. '이 모든 것에도 불구하고', '그럼에도' 나는 믿는다는 것이다. 테르툴리아누스는 "하느님의 아들이 죽으셨다는 사실은 어리석은 일이기 때문에 믿을 만한 것이다"[6]라고 말했다.

그 사심 없고 희생적인 사랑이 의미를 지닌다는 깨달음에 이르는 길은 오직 두 가지, '믿음'과 '희망'뿐이다. 이 둘은 하나의 공통점을 지닌다. '가능한 것들', 통상적이고 예견되는 것들의 지평을 초월한다는 점이다. 이 둘은 선물이다. 전통 신학에서 믿음과 희망은 사랑과 더불어, 우리에게 '부어진' 거룩한 덕들이다. 이들은 은총의 열매이며 하느님의 **무조건적** 사랑의 표현으로 거저 주어지는 선물이다. 그 사랑은 우리 자신의 사랑**보다 앞선다**. 더구나 그 사랑은 '대조 체험'으로서, 우리의 허물 많은 사랑에 대한 과거의 충격적 체험들을 차츰 바로잡을 수도 있다. 인간의 사랑은 세상의 가혹함과 우리 자신의 한계와 우리의 약함과 실패들에 부닥쳐 수많은 내적 상처를 겪다가, 급기야는 인간 세상의 경계선, 곧 죽음에 맞닥뜨린다.

이 세상에서, 삶에 대한 냉소적 태도를 우리에게 덮어씌우려는 온갖 것에 직면하여 우리 신앙은 '한낱 **희망**'의 형식을 취한다. 희망을 '한낱' 같은 말마디와 연결 짓는 것이 가당한가? 모름지기 희망이란 포기를 거부하고 '그럼에도'와 '다시 한번'을 외치는 그 엄청난 힘인 것을.

예수께서 장차 베드로 사도가 될 시몬에게 처음 가셨을 때, 베드로는 밤새 고기잡이에서 허탕을 치고 좌절한 어부들 사이에 있었다 (루카 5,1-11 참조). 예수께서는 어부들이 나름의 체험을 바탕으로 자신들의 희망과 생각과 기대가 한계에 이르렀다고 포기한 바로 그때, 그들에게 희망을 주신다. "저희가 밤새도록 애썼지만 한 마리도 잡지 못하였습니다." 그러나 베드로의 신앙은 신뢰, 그것도 불가능한 것을 신뢰하는 용기에서 비롯된다. **그러나 스승님의 말씀대로** 제가 그물을 내리겠습니다." "그러나"라는 저 말 한마디에 베드로의 신앙 전체가 들어 있다. '다시 한번' 시도해 보겠다는 그의 용기를 통해 드러나는 신뢰이다.

베드로와 예수의 이 첫 만남 장면은 똑같은 장소에서 이루어지는 마지막 만남 장면에도 대응된다. 그 만남에서, 이 제자는 대단히 열성적이다가 또 처참하리만큼 허물 많은 모습을 오갔다. 그런 모습에 충격을 받으셨을 법도 한 예수께서는 급기야는 당신을 모른다고 세 번 부인하는 최악의 잘못을 저지른 베드로에게 '또 한 번의 기회'를 주신다.

사랑의 길이란 '이 세상 논리'의 눈에 '부조리함'이라고 거듭 말했다. 그러나 오히려 '이 세상', 폭력과 악의 체험이 쌓여 가는 이 세상이 부조리하고 무의미해 보였던 수많은 경우를 생각해 보자.

키르케고르에서 사르트르나 카뮈에 이르는 실존주의 철학자들, 도스토옙스키, 프란츠 카프카에서 이오네스코와 베케트의 '부조리극'에 이르는 문학과 희곡들을 포괄하는 서구 문화의 가장 두드러진 흐름 가운데 하나는 '시대 분위기'의 분명한 표현이다. 지난 2세기 동안 얼마나 많은 사람이 이반 카라마조프처럼 이 무의미하게 잔인한 세상의 입장권을 '하느님께 반납'하려는 유혹을 받아 왔는가?

그러나 세상의 잔인성에 맞서는 저항 자체, 사람들이 그런 세상을 부조리하게 여긴다는 사실 자체가 인간이 의미를 열망한다는 증거다. 인간다움을 간직하는 한, 인간은 악과 절망을 고분고분 받아들일 수 없다. 그들은 포기하지 않으며, 이 세상의 조건을 비껴가고자 한다. 그러나 세상의 조건은 인간에게 '의미를 향한 문'을 전혀 열어주지 않는다.

'이 세상 논리'로는 사랑, 믿음, 희망이 부조리해 보이지만, 동경하고 아파하는 인간 마음의 관점에서 '이 세상'이 되레 부조리해 보인다면, '모든 것에도 불구하고' '그럼에도 결국' 인간 마음 안에는 근본적으로 의미를 향해 이끌리는 무언가가 있다는 뜻이다. 마음 안에는, 저항과 동경과 희망의 의미 — 또는 적어도 의미의 가능성 — 를 향해 열린 무언가가 있다.

그렇다면, 의미의 영역도 인간의 마음과 마음이 부르는 소리에 열려 있다고 생각할 수 있을까? 그 물음에 반박할 수 없는 명쾌한 대답을 줄 수 있는 것이 이 세상, 이 삶에는 없다. 우리가 개인적으로 경험한 모든 것, 우리의 합리성과 상상력은 모두 이 세상에 물들어 있고 그 테두리 안에 갇혀 있다. 그러나 역시 '오직' 믿음과 희망을 통해서만 우리는 긍정적 답변의 가능성을 받아들일 수 있다. 우리 세상과 '그 안에 있는' 모든 것의 부조리함이라는 장벽을 뛰어넘을 다른 길은 없다. 그렇지만 이것이 바로 "사람들은 할 수 없으나 하느님은 무슨 일이나 다 하실 수 있다"(마태 19,26 참조)라는 그리스도의 말씀이 울려 퍼지는 상황이다.

    이번 묵상도 역시 청원 기도로 마무리하고 싶다. 아버지의 나라가 오소서! 그 나라가 오시며, 저희 눈에 불가능해 보이는 것들이 가능한 것이 되는 그곳에 저희가 들어갈 수 있게 하소서. 저희의 이 불가능한 세상에서도, 저희의 모든 가능성이 바닥났을 때 당신께서 열어 주시는 가능성에 힘입어 인내하며 당신께 충실**할 수 있는** 그곳에 저희가 들어가게 하소서!

4 　　어렴풋한
　　　　현존

'엎디어 절하나이다, 눈으로 보아 알 수 없는 하느님'(Adoro te devote, latens Deitas). 지난 몇 주 은수처에서 고요한 시간을 보내면서, 성체 찬미가의 이 첫 구절은 일종의 만트라처럼 자꾸 반복해서 되뇌는 기도가 됐다. 해마다 그랬듯이 내 방 한쪽에 놓인 제대의 작은 성광聖光에는 성체가 밤낮으로 모셔져 있다. 글을 읽거나 쓰다가, 또는 다른 일을 하다가 눈을 들 때마다 자연히 성체를 바라보게 된다. 성체 앞에서 기도하고 묵상하는 시간을 따로 떼어 놓았고, 때로는 한밤중에 성체 앞에 앉기도 한다. 회심한 이후, 성체 앞에 조용히 머물며 관상하는 것은 전통 가톨릭 영성의 보화들 가운데에도 내 심성에 가장 잘 맞고 나에게 가장 귀한 일이 되었다.

그러나 올해는 특별히 '보이지 않는 하느님 흠숭'이 영신 수련 동안 내 묵상의 주된 주제가 되기도 했다. 그 '부산물'이 바로 이 책이다. 성체 찬미가의 첫 구절은 베네딕도 성인이 모든 시대의 수도승과 은수자 들에게 남긴 '기도하고 일하라!'(Ora et labora!)라는 규칙처럼 내 기도와 내 노동을 잇는 일종의 다리이기도 하다.

하얀 제병은 파스카의 핵심 은유 가운데 하나, 곧 빵이 되어 사람들의 손에 넘겨지신 예수님을 상기시킨다. 성찬례를 통한 그리스도의 이 자기 봉헌은 우리가 부활절에 기리는 신비의 정점이다. 그리스도의 인성은 상징의 역설적 성격을 지닌다. 그리스도의 인성은 감추는 동시에 드러낸다. 그리스도의 인성은 **하느님을** 우리의 감각에 계시함으로써 우리에게 더 가까이 데려오지만, 그것을 보거나 이해하려 하지 않는 이들에게는 '걸림돌'이 된다.

성체 앞에서 나는 종종 테야르 드 샤르댕의 신비주의적 본문을 떠올린다. 그에게 제단의 성사는 물질을 관통하여 밝게 빛나고 창조주 앞에서 모든 피조물을 투명하게 비추는 신성한 권능의 용광로였다. 성찬례는 (온 우주와 자연과 물질 전체를 상징하는) **땅의 열매**와 (땅을 일구는 인간의 모든 행위를 상징하는) **인간 노동의 열매**가, 그리스도의 육화와 자기 비움(케노시스)을 통해 모든 현실에 스며들고 그분의 현존을 통해 현실을 그 기초부터 변화시키는 하느님의 계획과 만나는 자리이며 '사건'이다. 바오로 사도는 창조의 드라마 전체를 하나의 강렬한 그리움으로 인식했다. 그는 고동치는 자연에서 전율하는 기대감, 위대한 도래, "하느님의 자녀들이 드러나기를"(로마 8,19)

바라는 간절한 기다림을 느꼈다. 바오로에게 세상의 모든 고통은 단지 '새로운 창조'를 위한 산고였다. 이와 비슷하게 테야르도 오르도스 사막 한가운데서 쓴 『세계 위에서 드리는 미사』에서, 인간의 염원과 활동과 열망 안에 감추어진 모든 힘을 성반 위에 올리고, 인간이 '받아들인 모든 수동성'과 아픔과 고통을 성작에 올리며, 이 모든 것이 **변화되어야** 함을 느낀다.

나는 성찬례에 관한 테야르의 성찰을 읽고 묵상할 때마다, 가톨릭 영성의 가장 내밀한 지성소라 할 만한 이 신비를 그토록 깊고 섬세하게 깨닫고 느꼈던 한 사제를 몇몇 사람들은 어떻게 그렇게 큰 반감을 갖고 맹목적으로 '이교도'나 '이단' 취급할 수 있었을까 하는 의문이 든다. 아니면 '하느님의 가족' 안에는 긴장과 오해와 갈등이라는 그림자도 유한한 인성의 한 부분을 차지하고 있는 것일까? 하느님께서 '당신 얼굴의 빛'을 **감추시기** 위해 몸소 취하셨던 바로 그 인성 안에 말이다.

지난 학기에 나는 학생들에게 20세기를 이끈 위대한 그리스도교 사상가 넷을 꼽으며, 그들이 모두 작년이나 올해 기념 주년을 맞는다는 사실을 일깨웠다. 이 네 사람 모두 우리 시대 그리스도교의 넓이와 다원성을 보여 주는 데 도움을 주었다. 테야르 드 샤르댕(†1955)이 거룩한 것, 물질의 최종 입자까지 온 우주에 스며 있는 '신의 영역'(milieu divin)[1]이라는 백열白熱하는 에너지에 관심이 있었다면, 디트리히 본회퍼(†1945)는 '종교 없는 그리스도교'를 주장하며 신앙이 종교적 버팀목 없이 세속 세계를 근본적으로 인정할 것을 강조했다. 독일어권에서 나온 20세기의 가장 위대한 가톨릭 신학자로서 최근 나란히 탄생 백 주년을 맞은 카를 라너(1904년 출생)와 한스 우르스 폰 발타사르(1905년 출생)는 얼마간 닮은 구석이 있다. 제2차 바티칸 공의회 이전, 당시 주류였던 신스콜라철학보다 더 역동적이고 깊이 있는 신앙 성찰을 보여 준 두 선구자가 교회 안에서 온갖 불신과 공격에 맞닥뜨렸다는 사실도 그렇다. 그러나 결국 그들의 길은 갈라졌다. 라너가 제2차 바티칸 공의회 이후 가톨릭의 지적 쇄신의 살아 있는 상징처럼 되었다면, 우르스 폰 발타사르는 그렇게 펼쳐지는 상황에 대해서 — 그리고 라너에 대해서도 — 날카로운 비판의 날을 세웠다. 이후 그들의 행보는 전혀 달랐다. 우르스 폰 발타사르는 1950년대에 예수회를 나온 뒤, 교구로 적을 옮겨 공적으로 미사를 드릴 수 있게 허락해 줄 주교를 찾아다니느라 긴 시간 고생했으며, 세상을 떠나기 얼마 전에야 요한 바오로 2세 교황에게 추기경으로 임명되었다. 반면, 라너는 요한 바오로 2세 교황에게 큰 환심을 얻지는 못했다는 말들이 돌았다.

생각들을 정리하며 강의록을 뒤적이다 보니, 서로 뚜렷이 구별되는 이 네 사상가는 나를 강렬하게 사로잡은 '**하느님의 숨어 계심**'이라는 주제를 저마다 다른 각도에서 깊이 있게 설명하고 있다는 생각이 문득 들었다.

예수회원 테야르와 개신교 목사 본회퍼는 서로에 관해 듣거나 상대의 글을 읽어 본 적이 없었겠지만, 두 사람 모두 심각한 무질서 상태라고 보았던 당시 그리스도교와 문명의 치유 방안에 관한 생각을 거의 비슷한 시기에 내놓았다.

두 사람 모두 20세기의 가장 비극적 체험인 세계대전을 직접 겪었다. 테야르가 제1차 세계대전의 최전선 야전 병원의 위생병으로 있으면서 인간에 관한 자신의 신비주의적 전망을 하나로 가다듬었다면, 본회퍼는 반反나치 운동에 동참한 이유로 제2차 세계대전 종전을 얼마 앞두고 처형당하기 직전에 자신의 서한에서 '종교 없는 그리스도교'에 관한 전망을 풀어놓았다.

테야르의 진단은 이러하다. 20세기가 시작되면서 그리스도교는 '비인간화'되었다. 한때는 강렬한 영적 흐름을 고취할 수 있었던 그리스도교가 이 무렵 새로운 가치들을 흡수하지 못한 채 주저하며 내향적으로 변했다. 특히 현대 인본주의와 새로운 자각에 대한 열망을 충분히 이해하지 못하는 모습을 보였고, 현대인들의 종교적 열정에 응답하지 못했다. 그 결과 그리스도교가 더 이상 '전염력'을 지니지 못하게 되자 사람들은 다른 길을 찾았다. 그리스도교는 더 이상 인류의 공동 이상理想이 아니었고 생산력을 잃었다. 이는 **세상을 충분히 사랑하지 못한** 탓이었다. 그리스도교의 가르침과 영적 실천은, 물질과 창조를 부정한 마니교의 이원론, 자연스러운 인간 행동을 향한 비관적 태도와 병적 금욕주의를 보이고 원죄에 집착한 얀센주의 같은 낡은 이단들로 절름발이가 되었다. 현대의 그리스도교는 하느님과 세상의 **역동성**을 모두 충분히 인식하지 못하는 모습을 보여 주었다. 우주에 대한 그리스도교의 이해는 틀에 박혀 있었고, 이런 이유로 경직된 신관神觀과 편협하고 **사적인** 구원관을 갖게 되었다. 개인 '영혼'의 구원에만 관심을 가지는 것으로는 충분하지 않았다. 하느님께서는 그 이상, 곧 땅과 하늘을 전부 아우르는 변화를 약속하셨기 때문이다.

테야르의 인격과 사상은 박학함, 세련됨, 관대함, 시대의 표징을 읽고 적절히 응답하는 식견, 게다가 가장 위험한 곳에 뛰어드는 용기까지 예수회 고유의 은사들을 두루 보여 준다. 테야르는 자연과학에 일생을 바쳤다. 당시에 주로 진화론을 바탕으로 한 우주 이해에 자신만의 독창적인 영적·신학적 해석을 시도함으로써 자연과학 분야에서 뛰어난 성과를 이루어 냈을 뿐 아니라, 자신이 몸담았던 국제 과학계와 깊은 영적 연대를 보여 주는 것을 자기 사명의 핵심으로 여겼다.

실제로 그는 과학자들의 노력을 그 시대의 가장 깊이 있는 영적 자극이라고 여겼다. 그는 과학적 이성의 중심지들이 최대한 서로 연결되어야 한다고 주장했다. 당시의 대부분 신학자와는 달리 그는 급진적 인본주의, 진화 이론, 진보에 대한 믿음, 심지어 이성과 기술과 과학을 기반으로 한 사회 진보에 대한 믿음 등 그 당시 유행하던 가치들을 배격하지 않았다. 그는 그러한 가치들의 **세속 옹호자들보다도 훨씬 더 진지하게** 그것들을 받아들이고자 했다. 그는 그런 노력의 가장 중심부까지 파고들기 위해 열심히 노력했다. 그것이 하느님께서 던져 주신 과제에 대한 응답이라고 보았기 때문이다. 그는 그러한 노력이야말로 하느님께서 몸소 당신 피조물 안에 두신 생명의 약동을 인식할 용기라고 생각했다. 그는 함께 일하고 이런 문제들을 서로 논의하는 과학자들이 대부분 무신론, 불가지론, 실증주의, 다원주의나 마르크스주의를 옹호한다는 사실에 낙담하거나 불안해하지 않았다. 그는 "오늘날의 유물론자들은 실은 영성주의자들이지만 그러한 사실을 모를 뿐"이고, 현대 세계는 결코 종교에 냉담하지 않고 오히려 **열렬하다**고 확신했다. 그 영적 열정이 다른 형태를 띠고 자신을 '그리스도교'가 아닌 다른 이름으로 부른다면 그것은 다른 누구도 아닌 그리스도인들의 잘못이기에 그리스도인들이 그런 현실의 도전을 받아들여야 한다. 비록 그 스스로 그런 표현을 사용한 적은 없지만, 테야르 드 샤르댕은 최초의 **세계화** 철학자라고 할 수 있을 것이다. **전 지구적 인류 통합**에 관한 전망이 갈수록 그의 사상에서 핵심이 되었다.

    과학기술 문명에 대한 보수적 비평가들이 과학기술의 함정과 위험에 주목했다면, 그럴수록 테야르 드 샤르댕은 그 전망을 더 열심히 옹호하려고 노력했다. 그는 자동화가 창조적 사고를 더욱 북돋울 수 있고, 대중매체는 많은 것을 볼 기회를 확장함으로써 더 큰 연민과 연대, 상호 이해와 사랑의 역량을 불러일으킬 수 있다고 주장했다. 그는 인류가 전 지구화되고 있으며 돌이킬 수 없는 이 세계화 과정에는 공존과 협력을 배울 의무가 따른다고 믿었다. 또한 무너뜨릴 수 없는 상호 의존망이 세상에 형성되고 있으며 이는 거대한 통합의 물결을 재촉할 것이라고 확신했다. 테야르를 비판한 많은 이들은 그의 지나친 낙관주의가 20세기의 전체주의 정권들을 과소평가했다고 보았다. 그러나 그가 보기에 전체주의 정권들은 그저 진정한 일치의 서툰 모방 또는 비정상적 변형이었다. 테야르의 주장은 이런 것들이었다. 전쟁과 갈등은 더 나은 통합을 향한 열망을 불러일으키며, 그 열망은 언제나 전쟁과 혁명 이후에 가장 뜨겁게 표출되었다. 인류는 조만간 하나의 단일체를 이룰 것이고, 당시에 인류가 겪고 있던 것은 미래에 올

전 지구적 문명화의 시작이며 산고였을 뿐이다. 인류는 여전히 진화의 배아기에 있었으나, '초 인류'가 저 너머 지평에 이미 어렴풋이 떠오르고 있었다. 성장의 본질은 통합이고, '존재하다'란 '더 큰 일치를 추구한다'라는 뜻이었다.

그러니 마르크스주의자들이 테야르의 미래관에 이끌린 것은 놀라운 일이 아니었다. 이는 특히 테야르가 그들에 대해 너그러운 태도를 보였기 때문이기도 했다. 테야르는 마르크스주의의 무신론은 본질적으로 그들이 '데우스 엑스 마키나'라는 하느님의 허상에 불과한 것을 거부한 데서 오는 오류라고 확신했기 때문이다. 물론 테야르의 미래관은 마르크스의 혁명적 유토피아와 달랐고, 행복한 미래의 보장으로서 기술 진보와 경제적 번영을 신봉하는 이들이 지지하는 '자체 추진력을 지닌' 과학적 이성에 대한 천진한 의존과도 달랐다.

테야르는 인간이 그 어느 때보다도 더 자연력을 통제할 수 있게 된 지금의 문명화 단계에서, 인류가 중요한 선택에 직면할 결정적 순간이 다가오고 있음을 감지했다. 그때까지 인류는 물질의 시작에서 그 문명화에 이르는 진화를 자연스러운 것으로 보아 왔지만, 이제는 모든 결정론적 이론은 삼가야 했다. 자유 선택을 바탕으로 한 **이해**를 통해서만 다음 단계로 넘어갈 수 있었다. 탈세속적 금욕주의, 개인주의와 이기주의로 탈출하는 선택들은 비관주의라 할 수 있는데 테야르는 이를 인간의 도피이며 자살로 여겼다. 유일한 출구로 고려한 선택지는 **땅에 대한 충실성**[2]을 드러내는 것으로, 강제로 집단화한 개미탑이나 이익을 위해 경쟁하는 자유 시장이 아니라, 미래 인류의 일치를 향한 **인격주의적** 공동체였다.

파괴하지 않고 일치시키는 유일한 힘은 사랑이다. 그리스도교 공동체는 바로 여기서 근본적 역할을 할 수 있다. 사랑의 원리를 발전시킴으로써 증언하는 것이다. 사랑의 힘 말고는 어떤 세력도 보편적 수렴 과정을 이루어 낼 수 없다고 테야르는 거듭 역설한다.

이 지점에서 테야르의 '**숨어 계신 하느님**'이 등장한다. **알파와 오메가**, 초월의 출발점이며 우주의 진화 과정 전체가 수렴하는 최종 목적지이자 정점은 하느님이시다. 처음에 계셨고 마지막에도 계실 분은 하느님과 하느님의 창조적 말씀이신 예수 그리스도이시다. 그분은 세상에, 물질적·역사적 우주 속에 육화하셨으며, 인류 안에 엮여 있는 신자들의 공동체를 통하여 여기 현존하는 '진화자 그리스도' (Christus evolutor)이시다. 인간이 궁극적 실현을 이루고자 한다면 반드시 경험해야 하는 영속적인 중심력을 인류 사회의 역사적 움직임 속으로 끌어들이시는 분도 바로 그분, 신비롭고 종종 인간이 알아뵙지 못하는 그리스도이시다.

테야르 사후 반세기가 흐른 오늘날 이 **포스트 낙관주의** 시대에 많은 이들은 그의 격정적 전망을 19세기의 수많은 '거대 서사들', 신화들, 순진한 낙관주의적 진보 철학들 그리고 그것들이 사라진 뒤 20세기에 남아 있는 그 이념적 후손들과 나란히 놓일 정도라고 조금은 회의적으로 빈정거리며 볼 수도 있다. 그러나 우리가 명심해야 할 것은, 테야르는 계몽주의 전통의 수많은 저자처럼 빛나는 내일에 대한 약속만 쉽게 던져 주는 마술가가 아니었다는 점이다. 테야르의 전망의 원천은, 얀 파토치카가 그의 마지막 작품이며 가장 무르익은 작품인 『역사 철학의 이단적 에세이』에서 회상하듯이, 제1차 세계대전의 최전선에서 겪은 끔찍한 경험이었다.[3] 파토치카가 "흔들린 이들의 연대"라고 묘사한 경험의 용광로를 테야르는 '피아'를 구분하기 어려운 피비린내 나는 도살장, 고통과 죽음의 깜깜한 불구덩이 속에서 보았다. 그것은 우리 모두 똑같은 운명과 똑같은 위험과 똑같은 불안을 공유하고 있으니, 우리의 희망에서도 일치해야 한다는 깨달음이었다.

이와 비슷하게, 그리스도교의 미래와 역할에 관한 본회퍼 목사의 성찰은 안락한 대학 연구실에서 태어난 것이 아니라 **죽음의 그림자가 드리운 골짜기**, 교수대의 그림자가 드리운 옥중에서 생겨났다.

본회퍼는 초기에는 '서구의 도덕적 쇄신'에 관한 생각들에서 시작해서 나중에는 부르주아가 된 그리스도교에 대한 더욱 신랄한 비판으로 옮겨 갔다. 자기중심적이고 주변 세상과 동떨어진 교회는 더 이상 화해와 구원의 치유 메시지를 위한 도구가 될 수 없다. 교회는 밖으로 나가 세상과 대화할 수 있는 신선한 공기 속으로 나아가야 했고, 새로운 언어를 말해야 했다.

종교의 핵심 개념인 '하느님' 개념조차도 너무 낡아 너덜너덜해졌기에 **이것도 없애야** 했다. **하느님을 없앤다**는 뜻이 아니라, 세상의 신비들을 설명하기 위한 가설로서의 하느님 개념을 없애야 했다. 과학적 합리성이 아직 발들이지 못한 어둑한 구석들을 채우기 위해 우리가 사용하는 신, 사목자들이 양 떼를 겁주고 협박하기 위해서 들먹

이는 우리를 벌하는 신, 우리의 짐을 떠맡길 수 있는 신, 악에 대한 우리의 수동성과 자본주의적 안락함과 사회적 순응 안에 우리를 잠자코 있게 하는 '종교의 강력한 신' 개념을 없애야 했다.

신학자 본회퍼는 종교에 대한 현대의 비판을 반겼고 거기에 동의했다. 그는 이성주의를 받아들였고 그리스도인들에게 지적 정직성을 요구했다. 할례를 비롯한 모세 율법의 여러 의무가 바오로의 노력에 힘입어 그리스도인들의 신앙에 의해 없어진 것과 마찬가지로, '하느님에 대한 형이상학적 전제 조건들'과 하느님에 대한 예전의 이해가 무너졌다는 사실을 무시할 수 없었다. 우리는 **하느님 앞에서, 하느님과 더불어, 우리는 하느님 없이 살고 있다.** 이것이 본회퍼의 역설이다. 이런 역설이 독일 신비주의를 상기시키는 것은 우연이 아니다. 독일 신비주의가 루터의 개혁 신학의 원천임은 매우 중요함에도 자주 간과된다.

본회퍼의 예언자적 열정은 주로 모형을 무너뜨리는 데 집중한다. 이것이 우주적 일치에 대한 희망을 시적으로 예언한 테야르와 가장 다른 점이다. 그러나 이러한 모든 차이, 특히 사고와 표현 **방식**의 차이에도, 나는 이 두 사람 사이에서 놀라운 일치점을 발견한다. 두 사람 모두 '땅에 대한 충실성'을 이야기하고, 두 사람 모두 세속 사람들의 인본주의에 공감하며, 두 사람 모두 당시 문명의 합리성과 '성숙함'을 인정하고 지지하고, 두 사람 모두 '다른 세상'으로 도망치지 않고 세속 세계에서 살아가야 할 필요성을 강조한다. 그들은 초월성에 대한 그리스도교의 믿음은 **이 세상에서 그 초월성을 살아 냄**으로써 증언해야 한다고 인식한다. 초월성에 대한 그리스도교의 믿음은 세상에서 초월성을 살아 냄으로써 입증되어야 한다. **효과적인 사랑과 연대**로 그리고 이기심과 나태의 유혹을 극복함으로써 말이다. 두 사람 모두, 우리를 둘러싼 세상 사람들의 운명에 무관심한 것에 대한 '종교적 변명들'을 거부한다.

테야르의 하느님, 곧 물질의 힘과 인간 마음의 세속적 열망과 우주의 창조적 생명력 속에 **숨어 계신** 하느님은, 본회퍼가 말한 세속 그리스도교의 복음 속에 숨어 계신 하느님과 '양립할 수 없는' 것이 아니다. 비록 서로 다른 관점에서 하느님을 바라보고 있으나 두 사람 모두 중심은 하느님이다. 테야르에 따르면, 하느님은 그리스도를 알파요 오메가, 곧 우주 전체 진화의 최초 원천이자 최종 목적으로 만드셨다. 본회퍼는 세상과 그 속의 모든 생명은 오직 그리스도께서 이 세상에 사셨기 때문에 의미를 지닌다고 주장한다. 본회퍼의 신앙에서 하느님은 오직 예수님의 자기희생적 인성을 통해, 그리고 **타인을 위해 존재**하고 자아에 초연하며 필요하다면 죽음에 이르기까지 그리스도를 따르는 그분 제자들의 차분한 증언을 통해 현존한다. 본회퍼 목사가 보는 그리스도교 신앙이란 종교적 확신이 아니라 그리스도의 **존재**에 참여하는 것, **타인을 위해 사는 새로운 삶**이다.

본회퍼는 특히 옥중에서, 인간적 연대와 모든 이의 자유와 정의를 위해 자기 목숨까지 무릅쓰고 희생할 각오가 된 많은 이들을 알게 되었다. 비록 그들이 예수님의 본보기에 의식적으로 영향을 받거나 '그분의 이름을 위해' 그 길을 따르게 되지는 않았더라도 본회퍼는 그들이 그리스도와 (무의식적이지만 실제적인) 혈연관계를 맺고 그분께 연결되는 지위를 누리는 것을 분명 아까워하지 않았을 것이다. 다음에서 소개할 사상가는 이런 혈연관계를 일컬어 '익명의 그리스도인'이라는 용어를 만들었다. 게다가 테야르는 '스스로 외부인이라 생각하는 많은 이들'을 자신은 그리스도의 참된 형제들로 여긴다고 선언하기도 했다. 사실 행동이 아닌 말로만 열심히 그리스도를 "주님, 주님" 하고 부르는 이들보다 그들이 그리스도께 더 가까이 있다.

예수회원 카를 라너도 그의 폭넓은 저술과 다양한 맥락에서 **하느님의 숨어 계심**을 여러 차례 언급했다. 라너는 하느님에 관한 신학적 담화는 언제나 **부정신학**의 전통에서 영감을 받아야 한다는 사실을 아주 잘 알고 있었다. (그리고 그의 지적 유언 또는 신학자들에게 남긴 유산으로 읽을 수 있는 말년의 어느 글에서 이를 훌륭하게 풀어놓았다.) 하느님에 관한 신학적 담화는 그것이 순전히 유비와 은유적 담화의 영역에서만 작용한다는 것을 잊으려는 유혹을 받을 때마다 또한 근접할 수 없는 신비의 빛의 문턱을 번지르르한 말로 넘어가 편협한 이념 또는 평범성으로 미끄러져 들어가려는 유혹을 받을 때마다 교화될 준비가 되어 있어야 한다. 라너 신학의 주제들 가운데, 하느님의 숨어 계심이라는 개념과 밀접하고 흥미롭게 연결된 주제 하나만 살펴보려고 한다. 빈번하게 인용되는 '**익명의 그리스도인**' 이론이다.

    테야르가 말한 우주의 세력들 안의 하느님 현존이라는 개념과 마찬가지로, 라너의 익명의 그리스도인 이론에도 모호한 범신론 또는 이신론적 개념의 '신성'이 아니라 바로 예수 그리스도를 통해 활동하시는 하느님이 계신다. 사실 라너의 이론 전체는 육화에 대한 그리스도교 가르침의 독창적이고 대담한 추론에 직접 기초한다.

하느님의 말씀이 몸소 인성을 취하셨다. 육화를 가리키는 독일어 '멘쉬베르둥'Menschwerdung은 하나의 '과정'이라고 할 만한 역동적인 것을 가리킨다. 사람이 되어 가는 활동인 것이다. 라너의 관점에서, '하느님의 사람 됨'(Menschwerdung Gottes)에 대한 인간의 가장 참된 응답은 '인간의 사람 됨'(Menschwerdung des Menschen)이다.

우리 인간의 존재는 정적인 어떤 것, 이미 완성된 사실이 아니다. 모든 순간, 특히 중요한 도덕적 결정의 순간들에 우리의 인성은 양성된다. 인간의 운명은 한계가 있고 유한함을 인식하고 참을성을 지니고 자기 운명을 착실히 받아들이고 견디는 이들, 특히 타인에 대한 사랑과 타인과의 연대 안에서 끊임없이 의미를 추구하는 이들은, 비록 육화라는 말을 들어 본 적 없고 명시적인 신앙 행위로 육화에 동의하지 않았다 해도 그들 인성에 대한 그러한 실존적 수용을 통해 육화의 신비와 연결되어 있다.

그리스도교 신앙은 우리가 거듭 말해 왔듯이 단순한 '확신'이나 특정 견해들에 대한 지지가 아니라 그리스도를 따름으로써 **하느님의 생명에 인간이 실존적으로 참여하는 것**이기에, 우리는 이러한 참여가 진정한 인간 삶에서 비롯되어 인간의 삶과 하느님의 생명 사이의 그 신비로운 연결 고리에 대한 명시적 동의와 확언을 선취하기를 (그리고 어쩌면 암시적으로 그러한 동의와 확언으로 이루어져 있기를)

희망할 수 있다. 그리스도를 아직 알지 못하거나 아직 그분을 주관적으로 진지하게 받아들일 만한 방식으로 만나지 못한 이들은 — 그들이 명시적으로 자유의사에 따라 그리스도를 거부하는 것이 아니라면 — **그들의 양심적 인성 안에서** 그리스도의 제자 공동체와 '같은 배'를 타고 있다. 그들이 '자기 잘못이 없이' 세례를 받지 않았고, 그리스도교적 의미에서 '비신자'로 여겨지거나 또는 스스로 그렇게 여기거나, 설사 다른 종교의 신자라 하더라도, 그리스도인들은 그런 이들의 구원을 희망할 수 있다. 우리는 그들을 '익명의 그리스도인'이라 부를 수 있다. 그들은 **우리와 함께** 있다. 그들은 알지 못한 채 우리에게 속해 있다. 예수께서도 "우리를 반대하지 않는 이는 우리를 지지하는 사람"(마르 9,40)이라고 하셨다. 최후의 심판을 묘사하시면서는, 가난한 이들에게 사랑을 베풀어 주었기에 당신 오른편에 앉을 이들은 당신이 그 고통받는 이들 안에 계셨다는 사실에 놀랄 것이라고 암시하신다. 그들은 지상에서 당신을 '주님, 주님' 하고 부르던 가시적인 신자 가족에 속해 있지는 않았기 때문이다.

'익명의 그리스도인'에 관한 라너의 가르침은 "교회 밖에는 구원 없다"는 문구에 대한 통상적 이해를 바로잡는 중요한 역할을 했다. 그리고 세례받지 않은 이들과 다른 종교 신자들의 구원 가능성에 관한 제2차 바티칸 공의회의 역사적 선언 — 많은 가톨릭 신자들도 여전히 잘 모르고 있거나 '충분히 소화하지' 못하고 있는 — 에도 분명히 영향을 미쳤다. 이제는 대체로 낡은 학설이 되었지만, 종교 간 대화와 협력을 증진하려는 가톨릭교회의 결심에 중요한 신학적 기초를 마련한 것도 라너의 이러한 가르침이었다. 라너에게서도 **숨어 계신 하느님**은 명백한 주제다. 우리가 교회라는 가시적 경계를 넘어 사람들의 삶 속에서 추구하고 찾아야 하는 하느님이다.

아마도 20세기의 가장 박식한 사람일 것이라고 평가받아 온 스위스 가톨릭 신학자 한스 우르스 폰 발타사르의 저술에서도 **하느님의 숨어 계심**에 관한 많은 성찰을 찾을 수 있다. 그의 사상에 영감을 준 강력한 원천은 그리스 교부 문헌들이었다. 그리스 교부 전통은 **범접할 수 없는 빛 안에 머무르시는** 숨어 계신 하느님이라는 주제로 물들어 있으며, 이 주제는 전체 동방 그리스도교 신학과 영성의 핵심에서 바로 드러난다.

    라너보다는 좀 더 조심스럽지만, 우르스 폰 발타사르 역시 모든 종교뿐 아니라 무신론적 인문주의 안에도 현존하시는 숨어 계신 하느님과의 '익명 형태의' 관계라는 주제에 관하여 이야기한다. 발타사르는 "오늘날 스스로 무종교를 자처하는 인문주의 세계관" 안에서도 **존재의 신비 앞에서의 분명한 경외심**과 이 숨은 신비에 관해 기꺼이 이야기하려는 의지의 흔적을 찾을 수 있다고 믿는다. "적어도 냉소주의와 악마주의를 공적으로는 천명하지 않는 경우", 이러한 세계관들은 "원초적 격정에서 힘을 끌어온다. 그것들은 인간을 세상의 보편적 존재와 화해시키려는 절박한 임무에 사로잡혀 있다. 지고의 의로움에 대한 굶주림과 목마름은 존재의 신비 앞에서 느끼는 경외감 없이는 불가능하다".[5]

관상의 필요성에 관한 글에서 우르스 폰 발타사르는 신자들과 비신자들의 연대에 관해서도 이야기한다.

> 하느님 앞에서 오롯이 자신을 위해서만, 말하자면 기도하지 않는 형제들을 기억하지 않으면서 기도하기를 원하는 그리스도인이 있을까? … 그런 사람은 하느님께 감사하는 마음에서, 또 동료 인간에 대한 책임감에서 기도할 것이다. 그는 하느님의 현존이나 부재를 체험하면 할수록 자신의 감정이나 무감각에는 그다지 관심을 기울이지 않을 것이다. 어쩌면 **그는 기도하지 않는 이들이 현존하시는 하느님의 흔적을 넌지시 느낄 수 있도록, 그들이 말하는 부재하시는 하느님을 느끼게 될지도 모른다**. 그런 일은 성인의 통공(communio sanctorum) 안에서 일어난다. 넓게 보면 성인의 통공이란, 십자가 위의 하느님께서 그들을 위해 완전한 버림받음을 견디고 겪으신 모든 이의 공동체를 말한다. 그리고 그것은 사실 모든 인간이다.[6]

저녁이 왔다. 이곳 은수처에서 규칙적으로 흘러가는 나날들 가운데, 하루를 마치는 관상의 시간이 온 것이다. 이 저녁 시간은 물리적으로나 영적으로나 멀리 떨어져 있는 이들과 '영적으로 연대'하는 내 직무를 위한 시간이기도 하다. 그런 순간들에 내가, 하느님께서 철저히 숨어 계신다고 여기는 이들, 하느님의 이름을 부르지 않는 이들 중 한 사람을 위해, 그들이 적어도 '어렴풋한 현존'이라도 느낄 수 있도록 기도해도 괜찮을까?

큰 참나무 책상 위, 소박한 성광에 안치된 성체의 새하얀 침묵을 묵묵히 인식한다. 토마스 아퀴나스 성인이 가르치듯, 성찬례는 세 가지 차원의 시간을 모두 포괄한다. 그것은 주님의 죽음에 대한 기억(memoria mortis Domini)이자 기념(anamnesis)이며, 지금 여기 그분의 숨은 현존에 대한 강력한 표징이며, 미래에 하늘나라에서 열릴 잔치의 '선취'이다.

나는 아무것도 하지 않고, 아무 말도 하지 않으며, 아무 생각도 하지 않는다. 인도의 어느 예수회원에게 배운 대로 그저 숨만 쉰다. 내 모든 근심과 걱정과 슬픔을 내뱉기 위해 날숨을, 그분의 평화와 기쁨과 힘을 들이키기 위해 들숨을 쉰다. 파도가 바위에 부딪친 다음 다시 바다로 돌아가듯이, 인간도 이런 들숨과 날숨의 리듬 안에서 바오로 사도의 말을 몸으로도 거의 체험할 수 있다. "내가 약할 때 오히려 나는 강하기 때문입니다"(2코린 12,10). 그러나 단지 나만 바라보는 것은 아니다. **인간은 아무도 섬이 아니기 때문이다**. 내 교회의 근심과 상처와 약함은 또한 **나의** 약함이다. 하느님께서 가까이 계심을 충분히 인식하지 못하는 이들의 슬픔과 어둠은 또한 나의 깊은 골이다. 그러나 썰물이 다시 밀물로 바뀌듯, 우리도 평화와 힘과 기쁨의 물결을 느낄 수 있거나 적어도 넌지시 알아챌 수 있다. 성경 말씀처럼 "주님께서 베푸시는 기쁨이 바로 여러분의 힘"(느헤 8,10 참조)이기 때문이다.

5   진중한
    신앙

"아니요, 죄송하지만 저는 정말 못 갑니다." 나는 가톨릭교회의 '새로운 운동' 두 군데서 주관하는 청년 그리스도인 대형 집회에 초대하러 온 두 젊은이에게 미안하다고 말하며 거절하고 있었다. 대규모로 조직된 '그리스도를 향한 젊은 열정' 대회, 연단에서는 '형제자매들, 안녕!'이라고 인사하고 청중은 팔을 높이 쳐들고 흥분의 열기를 내뿜는다. 이건 아니다. 흔한 말로 이건 전혀 내 스타일이 아니다. 나는 종교적 열광자들 사이에서는 결코 편안한 적이 없었다. 몇 해 전 교황 방문 때, 어떤 '청년 사목 신부'가 잔뜩 진지하게 자기 양 떼를 이끌고는 "주님 안에 모두 기뻐하세, 바티칸에서 우리 아빠 교황님이 오시네, 만세!"라는 구절이 포함된 구호를 일제히 외치는 모습을 보았다. 그 순간 내 느낌은 뭐랄까, 카프카의 소설 『심판』 마지막 장면, 요제프 K 가 스트라호프의 채석장에서 심장이 칼에 찔렸을 때의 심정과 비슷했다. **"치욕이 나보다 더 오래 살아남을 것 같았다."**

나는 **의심의 과정을 거치며** 서서히 신앙을 갖게 된 경우다. 나로서는 '예수님께서 당신을 사랑하십니다' 같은 현수막들과 참기 힘든 가식적 미소를 띤 치어리더들이 있는 대형 집회에서 갑자기 집단 신심에 전염된다는 것은 상상하기 어렵다. 게다가 내가 회심하던 때는 경기장과 서커스단이 본연의 목적에 쓰였지, 종교적 광대놀이에 동원되지는 않던 시절이다. 물론 자기 신앙을 북돋우기 위해 비슷한 마음을 지닌 군중 속에 섞여 있어야만 하는 사람이 있다는 사실을 존중한다. 그러나 내 신앙은 그런 인파 속에서 오히려 길을 잃을 것이다.

내가 보기에, 얄팍한 종교적 열정에 치우치는 것을 늘 경계하고 바로잡기 위해서 약간의 회의론과 반어법과 비판적 이성을 갖추는 것은 정신 건강과 영적 건강의 필수 조건일 뿐 아니라, 우리 자신의 함성과 외침으로 하느님의 참된 목소리를 덮어 버리지 않기 위해 꼭 필요한 전제 조건이다. 어떤 사람이 텅 빈 깜깜한 방에서 검은 고양이를 찾으면서 '잡았다, 잡았다' 하고 조급하게 외치기만 한다는 일화가 떠오른다.

"저는 거기 가면 비딱하게 비꼬거나 하면서 분위기를 망칠 겁니다." 나는 친절한 두 청년에게 이렇게 해명한다. "제가 원래 회의적입니다. 저를 신앙으로 이끈 것도 한결같겠다는 결심이었을 겁니다. 저는 심지어 제 회의론에 대해서도 회의적입니다."

그런 행사들에 대한 내 회의론에 내가 더 회의적이어야 했던 것은 아닐까? 그들이 실망해서 돌아간 다음 스스로 물어보았다. 혹시, 주님 보시기에 나의 신앙보다 더 값질 수도 있는 그들의 젊고 단순한 신심을 나도 모르게 시기하는 것이라면 어쩌나?

나는 그날 저녁 '양심 성찰' 시간에 그 물음으로 돌아갔다. 이런 종교적 열광자들이 거슬렸던 데에는 더 깊고 더 개인적인 이유가 있지는 않을까? 몇 안 되는 내 절친한 체코 성직자들 가운데에도 오랫동안 '성령 쇄신 운동'에 몸담은 사제들이 있는데, 우리는 때때로 논쟁을 하기는 하지만 나는 진심으로 그들을 존중한다. 우리 본당에서 가장 훌륭하고 가장 열심히 활동하는 몇몇 청년도 이런저런 방식으로 그 운동에 동참하고 있다. 포콜라레를 비롯한 다른 운동들에 관해서도 똑같이 말할 수 있다. 거기에도 정말 훌륭한 사람들, 올곧은 그리스도인들이 있다.

어쩌면 이러한 '새로운 운동'에 속한 사람들은 내 회의론이 이런 '젊은' 신앙을 잘 받아들이고 그들을 열린 마음으로 평가하지 못하게 가로막는 권태의 표출일 수도 있다는 것을 깨달으라고 세워 놓은 거울일지도 모른다. (어째서 나는 최근에 코헬렛을 그렇게 공감하며 저녁 내내 읽었으며, 성경 중에서 이 책을 가장 좋아하게 되었을까?) 이것은 '번아웃 증후군'이 눈앞에 닥쳤다는 징후일까, 아니면 그저 내가 늙어 가고 있다는 뜻일까?

솔직히 말하면 내가 짐작하기로는, 나를 초대했던 그런 집회들에서 말하는 '그리스도를 향한 젊은 열정'이란 가족 관계가 갑갑해지기 시작하고 학교 친구들 사이에서도 예전만큼 이해받지 못하는 시기에 젊은이들이 자신들을 받아들여 주는 집단을 발견하고 그 안의 들뜬 분위기에서 느끼는 열정에 불과할 것 같다. 그렇다 해도, 그게 뭐가 문제인가? 내가 십 대의 자녀를 둔 아버지라면, 자식들이 열성적으로 그리스도교 행사들에 간다고 생각하면 아주 행복할 것이다. 그런 모임들에서 약에 취해 오거나 에이즈에 걸려 오지는 않을 테니까. 게다가 극단적인 종교 단체나 좌우를 막론한 정치 단체들에서 하듯이 삭발을 하거나 세뇌를 당해 올 염려도 없고, 폭력에 대한 악마적 추종이나 온 우주를 부정하는 교육을 받지도 않을 테니 말이다. 설사 내가 그리스도인이 아니더라도, 만일 내가 교육부 장관이라면 그런 행사들을 기꺼이 환영하고 지원할 것 같다. 사실 어디선가 누군가 청소년들에게 '거짓말하지 않고 도둑질하지 않기'가 그다지 나쁜 삶의 원칙은 아니라고 가르치거나, 열다섯 살에게 겨우 두 번 만난 사람에게 만남의 기쁨을 표현하는 방법 가운데 악수와 성교는 경험상으로나 윤리적으로나 분명한 차이가 있다고 가르치고 있다면, 나는 그것이 전혀 나쁜 일이 아니라고 상식적인 결론을 내릴 것이다.

젊은이들이 학교에서 이런 것을 배우기는 어려울 것이다. 보란 듯이 그런 윤리를 무시하는 삶을 살고 있는 교사들의 입을 통해 학교에서 그리스도교 윤리를 언급한다는 것은 어불성설로 들린다. (그렇다고 우리 문화가 그리스도교 윤리와 근본적으로 다르거나 명백히 나은 것을 제안하는 것 같지도 않다.) 다른 한편, 교직에 종사하는 신자들 가운데에는 일터에서 그리스도교 신앙을 너무 노골적으로 드러내면 자유주의와 다원주의, 다문화주의를 이상하게 해석한 교의들을 모독했다고 심문을 받게 될까 두려워하는 이들도 많다. 그리고 어느 정도 시간이 흐르고 나면 부모들은 더 고생스럽고 보상은 없는 또 다른 역할을 완수하느라 청소년 자녀들에 대한 권위를 모조리 (때로는 영원히) 잃어버리게 된다. 사춘기 자녀들은 부모와 거리를 두고 사사건건 비판하고 대립각을 세움으로써 자기 나름의 길과 자기 나름의 책임을 찾는 법을 배운다. 자녀들이 위태롭게 자유를 향해 첫 높이뛰기를 하는 법을 배우도록 때때로 부모는 순식간에 도약대가 되어야 한다. 그 과정에서 부모는 아프게 짓밟힐 수도 있다. 이런 현실을 차분하고 즐겁게 대처할 수 있는 부모는 거의 없다.

"좋으신 주님께서 신부님을 사제로 만드신 데는 이유가 있지요. 신부님은 세계적인 '관용 상'을 받으셨는지는 몰라도 참을성이라고는 없고 툭하면 욱하는 아버지가 될 터라 그렇게 하셨답니다." 나를 아주 잘 아는 어느 여자에게 가끔 듣는 말이다. "신부님은 무슬림이나 시크교도들에게만 관용을 베풀지요. 그 사람들은 워싱턴이나 바티칸, 브뤼셀에서 열리는 회의들에서 일 년에 두어 번 만나기만 하면 되니까요. 신부님 사제관 현관에서는 저 멀리 떨어져 있죠." 물론 그녀의 말은 부풀려져 있지만, 어쨌거나 그 말에도 일말의 진리가 있을 수도 있다. '성령의 돌풍'처럼 인위적으로 군중의 열광을 불러일으키려는 시도에 대한 나의 기본적인 반감을 접어 둔다면, 대규모 집회들, 열성 신자들의 운동, '젊은이들에게 하느님에 관해 이야기하는 법' 같은 제목을 단 소책자들의 어떤 점들이 내게 정말 거슬리는 것일까?

물론 나는 그런 집회들을 **심미적** 이유에서도 싫어한다. 종교의 아름다움과 (예배 장소를 포함한) 종교의 표현은 까탈스러운 탐미주의자들을 위한 지나치고 위험하기까지 한 '상부구조'가 아니다. 돌아보면, 하느님의 전통적 특징 가운데 하나인 '아름다움'에 대한 감수성 또는 감수성의 결여만큼, 그 공동체의 영성의 건강과 깊이 그리고 진정성을 가늠하는 믿을 만한 지표도 없다는 것을 알 수 있다.

나의 종교적 취향은, 베네딕도 성인의 제자인 이르지 라인스베르크 신부님 덕분에 고전적인 가톨릭 전례, 특히 「미사 통상문」의 훌륭한 균형에 힘입어 길러졌다. (그 제안자들이 종파주의자나 편협하고 치우친 마음의 소유자들이 아니라면, 그리고 그것이 **유일하게** 적절한 형태라고 고집부리지만 않는다면, 나는 그레고리오 성가가 딸린 공의회 이전의 라틴어 미사에 **이따금** 참례하거나 심지어 집전하는 것도 꺼리지 않을 것이다.) 나는 경기장에서 열리는 대규모 가톨릭 집회나 교회 일치 집회들에서 왜 가톨릭 신자들이 가톨릭 전례 정신을 한층 더 활용하지 못하는지 안타깝다. 그 문화를 이미 잃어버려 그런 면에서는 (교회 일치 차원에서 아주 정중하게 말한다 해도) 불모 상태에 빠졌거나 어쩌면 다소 야만스러워진 그리스도인들에게 왜 이 훌륭한 선물을 선사하지 못하는지 그 까닭을 모르겠다. 왜 가톨릭 신자들은 오히려 그 보화를 소홀히 함으로써 '시류에 맞추려' 애쓰는 비가톨릭교회들의 집회를 좇아가는가? 나는 그런 집회들을 볼 때마다 어리둥절할 수밖에 없다. 이를테면 그 혼란스러운 예식 구조는 조잡하게 급조된 '종교적 버라이어티쇼' 같은 인상을 준다. 그렇지만 이것이 내가 그런 집회들에 반대하는 가장 큰 이유는 아니다.

가장 큰 이유는, 그런 집회에서 사람들이 우리 신앙의 위대한 말들을 확성기를 통해 너무나 가벼운 방식으로 요란하게 나팔 부는 것이다. 어제저녁 나는 오랫동안 나를 불편하게 만들어 온 것을 적확하게 표현한 한 문장을 열 번쯤 읽고 또 읽었다. "하느님에 관해 말하는 것이 지극히 쉬운 일이라는 착각은 신자와 비신자를 가리지 않고 널리 퍼져 있다. 이런 착각에 빠진 것은 현대 서구 문화의 비극이다.'"

교육학적으로는 단순한 것에서 시작해서 더 복잡한 것으로 점차 나아가는 것이 좋다고 흔히들 주장하지만 나는 이런 낡은 생각을 믿지 않는다. 최소한 철학과 종교 영역에서는 그 생각에 강력히 반대한다. 단순화, 진부화, 평범화에 동의하고 '모든 것이 명쾌하다'라는 느낌에 빠지는 순간, 그것은 '죽음에 이르는 병'이 된다. 종교적으로 그들은 **지나치게 단순한 수준으로 떨어지게 될 것이다**. (이는 예수께서 말씀하신 어린이들과 아기들의 단순성과는 전혀 닮은 구석이 없는 것이다. 고의로 이를 혼동한다면 복음과 어린이와 단순한 사람들에 대한 끔찍한 모욕이 될 것이다.) 또한 그들은 결국에 모든 종교를 경멸하며 거부할 가능성이 크다.

요점은, 대규모 종교적 단순화 산업을 운영하는 이들은 결코 그들이 약속한 '다음 단계'를 제공하지 못한다는 점이다. 자신들도 그 단계에 이른 적이 없을뿐더러, 그 단계가 그들에게 전혀 생소하기 때문이다. 그들은 신앙의 '더욱 복잡한' 측면들에 맞닥뜨릴 때면 늘 악마의 소행이라고 생각한다. 껍데기뿐인 얄팍한 종교는 점점 더 깊은 수렁에 빠지거나 무미건조한 사막으로 빠질 뿐, 깊어지지 못한다.

살아 계신 하느님을 찾고 참으로 그리스도를 따르고자 하는 이들은 얕은 개천이 아니라 **깊은 바닷속에서 헤엄치는** 법을 배울 용기를 가져야 한다. 하느님은 **참으로** '깊이'이시다. 얕은 개천에서는 그분을 찾을 수 없다.

신앙과 '하느님을 아는' 길은 어떤 과목이나 기술을 배우는 것이 아니다. 학문이나 기술의 목적은 그것에 '통달'하는 데 있고, 그렇다면 체계적으로 나아가는 것이 최선의 길일 것이다. 피아노를 배울 때 동요에서 시작해서 베토벤 피아노 협주곡으로 발전해 가는 것이 그런 경우다. 그리스도교 교사들이 하느님은 어떤 '지식의 대상'이 아니라 **모든 실재의 깊이**라는 생각을 진지하게 받아들이기까지, 수많은 설교와 종교적 논문들과 강좌들은 **깊이에 대한 인식을 키워 가지** 못하고 계속 동요만 뚱땅거리게 될 것이다. 그리고 그 노래는 점점 음이 삐걱거려서 들어 주지 못할 지경이 되고 만다.

물론 전례에 관한 기초 교육은 말할 것도 없고, 몇몇 영성 생활 '기법'들이나 신학 연구나 교회 전통은 인내심과 체계적인 단계적 접근을 통해 숙련해야 한다. 그러나 그것은 다른 문제다. **신앙에 입문**하는 사람에게는 그들이 **신비와 깊이의 세계**로 들어서고 있음을 분명히 일러 주어야 한다. 예수님은 우리가 '잡담을 주고받는 대화 상대'가 아니며, 하느님은 우리가 "만세! 만세! 알렐루야, 주 예수" 하고 외치면, "얘들아, 아직 목소리가 작은데! 자, 목소리를 최대한 크게 해서 다 같이 다시 외쳐 보자!"라고 말하는 교회 아빠들, 곧 신부들로 상징되는 '아빠'도 아니시다.

    이런 유형의 신심에만 빠져 있던 덕분에 언제까지나 소년다운 천진한 매력을 지닌 사제를 보고 있으면 나이 듦이 그렇게 아쉽지만도 않다. 퉁퉁한 '아빠'들과 존경하올 부인들이 큰 경기장에서 박자에 맞춰 몸을 흔들며 팔을 높이 쳐들고 "만세", "알렐루야, 주 예수"를 외치면서 눈물을 펑펑 쏟는 장면을 보면, 지금 이 경기장에서 축구 경기나 록 콘서트가 열리고 있다면 이 정서적 카타르시스가 분명 건강에도 도움이 되고 더 어울릴 텐데 하는 생각이 든다. 왜 우리 주님을 그 안에 끌어들여야 하는지 도무지 이해가 되지 않는 것이다.

    그런 집회를 이끌어 가는 '실체'는 '경기장의 분위기'이고, 거기서 확성기로 외쳐 부르는 '성령'과 '주 예수님'은 실은 있어도 그만 없어도 그만인 선택 사항이 아닐까 하는 의심을 떨칠 수 없다.

    하느님은 우리가 가닿을 수 없는 빛 속에 머무르시며, 기도는 신비를 위한 침묵이고, 신앙은 그 신비를 존중하고 **신비에** 적응하는 것이며, "알았다!"라고 외치는 소리는 길에서 벗어났다는 증거일 뿐이라고 사람들에게 제때에 말해야 한다. 그렇게 하지 않는다면, 우리는 그들과 우리 자신을 속이는 것이며 우리 안에는 진리라고는 없게 된다. 하느님에 관한 진리와 우리 삶의 진리이신 하느님은 언제나 역설적이다. 우리가 '손에 꼭 쥐고' 의기양양하게 소유하려 하지 않을 때만 그것은 우리 안에 있다.

    "하느님의 숨어 계심, 헤아릴 수 없는 신비, 침묵에 관한 당신 얘기는 이제 질리는군요. 어쨌거나 하느님께서는 계시되지 않으셨습니까? 하느님께서 온전한 권위로 말씀하시고 약속하지 않으셨습니까? 우리에게는 계시와 성경, 그리스도와 교회, 성사들과 교의들, 교도권이 있지 않습니까? 우리는 무엇보다 우선 그것들을 사람들에게 설명해야지, 신비주의와 부정신학으로 신자들의 머리를 혼란스럽게 해서는 안 되지 않습니까?"

사랑하는 형제여, 그렇다. 이런 것들에 대해 말하는 것도 내 의무다. 부디 하느님께서 하느님에 대한 내 신앙이 어떤 것인지 증언해 주시기를. 나는 '우리 위의 무언가'를 믿는 것이 아니다. 나는 계몽주의에서 말하는 이성의 신, '최고 존재'를 믿는 것이 아니다. 나는 이신론자들이 말하는 '위대한 시계공'을 믿는 것이 아니다. 나는 고대 그리스인들이 말하던 절대 불변의 운명의 신이나 무슬림들이 말하는 알라의 뜻을 믿지 않는다. 나는 가이아 여신이나 만물의 어머니인 대자연, 그 자연의 객관적 법칙들을 믿지 않는다. 나는 카르마(業)나 환생을 믿지 않는다. 나는 오롯이 내 양심과 내 마음만 개인적으로 비추는 개인적 신을 믿지 않는다. 나는 '종교적 감각'이나 **'내 머리 위 별이 빛나는 하늘과 내 안의 도덕법칙'**으로서만 자신을 제시하는 낭만적 신을 믿지 않는다. 나는 그런 이미지들이 전하려고 하는 모든 것을 이해하고자 노력하지만, 그것들이 전혀 내 신앙의 주제는 아니다.

나는 거룩하신 삼위일체, 성부와 성자와 성령을 **믿는다**. 하늘과 땅의 그 어떤 다른 것도 아니다. 내 신앙은 포스트모더니즘에서 말하는 흐릿한 의미의 '보편적'인 것이 아니다. 내 신앙은 세계의 종교들이 가득한 과수원 위를 새처럼 자유롭게 날아다니며 이것 찔끔 저것 찔끔 맛보지 않는다. 나는 기꺼이 모든 사람에게 주의 깊게 귀 기울이고 그들과 대화를 나눌 뜻이 있다. 그러나 내 신앙은 초기 교부들과 그들의 빛나는 교회회의들에서 신앙에 적용한 그 보편성, 오직 그 의미에서만 **보편적**이다. 곧, **가톨릭**이다. 그것은 전승에 깊이 뿌리내리고 있으며, 지금 이 은수처에서 옆에 있는 커다란 참나무처럼 넓게 드리운 가지들을 갖고 있다.

나는 내 마음대로 쓸 수 있는 어떤 '특별한' 사적 계시나 깨달음 같은 것은 없고, 큰 경기장에서 내게 '특별한 은사'가 내린 적도 없다. 나는 비록 신앙을 표현할 독창적 언어와 조금 더 참신한 방식을 찾기 위해 노력하고 있기는 하지만, 그 신앙에 어떤 것을 더하거나 뺄 권한을 내게 줄 '특별한 환시'를 본 적도 없다. 어떤 것들이 남들보다 내게 조금 더 일찍 분명하게 다가오더라도, 거기에 '초자연적'인 면은 전혀 없으며 내가 으스댈 이유도 없다. 오히려 지난 반세기 동안 내가 읽고, 보고, 듣고, 묵상하고, 기도할 수 있었던 모든 것을 생각해 볼 때, 이렇게 되지 않았다면, 이 모든 것이 아무 열매도 맺지 못했다면 그것이 오히려 '비정상적'이고 이상하고 부끄러운 일이 되었을 것이다.

내 신앙은 평범하다. 보편적이고, 가톨릭이며, 그리스도교의 신앙이다. 그리고 나는 내 신앙을 다른 무엇과도 바꾸지 않을 것이다. 다른 좋은 것들이 없어서, 이 신앙이 '나쁜 것들 가운데 그나마 최선'이라서가 절대 아니다. 조심스럽게 사도의 말을 빌려 와서 바꾸어 말하면 이렇다. 누군가 세계종교들의 광활한 숲을 샅샅이, 빠진 곳 없이, 주의 깊게 찾아보았노라고 말할 수 있다면, 나도 할 수 있다. 그런

데도 나는 그리스도와 교회를 버리고 내 신앙을 다른 것과 바꾸고 싶은 강렬한 유혹을 단 한 번도 느껴 본 적 없다. 그것이 내 신앙고백이다. 나는 이 신앙을 지키고, 그 안에서 '기쁘게 죽을 것'이다.

"저는 하느님을 믿나이다"라고 말할 때, 나는 그것이 내 개인의 '하느님에 대한 견해'를 선언하는 것을 훌쩍 뛰어넘는다는 것을 알고 있다. 이를 뒷받침하는 증거로 아우구스티누스를 비롯하여 우리 시대에 이르기까지 수많은 신학자들의 분석을 제시할 수도 있다. 교부들의 언어라 할 수 있는 그리스어와 라틴어에서 신경의 첫 구절은 정확히 번역하면 "저는 하느님을 **향하여** 믿나이다"가 될 것이다. 이는 방향을 지시하는 말이다. 길을 가리키는 말이며, 움직임을 뜻한다. 나는 믿으며, **내 믿음은 나를** 하느님이라 불리는 **신비로 이끈다**.

그러나 그 길이 나에게 열려 있지 않으면 어떻게 들어갈 수 있을까? 그분께서 나를 만나러 오시지 않았다면, 불이신 분께 다가가면서 아찔하게 눈부신 빛 속에서 어찌 내가 길을 잃지 않을 수 있었을까? 그렇다. 삼위일체 하느님께서는 당신을 드러내 보이셨다. 그분께서는 당신을 주시고 당신을 여신다. 그러나 동시에 그분은 **근본적으로** 불가해하시다. 그래서 나의 모든 자연적 역량으로는 이 삶에서 그분을 알아보고 얼굴을 '마주하고' 뵙는 것이 '불가능'하다.

그러나 '마치 거울에 비추듯' 그분을 바라볼 수 있게 하는 세 가지 실재가 있다. 여기서 나의 고백은 참으로 인격적인 것, 곧 오랜 시간에 걸쳐 체험한 나의 추구와 신앙 여정에 대한 선언이 된다. 그 세 가지 실재는 세상, 예수님의 생애 그리고 교회다. 하느님이 아닌 모든 것을 가리키는 세상, 예수님의 인성과 거기에 비추어 본 모든 인간의 인성, 그리고 성경과 성전聖傳, 성인과 성사들, 교황과 우리의 '갈라진 형제들' 등 모든 풍요로움을 포함하는 교회를 말한다. 파울 에브도키모프는 교회에 대해 이렇게 말한 바 있다. "우리는 교회 건물이 어디 있는지는 알고 있다. 교회가 어디에 있지 않은가를 말하고 판단하는 것은 우리 몫이 아니다."

세상은 창조주이신 아버지 하느님을 드러내 보여 주고, 예수님의 인성은 아버지의 영원한 말씀이시며 구원자이신 성자를 드러내 보여 주며, 교회는 **성령**을 드러내 보여 준다. 이 세 실재를 통해 삼위일체가 계시된다. 이는 세 '위격들'의 '상호 친교'(perikhoresis)와 함께 호환 불가성도 반영한다. 예수님의 인성은 그분께서 이 세상과 세상의 역사에 깊이 뿌리박고 계시며, 동시에 그것을 초월하심을 뜻한다. 교회는 '그리스도에게서 자라 나온', 그분 인성의 '신비적 확장' 같은 것이다. 교회는 세상과 역사의 일부로 여겨질 수도 있으나, 세상에서는 '미완성'이고 종말론적 미래에 열려 있다. 마찬가지로 예수님의 지상 이야기도 ('텅 빈 무덤'을 통해) 종말론적 완성, 곧 부활과 그리스도의 '재림'의 신비에 열려 있다.

그러나 '접근할 수 없는' 삼위일체의 신비를 계시하는 이 세 실재를 고백하고서도, 나는 **이러한 계시 안에서도 하느님께서는 내게 여전히 역설 속에 숨어 계신다**고 곧바로 덧붙일 수밖에 없다.

결국, 세상에는 수많은 사람에게 하느님의 얼굴을 흐릿하게 가리고 그들이 그분의 선하심과 사랑, 전능하심과 의로우심을 믿을 수 없도록 방해하는 비극들이 가득하지 않은가? 세상의 관점에서 보면 그리스도의 지상 이야기는 십자가의 비극으로 끝나며, 그 비극은 똑같은 길을 따를 것인가 고민하는 사람들을 겁주고 단념시키지 않는가? 세상이 보기에 온갖 부끄러운 짓들과 범죄들로 가득하며 무기력하게 현존하는 교회와 교회의 역사는, 하느님의 영이 다스리시고 아끼시고 채워 주시는 신앙에 오히려 중요한 반대 논거가 되지 않는가?

'세상의 관점에서', 이러한 반론들은 충분히 이해할 수 있고 당연하다. 하느님께서는 피상적인 '알았다!'라는 위험에 맞서 당신을 훨씬 더 깊이 숨기시려고, 바로 그것 때문에 세상의 '세속성' — 물론 우리의 자리, 우리의 관점도 이 세속성 안에 자리 잡고 있다 — 을 허락하셨을 수도 있다.

그러나 동시에, 하느님께서는 우리를 낯선 장소, 즉 '가장자리'에도 보내셨다. 그분께서는 사물들을 바라보고 평가하는 관점의 선택을 포함하여, 우리에게 선택의 자유를 주셨다. 그분께서는 우리에게 믿음과 희망의 선물을 주신다. 이 선물들은 혼자 '간직하라고' 주신 것이 아니라 어두운 곳을 밝히는 빛으로 주신 것이며, 이 선물들 덕분에 우리의 '세속적' 관점뿐 아니라 그분의 관점으로도 현실을 바라볼 가능성이 열린다.

우리가 살아가는 세상은 근원적으로 양면적이며, 따라서 무신론적 해석과 믿는 이들의 해석이라는 두 가지 해석의 여지를 모두 제공한다. 그리고 하느님께서는 우리 선택에 달린 자유와 책임을 앗아 가지 않으실 것이다.

믿음은 '세상의' 관점에서는 이미 확정되어 변경의 여지가 없는 것처럼 보였던 것들을 재해석할 가능성이다. 믿음과 희망에 비추어서만 우리는 하느님의 선하신 일을 볼 수 있고, 인간의 악과 폭력이 빚어내는 온갖 불협화음과 한탄 말고, 하느님께서 처음에 하셨고 끝날 다시 하실 "(보시니) 좋았다"는 말씀을 들을 수 있다.

믿음과 희망에 비추어서만 우리는 예수의 이야기를 단순히 고통과 실패의 이야기로만 해석하지 않고, "저의 하느님, 어찌하여 저를 버리셨습니까?"라는 말 뒤로 조용하게 들려오는 "내가 세상을 이겼다", "내가 세상 끝 날까지 언제나 너희와 함께 있겠다"라는 말씀도 들을 수 있다.

믿음과 희망에 비추어서만 우리는 그분의 현존을 볼 수 있고, 인간의 약함과 추문으로 종종 탁해지는 물결 — 우리는 이를 교회 역사라 부른다 — 속에서도 잠시도 멈추지 않고 불어오시는 성령의 쇄신과 치유의 숨결을 느낄 수 있다. 사도들이 두려움에 문을 걸어 잠그고 있었을 때, 예수께서 그들의 죄를 뒤로하고 당신의 용서를 거듭 체험할 기회를 주시며 사도들에게 불어넣어 주신 그 성령이다.

그러나 이 빛, 이 관점은 **우리 것**이 아니라, 참으로 선물이다. 마치 종말론적 확신이라는 햇빛 속에 '초막 셋'을 짓고 그 빛 속에 머물 수는 없다는 말씀을 사도들이 들었던 타보르산의 그 빛처럼(루카 9,28-36 참조) 말이다. 우리 삶은 이 두 관점 사이에서 끊임없이 균형을 맞춘다. 모든 반대자와 지독한 회의론자들과 다를 바 없이, 세상과 예수와 교회에 대한 우리의 관점도 결실 없는 서글픈 추구 끝에 온갖 의심이나 반대에 가로막힐 수 있다. 그러나 그 구름 사이로 빛이 들어오는 순간들, 우리가 그 반대자와 회의론자, 또 우리 안과 우리 주변에서 울고 있는 이들에게, **이 모든 것에도 불구하고 어쩌면** 이 모든 것을 바라보고 평가하고 견디는 다른 길이 있다고 말할 수 있는 순간들, 아니 반드시 그렇게 말해야만 하는 순간들이 있다.

마르틴 부버는 하느님과 믿음에 반대하는 '강력한' 논증들이 가득한 책들을 갖고 있던 박식하고 '계몽된' 어느 학자 이야기를 즐겨 하곤 했다. 학자는 자신의 스승에게도 그 책들을 읽어 보라고 재촉했다. 다음에 스승을 방문한 학자는 늙은 스승이 자신의 주장 앞에 항복하고 신앙을 버렸거나, 아니면 필사적으로 신앙을 옹호할 것이라 예상했다. 그러나 스승은 이성과 인간 경험이 끌어모을 수 있는 온갖 신앙의 반대 논증들로 묵직한 그 책들의 무게를 손으로 가늠해 보더니, 자신의 율법서를 부드럽게 쓰다듬고는 물끄러미 바라보며 이렇게 말했다. "**아마도** 결국엔 이게 맞을 걸세." 그 보잘것없는 '아마도'라는 말 한마디가 마침내 학자의 자신만만한 무신론을 흔들어 놓았다.

사랑하는 젊은이들이여, 어쩌면 언젠가는 나도 여러분의 초대를 수락할 날이 올 지도 모른다. 그러나 나는 의기양양한 기쁨과 구호들과 높이 든 손들이 아니라, 그 소박한 '아마도', 그 '작은 신앙' 안에서만 하느님의 친밀함을 체험할 수 있으니 이런 나를 **그대들이** 견뎌 줄 수 있겠는가? 그 '아마도'는 하느님에 대한 신뢰가 아니라 나 자신에 대한 신뢰가 부족하다는 표현이다. 내가 염려하는 점은, 너무나 크고 너무나 시끌벅적하고 너무나 인간적인 우리의 확신이 정말로 위대한 것, 곧 **침묵을 통해 말하고 감추어짐을 통해 자신을 드러내기**를 좋아하며 작고 거의 눈에 띄지 않는 것들 안에 자신의 위대함을 감추고 있는 **신비**를 가릴 위험이 있다는 사실이다. 모두에게 철저히 조롱받은 뒤로는 소박함과 절제가 종교를 포함한 삶의 다양한 영역에서 두드러지게 쇠하고 있다. 그렇지만 하느님께서는 그것들을 저버리신 것 같지 않다.

6   믿음이 있는 과학자의
           고달픔

물리학자이고 가톨릭 신자이며 사람도 좋은 친구가 있다. 그는 가끔 사제 모임에 나와서 현대물리학의 발전에 관한 이야기를 들려주고는 한다. 앞에서 언급한 그의 인격을 이루는 세 축이 동기가 되어서 하는 일인데, 그의 노력은 언제나 나의 칭송과 감탄을 자아낸다. 사실 나는 대학 강의 때문에 사제 모임에 불참하는 것을 양해받고 있다. 그렇지만 '적어도 일 년에 한 번', 주로 사순 시기나 대림 시기에는 모임에 참석하려고 자발적으로 노력한다. ("내가 보속을 정해 줄까요, 아니면 스스로 정하겠어요?" 내 고해 사제는 내가 고해를 마치면 늘 이렇게 묻는다. 나는 내 죄가 정말 그렇게 무거운 것이었나 잠시 생각하고는, 한숨을 한 번 쉬고 하늘을 쳐다보며 체념한 듯이 선언한다. "대리구 사제 모임에 참석하겠습니다.")

　이렇게 헌신적인 친구가 최근 나에게 고민 하나를 털어놓았다. 자기 강의가 끝나면 사제들은, 당신은 그리스도인이자 '믿음이 있는 과학자'이니 강론에서 써먹을 수 있도록 현대 과학이 하느님의 현존을 입증한다는 것을 보여 줄 '사소한 증거' 하나라도 알려 달라고 은근히 압박한다는 것이다. 그 성직자들은 좋은 사람들이고 그도 좋은 사람이지만 이런 경우에 그는 그들을 도와줄 수 없다. 이것이 그의 걱정거리였다.

　내가 사제 모임을 피하는 것은 형제 사제들인 이 좋은 사람들을 싫어하거나 내가 그들보다 조금이라도 낫다고 생각해서가 아니다. 전혀 그럴 이유도 없다. 딱 한 가지 이유는 아주 단순한 것이다. 모임에 참석할 때마다 거의 매번, 슬픔과 동정심과 절망이 뒤섞인 감정, 많은 사제의 자기희생과 선의에도 이 세상에 '불운이 드리워져 있다'라는 느낌 때문에 아프고 괴롭다. 나도 인정하기까지 오래 걸린 것을 나이 지긋한 착한 신사들인 이 사제들도 대부분 깨닫고 있다는 느낌을 떨칠 수 없다. 말하자면, 특정한 양식의 종교, 다시 말하자면 그들이 그 신학을 공부했고 그 소임을 위해 그토록 노력했던, 계몽주의 이후 지난 두 세기의 종교가 기울기 시작했고 이를 멈출 길이 없다는 것이다. "돌 위에 돌 하나도 여기에 남아 있지 않을"(마태 24,2) 때를 그려 보는 것이 더는 어렵지 않다.

　나는 그런 모임들에서 논하는 주제들이 너무나 놀라워서, 때로는 "여러분은 이 모든 것이 어떻게 되리라 생각하십니까? 50년 뒤 이

교회에는 무엇이 남아 있을까요?"라는 물음을 소심하게 꺼내고는 했다. 그러나 돌아오는 응답들을 들으면, 마치 가족 중에 중증 환자가 있어서 절대 그 병에 관한 이야기를 입에 올려서는 안 된다는 암묵적 약속이 있는 집안에 사는 듯한 느낌이 들었다. 정말 끔찍한 이야기까지 해도 된다면 심지어 이런 느낌도 들었다. 교회의 어떤 분위기들 속에서는 마치 장 폴 사르트르의 연극 「닫힌 방」에 던져진 것 같은 느낌도 들었던 것이다. 시간이 흐르면 관객들은, 극 중 주인공들이 전부 죽었지만 마치 아무 일도 없었던 것처럼 행동하고 있음을 알게 된다.¹ 어느 체코 사제는 우리 교회를 여전히 덜커덩거리지만 더는 아무것도 빻지 못하는 방앗간이라고 비유했다.

    물론 그 후로 상황은 나아졌고, 나도 어쨌거나 체코 성직자들 사이에서 내 자리를 잡았다. (계속해서 '밖을 볼' 수 있을 만큼 가장자리에, 그리고 완전히 '외부인'은 되지 않을 만큼은 깊숙한 자리다.) 대체로 우리는 이제 서로에게 더 익숙해졌다. 나는 몇 년 전보다 성직자 친구들이 몇몇 더 생겼지만, 여전히 대다수 성직자와는 서로 이해가 부족하고 그것이 바뀔 것 같지는 않다. 나는 더는 그들의 언어를 말할 수 없고, 그들은 내 언어를 이해할 수 없다. 우리 삶의 체험과 정서적 세계와 사고방식이 이제는 서로 너무 멀어진 것이 아닐까 걱정된다.

    나는 그 물리학자 친구에게 있는 그대로 말하라고 조언해 주었다. 과학은 하느님의 현존을 절대 입증할 수 없다. **'과학적으로 입증된 신'은 우리가 믿을 만한 가치가 없다.** 그런 신은 우상일 것이다. 아우구스티누스 성인은 "그대가 이해한다면 그것은 하느님이 아니다"

(Si comprehendis, non est Deus)라고 말했다. 이 말을 진지하게 받아들여야 한다. 당신이 이해할 수 있다면, 심지어 '입증'할 수 있다면, 그것은 하느님이 **아니라고** 분명히 확신할 수 있다.

작은 증거 하나라도 바라는 사제들의 요청은 현대 과학과 철학의 용납할 만한 무능뿐 아니라, 더 우울하게는, 변명의 여지가 더 없는 **신학의** 무능을 드러내며 특히 허약하고 병든 신앙을 암시한다. 신비에 자신을 열 뜻도, 그럴 수도 없어서 과학에게 자기 불확신의 구멍을 기워 달라고 요청하며 콤플렉스에 시달리는 그런 신앙은 온통 구멍투성이에 너무 해져서 기워 줄 가치도 없다. 그것은 '맛을 잃어버린 소금'이며, 밖에 내다 버려지고 짓밟히기에 딱 알맞다. (사실 사방에서 이런 일이 일어난다.) 계몽주의의 최고 권위 — '진리의 유일한 중재자인 과학' — 를 동원하여 계몽주의가 흔들어 놓은 종교를 진정시켜 자신감을 되찾게 하려는 『역사로서의 성경』[2] 같은 문학은 비겁하고 얼빠진 자멸하는 형태의 종교를 암시한다.

물론 과학은 '하느님을 반증'할 수도 없다. 종교를 반박하기 위해 과학적 수단을 썼노라고 선언하는 과학자가 있다면 그는 학문하는 사람이 아니라 아마추어 신학자가 되어 버린 돌팔이다. 그는 자기 재량을 넘어, 자신의 신념, 곧 무신론이라는 자신의 종교를 뒷받침하기 위해 과학의 권위를 남용한 것이다. 그리고 그것은 확신 없는 신자들이 '믿음이 있는 과학자'에게 해 달라고 재촉하는 그 일만큼이나 불명예스러운 것이다.

종교와 신앙과 신학은 과학의 내부 관심사에 간섭하거나 물리학과 생물학에 끼어들 권리가 없다. 그들이 거리를 유지하고 학문으로서 과학의 절대적 자유와 독립성을 존중하지 못한다면, '신심에 이끌린' 모든 개입은 실패하고 종교에 대한 신뢰도 떨어뜨릴 것이다. 정치적 이해관계와 국가의 권력이 그런 개입을 뒷받침했던 과거에 실제로 그런 일들이 일어났었다.

그리고 과학은 신앙과 종교에 대해 한결같이 거리를 두는 태도를 유지하며, 특히 '하느님의 현존'을 입증하거나 반박하려는 어떤 시도도 피해야 한다. 그렇지 않으면 과학은 자신을 위태롭게 하고 본연의 모습을 온전히 지킬 수 없게 될 것이다. '하느님을 반증'하려는 과학자는 소련의 우주인 가가린이 우주선 창문 밖으로 아무 신도 보지 못했다고 공산당중앙위원회에 보냈다는 보고서만큼이나 딱하다. (소련의 무신론 대사제들에게는 무척이나 다행이었을 것이다.) '하느님을 입증'하는 과학자도 똑같이 딱한 노릇이라고 할 수밖에 없다.

사람은 당연히 자연의 아름다움과 균형과 목적성에 **사로잡힐** 수 있고, 심지어 과학 활동 속에서도 그렇다. 그러나 그런 황홀감에서 비롯할 수 있는 '이성의 하느님'도 역시 내 신앙의 하느님과는 거의 닮은 점이 없을 것이다. 오히려 나는 그런 개념을 주장하는 것은 '희망사항'이 아닐까 의심스럽다. 그리고 나는 그것이 '자연의 법칙을 발견할' 때 우리가 자연에 투사하는 것 같은, **우리 자신의 이성에 사로잡힌 황홀감**의 반영으로 여긴다.

물리학과 철학에서 '목적이 있는 우주' 개념에서 '카오스이론' — 또는 이른바 비선형 역동적 체계에서의 혼돈 사건들 — 으로 바뀐 것이 내 신앙과 훨씬 더 조화를 이룬다. 나에게는 그것이 우리가 '식별'할 수 있는 하느님의 중요한 특징, 곧 **하느님의 불가해성**에 대한 하나의 **비유**로 보이기 때문이다. 물론 이 경우에도, 이런 생각은 이것이 **실제로** 일어나고 있다는 사실을 '찾아내는' 것이라기보다는 과학자들의 숙고에 대한 **내 나름의** 묵상 문제이다.

그렇다면 '과학'과 '종교'는 전혀 다른 두 영역이라, 서로 어떻게든 만날 수 없고 만나서도 안 되며, '대화'와 협력을 시도하는 것은 전혀 무의미하다는 뜻일까? 절대 그렇지 않다! 그런 대화는 둘 모두에게 매우 중요하다. 특히 오늘날처럼 공유된 세상에서는 더더욱 그렇다. 그러나 이 대화의 장이 펼쳐질 수 있고 펼쳐져야 하는 영역은 **철학**이다. 그리고 그 대화는 철학의 규칙을 존중해야 한다.

요점은, 과학과 종교, 더 정확하게는 과학자들과 신앙인들, 특히 신학자들은 절대 자기 학문 안에만 갇혀 머물러 있지 않으며 언제나 철학의 영역 안으로 뛰어든다는 것이다.

그 자체에는 아무 문제도 없다. 이는 자연스러울 뿐 아니라 분명 피할 수도 없는 일이다. 그저 양측이 모두 그것을 깨닫고 인정하며, 무엇보다 어느 측도 어설픈 싸구려 철학에 빠지지만 않으면 된다.

안타깝게도 실상은 양측 모두 종종 그렇지 못하다. 과학자들의 여러 선언은 **과학적** 견해를 자처하고 과학의 권위를 내세우지만, 학문으로서의 과학과는 거의 상관이 없으며, **과학적 지식에 관한** 때로는 흥미롭고 독창적이고 직관력 있지만 때로는 의심스러운 철학적 성찰에 가까운 **철학적** 입장이다. (심지어 뛰어난 과학 전문가도 철학에 관해서는 애호가 수준에 그칠 수 있다.)

마찬가지로, 가끔은 신학자들과 교회 권위들의 '신앙 선언'들도 교회와 성경과 심지어 하느님의 권위를 내세우지만 실제로는 신앙과 종교적 상징들, '신앙 체험' 또는 성경의 증언들에 관한 **철학적 성찰**인 경우가 있다. 이들은 깊이가 있을 때도 있고 문제가 있을 때도 있지만, 하나같이 **인간적**이고 언제나 역사와 문화의 영향을 받는다.

과학자들이 현미경에서, 신학자들이 성경 책에서 고개를 들어 세상에 뭔가를 말하고 싶다면 철학의 언어와 기술을 빌려 올 수밖에 없다. 어쨌든 그들은 이미 여러 철학 전통과 '전이해'의 범주 안에서 활동하고 있다. 엄격한 실증주의 과학자들과 근본주의 신자들이 철학을 두고 얼빠진 추측이며 자신들의 진리와 확신에 오지랖 넓게 끼어들어 희석한 것이라고 혹평할 때도, 그들은 비록 원초적 형태이긴 하나 철학적 입장을 취하고 있다. (서로 닮은 구석이 있으나 그 유사성을 인정하지 못해 서로를 견디지 못하는 쌍둥이와도 같은 이 두 무리는, 사소하게 계속 부딪침으로써 과학과 신앙이 원수지간으로 살아야 한다는 인상을 준다.) 철학에 대한 거부도 하나의 철학적 입장이다. 체계적인 정치적 무관심이 이미 정치적 견해이며, 공격적인 무신론이 일종의 종교인 것과 같다. 어떤 경우든, 신경질적이고 무차별적인 **반대**의 태도는 철학적 자기 성찰을 거쳐야 얕은 개울에서 깊은 물로 건너갈 수 있다.

철학적 성찰의 길고 힘겨운 작업을 건너뛰고 과학 지식에서 자칭 '철학' 또는 '세계관'을 직접 끌어내려는 바람은, 한 손에는 성경을,

다른 손에는 햄버거를 든 설교자들이 대형 경기장이나 텔레비전 화면에서 하느님께서 지금 우리에게 바라시는 뜻이 뭔지에 대해 장광설을 늘어놓는 것을 볼 때와 비슷한 우울함을 낳는다.

'과학적 세계관' 또는 '과학적 무신론'은 역사상 가장 저급한 형태의 종교 가운데 하나였다. 과학의 명예와 권위가 그렇게 더럽혀지고 남용된 것에 명예를 걸고 맞서야 했던 이들은 신앙의 호교가들이 아니라 **과학자들**이었다.

과학의 참된 철학이 가장 먼저 할 일은, '과학적 철학'에 남아 있는 실험의 잔재를 싹 걷어 버리고, 애호가 수준의 철학 — 더 정확하게는 후기 계몽주의의 유물론과 이를 계승한 이론들 같은 '이념' — 을 과학과 과학적 발견의 해석 영역으로 슬그머니 투사하는 것 또한 없애는 것이다. 오늘날, 자기 분야의 진정한 전문가들인 명망 있는 과학자들과 '순전히 철학적인' 문제들뿐 아니라 우리 문명에서 과학기술이 이룬 성과의 응용과 그것이 인류의 삶에 미친 영향에 관련된 다양한 실질적 쟁점들, 그리고 과학 윤리 분야의 뜨거운 쟁점들에 관해 이야기를 나누어 보면, 그들의 응답 아래 여전히 잠재된 철학들을 발견하고 충격을 받는다. 때로는 마르크스-레닌주의나 얕은 과학만능주의에서 예전에 훈련받은 흔적이 그들의 뇌 '피질하부'에 단단히 뿌리박혀 있다. 그렇지 않았다면 그런 것을 절대 인정할 리 없는 이들의 뛰어난 뇌 속에 말이다. 철학 영역에서 경거망동하지 않는 과학자들만 참으로 '과학과 종교의 대화'에서 유익한 대화 상대가 될 수 있다.

그러나 이는 상대편도 마찬가지다. 참된 논쟁이 아닌 흥미 위주의 텔레비전 예능 프로그램을 만들 의향이 아니고서는, 원초적인 종교적 근본주의자나 공격적인 호교론자들을 과학자와 나누는 대화에 초대할 사람은 아무도 없을 것이다. 신학적으로 **교육받고** 신학적으로 **생각하는** 사람 — 안타깝게도 한 조건을 갖춘다고 꼭 다른 조건까지 보장되지는 않지만 — 을 부를 가능성이 더 클 것이다.

본성상 과학보다는 신학이 철학에 훨씬 더 가깝다. 신학과 철학 모두 특정한 철학적 맥락에서 나왔지만, 신학이 더 쉬운 임무를 받았다고 할 수 있다. 초세기 신학 발전을 이룬 플라톤주의와 아리스토텔레스주의, 그리고 오늘날 신학에 큰 영향을 미치는 해석학적 철학은 현대 과학 발전에 지대한 영향을 미친 계몽주의의 합리주의와 그 뒤를 잇는 유물론과 실증주의보다 훨씬 더 생산적이고 심오하다.

짚고 넘어갈 것은, 계몽주의 이후 시대에 신학도 현대 이성주의의 자신만만한 요새인 '과학적 진리' 같은 확실성을 찾는 사람들의 호감을 살 만한 '확고한 체계'를 만들려는 시도들의 덫에 빠졌다는 사실이다. 인정하다시피, 그 신스콜라철학 체계는 과학계에서 뉴턴 물리학의 기계론적 우주 모형만큼이나 오늘날 신학계에서도 적용 불가능한 것으로 여겨진다. 과학에서도, 신학에서도 — 철학은 말할 것도 없고 — 확실한 지식의 '확고한 체계'를 열망할 수는 없다. 지금은 **끊임없이 움직이는 생각**이 대세다. 계속 펼쳐지는 어느 순간을 향해 "순간이여, 멈추어라. 그대는 너무나 아름답도다!" 하고 말한들, 파우스트 박사와 함께 나락으로 떨어질 것이라는 얘기다.

신학자들 가운데에도 성서주석학이나 교회사 같은 여러 학문을 두루 섭렵하며 작업하는 일류 **전문가들**이 많다. 그러나 그들이 흥미로운 방식으로 과학자들과의 토론을 풍요롭게 할 수 있다 해도, 그러한 토론의 주요 상대는 **철학적 신학**이어야 한다. ['종교의 철학'이라는 용어는 계몽주의의 '소유격의 철학' 때문에 너무 무겁고, '자연신학'이라는 말은 현대에 '자연' 개념을 둘러싼 혼돈 때문에 방해가 되고, '기초신학'(fundamental theology)은 가톨릭 신학계에서는 내가 뜻하는 것을 일컫는 데 흔히 사용되는 용어이지만 그 맥락을 벗어나면 '근본'(fundamental)이라는 단어 때문에 나쁜 쪽으로 부적절한 연상 작용을 일으킨다. '기초신학'의 목적이 바로 근본주의의 위험을 없애고, 신앙의 전이해 영역에 사유를 포함하기 위한 것임에도 말이다. 신앙의 전이해에 **사유**가 빠져 있을 때, 근본주의적 '확신'이라는 위험한 바이러스가 활개를 친다.]

이런 논의에서, 현대 가톨릭계 철학적 신학을 이끄는 대표 주자인 케임브리지 대학의 니콜라스 래시 교수의 저술에서 몇 가지 생각을 소개할까 한다. 그의 생각은 특히 과학과 그리스도교 신앙의 관계에 오랫동안 해로운 영향을 미쳐 온 몇몇 결정적 혼란을 걷어내는 데 크게 도움이 되리라 확신한다.[3]

래시는 하느님 개념이라는 인식이 계몽주의 시대에 유럽, 특히 영국 문화에서 어떻게 중요한 변화를 겪었는지 보여 준다. 그 시기는 사람들이 물리적 우주의 **원인들**을 설명하기 위해 하느님 개념을 끌어오기 시작하던 때였다.

래시 교수는 초기 스콜라철학에서 말한 **원인**(causa)이라는 개념은 훨씬 더 포괄적이고 차별화된 것이었다고 설명한다. 그것은 단순히 물리적 원인을 가리키는 것을 뛰어넘어서, 왜 특정한 대상이 여기 있는가 하는 '의미'와 '목적'까지 포함하는 개념이었다. 17세기와 18세기에, 사상가들은 세계라는 장치의 기원과 작동을 추론할 수 있는 구체적 원리를 찾아 명명해야 할 필요를 느꼈다. 그리고 '하느님'이라는 종교적 개념은 그들의 목적에 잘 맞아떨어졌다. 그러다가 과학은 더 이상 하나의 단순하고 궁극적인 설명 원리가 필요하지 않음을 깨닫는 단계로 접어들었다. 그 어떤 것도 세상의 복잡한 현실을 설명하는 데 충분하지 않았기 때문이다. 그러자 그 개념은 자연스럽게 폐기되었다. 그러나 물리학계와 연관된 그 방법론적 쟁점은 '하느님은 존재하지 않는다'라는 그릇된 철학적·신학적 추론을 낳고 말았다.[4]

그러나 그리스도교 신앙에서 이야기하는 하느님은 결코 물리학의 세계에 속하지 않는다. 하느님은 '세상의 물리적 원인'이 아니라, **그 의미를 둘러싼 신비**이다.

니콜라스 래시는 **창조**라는 용어와 관련한 또 다른 중요한 혼동에 주목한다. 물리학자들이 — 그리고 안타깝게도, 신학적 지식이 없는 그리스도인들도 — 창조에 관하여 이야기할 때, 그들은 여기서도 **물리학적 질서의 사건**, 곧 '우주의 시작'의 순간과 그 과정이라는 관점에서 이야기한다.

신학이 창조에 관해서 이야기할 때는 다른 것을 가리킨다. '하느님이 아닌 모든 것'을 가리키는 실재 전체인 창조이다. 곧, 인간, 동물, 물질적 우주, 음악 작품, 그 밖에 우리가 생각할 수 있는 모든 것이 여기 포함된다. **우리는 피조물이다.** 신앙과 신학에 중요한 것은 우리가 피조물이라는 사실, 곧 우리가 창조되었다는 사실이다. 언제, 어떻게, 무엇이, 우주의 '물리적 원인'이었는지, 이런 것들은 신앙이나 신학과는 아무 상관 없는 물리학의 문제들이다.

양쪽 사람들이 우주의 기원에 관한 다양하고 계속 변하는 가설들(예를 들어 빅뱅 이론)을 성경 본문, 특히 창세기 1장과 비교하며 자신들의 주장이 얼마나 부합하는지 입증하고 물리학을 통해 이른바 성경 진리를 '입증' 또는 '반증'하느라 수고를 쏟지만, 이는 결국 무의미한 힘쓰기다.

내가 보기에, 그런 분석들은 '과학과 신앙의 대화'에 매우 중요한 여러 결론을 내놓는다. 지난 몇 주 동안 이를 한 번 더 깨닫게 되었다. 본질적으로 신학이 창조에 관한 가르침으로 우리에게 말하는 바는, **우리는 하느님이 아니**지만 우리가 깨닫든 깨닫지 못하든 우리는 모두 — 신자든, 무신론자든, 모기든, 토성 행성이든 — 우리가 하느님이라 부르는 **신비와 관계를 맺고 있다**는 것이다. 이 가르침은 우리에게 존중과 겸손, 책임이라는 구체적 자세를 갖추도록 도덕적 의무를 지우기에 매우 중요하다. 그러나 우주가 언제 어떻게 생겨났는가 하는 물음, 또는 진화의 생물학적 측면 같은 물음들에 대답을 찾는 이들에게는 전혀 중요하지도 않고 아무 상관도 없다.

사람들이 종종 친근한 고갯짓과 눈짓과 함께 "저 사람들도 신자랍니다" 하고 내게 알려 주고는 했다. 그들은 '성당에 다니는' 사람들은 아니지만, '이 모든 것이 우연히 생겨났을 리는 없지, 안 그래?' 하고 확신하고 있다. (아니, 그렇게 느끼고 있다고 하는 편이 더 맞겠다. 그런 것들을 **깊이 생각해** 볼 시간은 없을 테니 말이다.) '**무언가** 있는 것은 분명해.' 그런 이유로 그들은 스스로 그리스도인이라 여긴다. 그리스도인들은 창조와 창조주를 믿을 거라고 어렴풋이 느끼기 때문일 것이다. (그런데요, 할리크 신부님, 모든 것을 고려해 보면 어차피 모든 종교가 다 고만고만하지 않겠어요?!)

나는 그들의 터무니없는 오해를 단호하게 바로잡아 줄 용기를 잘 내지 못했음을 인정해야겠다. 세상의 기원에 관한 그들의 견해, 빅뱅 이론과 '태초에 세상이 돌아가도록 한 시계공' 중에 무엇을 선택할 것인가 하는 문제, 또는 그러한 해석들을 조화시켜 결국 다 똑같은 말이라고 선언하려는 시도는, 재즈와 바흐 또는 맥주와 포도주 중에 무엇을 선택할 것인가만큼이나 그리스도교 신앙과 관련이 없다고 그들에게 솔직하게 말해 주지도 못했다.

그리스도교 신앙은 세상의 기원에 대한 물리학적 원인을 추측하는 것과는 전혀 관계가 없다. 그리스도인들이 '천주 성부 천지의 창조주를 저는 믿나이다'라는 말로 신앙을 고백할 때, 그들이 '무대 뒤에 숨어 있는 어떤 위대하고 커다란, 눈에 보이지 않는 누군가에 의해 태초에 모든 것이 만들어졌다'라고 생각한다는 뜻이 아니다. 그런 짐작은 순전히 그들의 '개인적 문제'이며, 신앙의 관점에서는 전혀 무관하다. 이 고백은 **세상에 대한 존중의 태도를 지니겠다는 다짐**이다. 그리스도인들은 세상이 **그들에게 맡겨진 선물**이라고 확언하고 있다.

신앙은 선사하신 분의 본성에 대한 견해들의 요약서가 아니다.

우리가 그분에 관해 아는 것이라고는, 그분은 절대 신비이며 그 자체로 불가해하지만, 그런데도 당신의 **활동들**을 통해 계시되신다는 것이다. 신앙은 세상이 존재한다는 것, 예수님께서 사람이 되시어 우리와 함께하셨으며 당신 말씀으로서 여전히 우리에게 남아 계신다는 사실에, 그리고 온갖 약함을 안고 있으나 성령으로 지탱되고 새로워지는 신자 공동체가 있다는 사실에 있다. 이러한 실재들(세상, 예수님, 교회)을 단지 우연한 사실로가 아니라 그분께서 우리와 소통하시고 당신을 알려 주시는 **그분의 선물**로 받아들이고, 우리가 자신의 삶과 찬미의 기도와 그런 실재들에 대한 태도로 **응답하는** 것, 그것이 신앙이며 그것이 그리스도인 삶이다.[5]

    감히 주장하자면, **오늘날** 지구에 사는 20억 그리스도인 대다수는 '창조 활동'의 문학적 표현은 그것이 창세기 책이든 시스티나 경당 천장에 있는 미켈란젤로의 프레스코화든 장 에펠의 매력적인 만화영화 「천지창조」든 간에, 모두 '자구적으로' 받아들이거나 '실제로 어떻게 된 것인가'에 관한 보도로 여겨져서는 안 되는 상징적 이미지들이라는 것을 안다. 또한 우리의 상상력을 겨냥한 그러한 이미지들 '너머'에 있는 진리에 대한 표현일 뿐임을 잘 깨닫고 있을 것이다. (어느 대학 강사가 자신은 세례는 받았으나 다윈의 『종의 기원』도 믿는다면서, 그런데도 영성체를 해도 괜찮은지 내게 물어 왔다. 2005년 현재, 이런 일이 일어나는 것은 아마 세계에서 체코가 유일할 것이다. 당연히 나는 그녀에게 **안 괜찮다**고 대답했다. 그것은 그가 다윈의 이론을 믿기 때문이 아니라, 그리스도인이 믿는 것과 믿지 않는 것에 관해 적어도 초등학생용 교리서 수준까지라도 더 배워서 알아야 하기 때문이라고 설명해 주었다. 생물학이나 물리학 이론에 관해서라면 그는 무엇이든 믿을 수 있다. 그것은 순전히 학문적 양심의 문제일 뿐이다. 종교적 양심이 그에게 요구하는 바는, 모든 과학적 이론에 관한 건강한 비판적 태도를 유지하는 것, 그리고 그것들을 '계시된 진리'로 **종교적으로** 여기지 않는 것이다.)

그러나 내가 걱정하는 것은, (성경이 자기 주변 신화에서 빌려 온 이미지들로 묘사하고, 미켈란젤로와 장 에펠이 그들 상상력의 영역에서 나온 이미지들로 묘사하는) **그러한 진리** 아래로, 많은 그리스도인이 현대에 등장한 비그리스도교적이고 이신론적인 '위대한 시계공'의 개념을 투사한다는 점이다. 그러한 개념들을 깨끗이 씻어 내려면 그 신비 깊숙한 곳까지 들어가야 할 것이다. 가톨릭 신학의 우수한 전통들과 신비주의가 수 세기에 걸쳐 우리에게 가르쳐 주었듯이, '이미지들' 그리고 원초적인 것들뿐 아니라 추상적이고 개념적인 추론의 산물들도 모두 결국 두고 떠나야 한다. 신앙은 개념들과 '이런저런 것들에 대한 견해'가 자리 잡고 있는 우리 정신의 표층에서 우리가 키워 나가는 것이 아니라, 우리 삶의 방향, 이 삶에 대한 우리의 기본적 태도로 이루어진다. 성 아우구스티누스의 표현을 다시 한번 빌려 와서, 우리가 "확고한 견해"를 가진 어떤 것이 있다면, 우리는 그것이 절대 하느님이 아니라고 확신할 수 있다.

우리의 삶이 끝날 때, 하느님은 당신께서 계시하신 창조에 관한 진리에 우리가 **신앙으로** 어떻게 응답했는가를 평가하실 것이다. 그

평가 방식은, 우리가 세상과 세상이 생겨난 방식에 관해 어떻게 **생각했는가**보다는, 우리를 둘러싼 세상을 향해 실제로 어떻게 **행동했는가**를 가늠하시는 것이 될 것이다. 실천으로만 드러낼 수 있는 믿음에 관한 야고보서의 말씀(야고 2,18 참조)은 이 경우에 온전히 적용된다. 그것은 자신의 신앙에 걸맞게 행동해야 한다는 흔한 말보다 훨씬 더 깊은 선언이다. 신앙은 우리가 하는 것, 우리가 취하는 태도 안에 **내포되어** 있다!

앞에서 했던 생각으로 돌아가 보자. 나는 '과학과 신앙의 대화'를 어떻게 생각하며, 그 대화는 어떻게 진행되어야 하고, 그 목적은 무엇이 되어야 하는가?

물리학자들이 우주가 어떻게 생겨났는지 이야기하고, 생물학자들이 동물 종들의 진화가 어떻게 일어났는지 이야기한다면, 신학자들은 입을 틀어막고 조용히 들어야 할 것이다. 신학자들은 이 영역의 이러한 문제들에 관해서 아무 할 말이 없기 때문이다. 그러나 어느 물리학자가 자신의 연구 결과가 어떻게 새로운 대량 살상 무기를 개선할 수 있는지 이야기하기 시작하거나, 어떤 생물학자가 인간 복제와 실험 용도의 배아 조작이 기술적으로 가능할 뿐 아니라 윤리적으로도 정당하다고 말한다면, 그렇다면 이제 신학자들은 자리에서 일어나 과학계의 동료 학자들에게 분명하게 말할 의무가 있다. 그들이 그들의 권한 영역을 넘어 신학이 발언권을 가지는 영역 안으로 들어왔다고 말이다.

그 순간, 신학자들은 소리 높여 말할 의무가 있다. 생명, 특히 인간 생명은 **단순히** 생물물리학적 사건이 아니라 하나의 선물이며, 비록 우리가 생명을 주는 사람은 아니라도 그 생명을 보호할 책임이 있다는 것을 신학자들은 알고 있기 때문이다. 과학기술의 '자연스러운 발전'과 시장의 요구, 또는 여론 때문에 이 책임을 포기할 수는 없다. 그렇다. 바로 그런 순간에 논쟁이 시작될 수 있다.

신학자가 성경 구절, 예컨대 세상 창조에 관한 유명한 구절을 소리 내어 읽게 되었다면, — 신학자는 기계적으로 읽어 주는 사람이 아니라 본문의 해석자이며 주석가이기에 — 그는 그것을 듣는 이들에게 자신이 지금 물리학 또는 생물학적으로 대안이 될 이론을 제시하거나 '어떻게 그런 일이 일어났는지에 관한 보도'를 하는 것이 아니라, 다양한 이야기들을 꿰어 엮어 놓은 본문을 제시하고 있다고 미리 주의를 시킬 의무가 있다. 이 본문은 근동 신화의 개념들과 언어를 차용하면서도 그런 신화들과는 근본적으로 다른 이야기를 들려준다. 이 이야기는 선악의 대결이 아니라, 하나의 구체적인 주제, 즉 '(보시니) **좋았다**'가 반복되는 교향곡이기 때문이다.

이것은 미완성 교향곡이다. 아우구스티누스에서 카를 라너, 니콜라스 래시[6]에 이르는 훌륭한 신학 전통에 따르면, 창조는 계몽주의 이신론자들이 생각하는 것처럼 세상을 '제조'하거나 '제작'하는 것이 아니라, 지속적 창조(creatio continua), 계속되는 과정이다. 아우구스티누스는 기도란 눈을 감고 하느님께서 **지금** 세상을 창조하고 계심을 깨닫는 것이라고 했다. 그러나 그것은 피날레를 향해 고조되고 있음이 분명히 암시되는 교향곡이기도 하다. 이러한 단계적 고조를 감상하는 것을 '믿음의 덕'이라 부르고, 암시되는 피날레를 '**샬롬**', 곧 **하느님께서 모든 것 안에 모든 것이 되실** 때 올 큰 평화라고 일컫는다.

　신학자가 이런 말을 한다면, 이제는 물리학자와 생물학자가 입을 다물 차례다. 그들의 연구는 이것에 대해서는 할 말이 없기 때문이다. **과학자**로서 그들이 여기에 덧붙이거나 확인하거나 반박할 것이라고는 아무것도 없다. 그러나 과학자들은 과학자일 뿐 아니라, 철학하고 음악과 숲의 소곤거림을 들으며 자기 나름의 믿음과 의심과 걱정과 희망을 지닌 사람들이기도 하기에 이 대화는 당연히 (우리가 '과학과 신앙의 논쟁 역사'를 표현할 때 쓰는) 귀먹은 자들의 대화가 되지는 않을 것이며, 오히려 인간적 만남을 더 풍요롭게 하는 기회가 될 것이다.

친구 물리학자에게 이런 말을 건넨다. "친애하는 얀, 그대가 다음에 사제 모임에 오고 나도 학회나 과학원의 초청을 받게 되거든, 그래서 수 세기에 걸친 두 세계의 오해 더미에 오랫동안 영향을 받아 왔고 이제는 지쳐 나이 지긋한 분들을 마주하게 되거든, 우리 둘 다 회의주의에 빠지지 않도록 합시다. 이 시대에는 다리를 놓을 수 있는 사람들, 편견과 의혹 대신 신뢰하는 용기가 시작될 수 있도록 자신이 할 수 있는 일을 하는 사람들이 필요하니까요."

　그래서, 지난 고해성사 이후 특별히 큰 죄를 지은 것 같지는 않지만, 나는 성탄 즈음에 이 책이 나오기 전에 사제 모임에 참석하려고 노력하리라 결심하고 있다.

7   하느님이 아니라는
           기쁨

"종교는 나약한 이들을 위한 목발일 뿐이죠. 나는 하느님이 필요치 않아요. 내가 나의 하느님이니까요." 어느 공개 토론에 갔더니 한 젊은이가 이렇게 결연히 선언했다.

    혼자 생각했다. '젊은이, 나는 자네를 알지 못하지만 나 같으면 하느님 역할을 자처하고 싶지는 않을 것 같은데.' 그래도 그를 조롱하거나 모욕하고 싶지는 않아서 살짝만 비꼬는 투로 이렇게 물었다. "그런데 지겹지 않은가요? 나는 이 나이쯤 되니 이제 나에 대해 예측 가능한 것들을 너무 잘 알게 되어 걱정인데, 나의 하느님께서는 여전히 나를 놀라게 하시지요. 나라면 꽉 닫힌 창문보다는 **확 트인 전망**이 있는 곳들에서 시간을 보내는 편을 택할 텐데요."

그리고 내 신앙, 하느님께 의탁하는 것의 가장 큰 기쁨 가운데 하나는 바로 '하느님 역할에서 영원히 면제'됐다는 안도감이라는 말도 덧붙이고 싶었다. 그것은 학창 시절 간절히 바라던 '체육 수업 면제' 결정보다, 또는 바르샤바 협정 시절 바라던 '군 복무 면제' 결정보다도 훨씬 더 큰 기쁨을 준다. 비록 그 소망들은 실현되지 못했지만 말이다. 예수회원 앤소니 드 멜로가 마침내 우주의 감독관 역할을 포기했다며 외친 기쁨에 찬 탄성이 생각난다.

그러나 나는 실제로 그렇게 말하지는 않았다. 그 젊은이의 '신성'은 삶의 경험에 좀 더 부딪쳐 보아야 할 것 같았기 때문이다. 그런 뒤에야 그는 비로소 자신의 신성에 싫증을 느낄 것이고, 그것이 더 이상 그에게 유혹이 되지 못하리라.

이 비슷한 생각들을 이미 얼마나 많이 들어 왔던가? 아마 니체가 이를 가장 적절히 표현했을 것이다. "하느님이 존재한다면, 내가 하느님이 아닌 것을 어떻게 견딜 수 있겠는가?" 현대에 들어서, 니체의 인성과 하느님 개념에 관련하여 철학자들뿐 아니라 많은 사람이 '나인가 **아니면** 그분인가'라는 이 딜레마를 겪었다. 그런 식으로 물음을 제기한다면 대답은 명백했다. 당연히 '나'였다! 이 딜레마가 '종교인가 **아니면** 자유인가'라는 선택으로 귀결되는 한, 사람들이 종교를 거부하는 것도 그렇게 놀라운 일은 아니었다.

그러다 외모까지 성경의 예언자들을 닮았던 어느 나이 지긋한 유다인 현자가 나타나더니 이 문제를 다르게 제시했다. 세상에는 '나와 그것', 아니면 '**나와 너**'의 관계가 있다고 한 마르틴 부버다.

마르틴 부버는 이렇게 가르쳤다. 지배적인 인간 '나'가 중심에 있을 것이고, 그 '나'는 세상이나 다른 사람들, 그리고 — 그것이 하느님을 인식한다면 — 하느님과도 **'주체 대 객체'**의 관계를 맺을 것이다. 그 세계는 '그것의 세상이라는 영역'이 될 것이다. '그것'은 사람들이 필요에 따라 조종할 수 있다고 여기는 것, 또는 적어도 마치 그것이 **외적인** 것인 양 어느 정도 거리를 두고 다룰 수 있고 이야기할 수 있는 무엇이든 될 수 있다.

유일한 대안은 일종의 '원초적 너'라는 짝을 근본적으로 필요로 하고 요구하는 '나'의 유형뿐이다. 실제로 그 '나'와 그것의 세상 전체는 너와의 관계를 통해서만 세워진다. 인간에게 '너'란 자신이 조종할 수 없는 것, '자신의 통제 아래' 있지 않은 것, 자신이 존중해야 하는 것, 전혀 다름을 간직하고 자신에게 다가오도록 허락해야 하는 것을 말한다. 부버에게 '절대적 너'는 하느님이며 오직 하느님뿐이다. 하느님은 모든 것이 우리에게 '그것'에서 '너'로 변할 수 있는 공간을 열어 주는 **지평**이다. 다른 사람들뿐 아니라 풍경, 꽃 한 송이, 나무 한 그루, 책 한 권도 '너'가 될 수 있으며, 나에게 **조건 없이** 말을 걸 수 있다.

모든 '타자'가 그 '너'가 될 수 있고, 그런 것은 하느님을 필요로 하지 않는다는 사르트르의 말을 부버는 단호히 거부했다. 부버에 따르면, 나는 아무 타자와 '나와 너'의 관계를 영구적이고 배타적으로 맺을 수는 없다. 어떤 상황에서는 모든 **타자**가 나에게 **그것이** 되고, 그렇기에 나는 그것과 거리를 둘 수 있고 때로는 반드시 거리를 둬야 한다. 그러나 내가 거리를 둘 수 없는 것이 있으니 바로 하느님이다. 내가 하느님에 관해 '3인칭으로', 객관적으로 말하기, 곧 하느님을 이 세계 안의 어떤 대상으로 간주하거나 취급하기 시작하는 순간, 나에게 하느님은 우상으로 변질된다.

이 책에서 이미 몇 번 인용한, **'이해할 수 있으면 그것은 하느님이 아니다'**라는 아우구스티누스의 격언과 유사하게, 부버도 우리가 **'대상'으로서 관계 맺을 수 있는 것**은 하느님이 아니며 하느님일 리 없다고 주장한다. 하느님은 온전히 인격적 관계 안에서만 체험할 수 있고, 그런 관계의 원형이 기도이다.

하느님은 '가까이 있는 어떤 것'이 아니다. (첫째, 그분께서는 '것'이 아니고, 둘째, 그분께서는 이해할 수 없고 헤아릴 수 없으며 객관화할 수 없는 그분 본성 안에서 무한히 멀리 계신다.) 오히려 하느님께서는 **가까움** 그 자체이다. 보나벤투라 성인은 성경의 잘 알려진 구절을 끌어와서 하느님은 빛이라고 선언하면서, 우리가 볼 때는 '빛' 자체를 보는 것이 아니라 **빛 안에서** 모든 것을 본다고 덧붙였다. 우리는 세상에서 하느님을 찾기보다, **하느님 안에서 세상을 바라볼** 수 있다. 하느님을 세상으로, 또는 세상을 하느님으로 착각하지 않으면서, 우리는 하느님의 빛 안에서 세상을 바라볼 수 있다.

그 토론 막바지에 이르자, "내가 나의 하느님"이라고 말했던 젊은이가 어느 모로는 옳았다는 생각이 문득 들었다. **처음에** 인간은 '하느님의 지위에 있는 자신'을 본다. 살아 있는 신앙의 시작이며 토대인 회개, 참된 회심(메타노이아)이 이루어지고 나서야 비로소 **우리의 '나'**는 그 지위에서 '면직'된다. 물론 그 회심을 한 번도 경험하지 못하고,

자기중심적 세상을 절대적 너에게 열어 본 적도 결코 없어서, 종종 아무 생각 없이 자기도 모르는 채 영원히 그 '하느님 같은 지위'에 머무르는 사람들도 있다. 스스로 무신론자라 여기는 이들이 그렇고, '나와 그것'의 세계에서 '나와 너'의 세계로의 존재론적 전환이자 자기 세계의 재구성인 '회심'을 거치지 못한 채 종교적 믿음 속에 살아가는 사람들도 그렇다. 덧붙이자면, 그들은 그들 자신과 또 가장 가까운 이들에게 큰 해를 끼치면서 그렇게 살아간다.

전통과 권위와 연결되어 아래 세대로 이어지는 종교와는 달리, 신앙은 **회심**을 통해 생겨난다. 무신론에서 회심하기도 하고, 오늘날에는 무의식적인 '신의 부재 의식'에서 회심하는 경우도 많다. 여기서 '신의 부재 의식'이란, 예전에는 자라면서 주변 환경에서 '자동으로' (싫든 좋든, 아무 비판이나 의문 없이) 흡수했던 것들에 대한 무지 상태를 말한다. 그런가 하면, 요즘 어디서나 넘쳐 나는 일종의 '신이교적 종교'에서 회심하거나, 어린 시절 부모에게 물려받은 전통적 — 대중적 또는 민간신앙적이라 할 수 있겠다 — 그리스도교 신심을 저버렸다가 다시 회심하기도 한다. 그러한 회개들은 대체로 즉각적 사건이기보다는, 침체와 위기와 회복의 시기가 반복되는 기나긴 과정으로 이루어진다. 신앙은 '세계관'이 아니기 때문이다. 신앙은 어떤 구체적인 '신조'를 지지하는 것이 아니며, 아무 변화 없이 고정되어 있지도 않다. 진정한 살아 있는 신앙은, 회심의 순간 '하느님의 지위'에서 벗어났으나 다시 그 지위를 찾으려 끊임없이 애쓰는 '나'와 벌이는 영원한 싸움이다. 신학에서 말하는 '**죄**'란 단순히 '잘못'이나 '도덕률의 위반'이 아니라, 무엇보다도 우리의 '나'가 그 잃어버린 지위를 되찾기 위해 다시 발버둥 치는 행위를 말한다. 죄란 살아 계신 하느님, 곧 '절대적 너'를 거스르는 행위로서, 회심을 통해 그분을 우리 삶의 중심과 초점에 모셔 왔다가 이제는 다시 그분께 그 지위를 부정하는 것을 가리킨다.

해심은, 인간 안에 하느님께서 머무르심은 역설적 성격을 띤다는 것이다. 그것은 '**이미**'와 '**아직 아니**'를 모두 아우른다. 이 신비는 '이미' 우리 안에 **머물고** 있으며, 이와 동시에 언제나 **아직 오지 않았다**. 희망과 믿음은 이 신비를 향한, 곧 하느님을 향한 우리 영혼의 개방성과 자유로움을 지켜 주는 힘이다. 믿음과 희망이 우리 안에 살고 있지 않으면 '하느님의' 자리는 쉽사리 다른 것이 차지하고 만다. 그 왕좌를 가장 끈질기게 노리는 것은 대개 우리의 자기중심적인 '**나**'이다. 문제는, 하느님 자리를 **빼앗는** 것이 무엇이든 그것은 하느님이 되지 않고 우상이 된다는 점이다. 하느님과 그분의 특권을 손에 넣으려고 헛되이 시도하는 상황의 원형을 성경은 이렇게 묘사한다. "그들은 눈이 열려 자기들이 알몸인 것을 알았다."

인간 '나'가 이미 '**처음에**' **하느님의 지위**에 있다는 말은 무슨 뜻이며, 이러한 상황은 무엇에서 비롯하는가? 이는 **자기중심성**, 곧 우리의 '나'가 나의 잘못을 바로잡아 주고 깨끗하게 하는 '너'의 영향력을 받지 않는 상태를 가리켜 한 말이다. 그러한 영향력은 '나' 자신보다 '나'에게 더 중요하다. 나의 자기중심성이 우세할 때, ('하느님에 대한 내 견해'가 어떠하든 간에) 나는 참으로 '나 자신의 하느님'이 된다.

인간 '나'가 '처음에', 심지어 우리가 이를 깨닫지 못하고 우리 자신의 자유의지를 통해 무언가를 할 수 있기 전부터 이미 이 지위에 있다는 사실을 설명하는 두 가지 방식이 있다. 이 두 방식은 각각 다른 학문 분야에 속해 있기에 서로 판이하다. 하나는 신학적이고, 다른 하나는 심리학적이다. 나는 이 둘이 서로 충돌하고 상호 배타적이라거나, 우리가 둘 중 어느 하나를 선택해야 한다고는 생각하지 않는다. 특히 둘 가운데 어느 것도 이 현상의 '원인에 대한 설명'이 되지 못하고, 그 의미를 이해하거나 해석하는 방식도 될 수 없다는 것을 깨달으면 더 그렇다. 아마 우리는 문이 여러 개 있는 똑같은 방을 열기 위한 서로 다른 열쇠들로서 이 둘을 마음에 간직하고, 우리 자신의 사고방식과 어휘에 더 가까운 것을 사용하게 될 것이다.

이 설명 가운데 하나는 아주 오랜 것으로 그리스도교 자체보다도 더 오래되었고, 첫 인간의 타락에 관한 성경 이야기와 관련이 있다. 다른 하나는 상당히 현대적이다. 특히 앵글로색슨 세계에서 비교적 최근에 나타난 '수정주의' 정신분석학 흐름이 전개한 원초적 나르시시즘 이론이다.

첫 남녀 인간의 죄에 관한 창세기 이야기는 이를 '원죄'로 본 바오로 사도의 해석에 주로 힘입어 — 그 이후에는 특히 아우구스티누스의 해석에 힘입어 — 그리스도교 잠재의식에 들어왔다. 나는 이 교리가 인간과 인간의 본성에 관한 학문인 철학적 인간학에 그리스도교가 미친 가장 실제적이고 가치 있는 이바지 가운데 하나라고 여긴다. 그런데도 우리 시대에 그 교리의 핵심에 이르기란 쉽지 않다. 성경 메시지의 신화적·문학적 형태, 낯설고 게다가 매우 헷갈리는 용어들, 그리고 아우구스티누스 신학의 몇몇 문제 되는 특성들에 직면하기 때문이다.

용어상의 함정은 20세기 가장 위대한 가톨릭 신학자인 카를 라너가 강조한 바 있다. 그는 '원죄' 교리에 관한 설명을 시작하면서, 우선 원죄는 '본디의' 것, 말하자면, 전파되는 독특한 것이 아닐뿐더러, 일반적으로 이해되는 의미의 '죄'도 아니라는 사실을 우선 깨달아야 한다고 말했다. '원죄'는 생물학적 또는 유전학적으로 '물려받는' 것이 아니며, 이 경우 '죄'라는 단어는 어떤 단일한 '비도덕적 행위'를 가리키는 것이 아니라 인간존재가 처한 **상태**를 말한다.

우리가 바오로 서간에서 읽듯이(로마 5,12-21 참조), 그 안에서 모든 이가 죄를 짓게 된 옛 아담과 그를 통해 모든 이가 구원받은 새로운 아담, 곧 그리스도라는 인간존재의 양극에 대한 역동적 묘사는 인간에 대한 오늘날의 인격주의적·개인주의적 이해와 충돌한다. 아담과 그리스도를 두 개인이라기보다는 '인간 유형'으로 본 바오로의 인식을 그의 '집합적 인격' 범주와 관련지어 생각하기는 어렵다.

아우구스티누스는 펠라기우스주의자들과 벌인 논쟁을 통해, 그리고 하나의 도덕적 **행위**로서의 그리스도인 삶에 대한 이해를 통해 그의 원죄 교리를 형성했다. 그 과정에서 아우구스티누스는 엄청나게 중요한 것, 곧 인간의 공로에 앞서는 하느님의 사랑과 자비(**은총**)를 지지하게 되었다. 그러나 아우구스티누스가 '원죄'의 본질을 '탐욕'으로 규정하는 여러 글을 읽어 보면, 심리학 교육을 받은 독자는 그 글들 속에 아우구스티누스의 개인적 문제들 — 성性에 대한 독특하고 원초적이며 집요하게 신경질적인 태도와 성애性愛에 휘둘렸던 그의 과거 — 의 그림자가 드리워져 있음을 감지할 수밖에 없다. (아우구스티누스는 그런 문제들과 자기 자신에 대해 지나칠 정도로 많은 글을 썼으니, 당연히 수 세기가 흐른 뒤에도 독자들의 판단이 맞든 틀리든 그가 불쾌할 정도까지 독자들에게 '그의 마음을 읽힐' 위험에 빠질 수밖에 없다. 그러니, 그를 따라 하고 싶은 유혹을 받는 이들은 조심하는 편이 좋을 것이다!)

이미 언급했듯이, 현대의 심리학은 자기중심성의 기원이라는 문제를 조금 다른 각도에서 접근한다. 어린아이는 아주 자연스럽게 자신을 우주의 중심으로, 그리고 주변 사람들과 사물들은 자기 엄지발가락처럼 마음대로 움직일 수 있는 것으로 여긴다. 아이는 자신의 요구를 즉각 채워 줄 준비가 되어 있는 어머니의 젖가슴처럼 가까이 있는 세상에 익숙해진다. 그러나 아이가 자라나 관계들의 세상으로 들어가서, 근본적으로 다른 어떤 것으로서 존중받아야 하는 '너'를 발견할 때까지는, 자기 나름의 '나'를 발견하지 못한다. 아이가 말하는 법을 배우고 첫 몇 년 동안은, 자신에 관해서도 3인칭으로 이야기하는 특징이 있다. 어린아이의 '대단한 자아'와 '나르시시즘'은 실제로 '그럴 수도 있지'라는 굉장히 무차별적인 생각에 뿌리내리고 있으며, 나중에 여기에서 벗어날 때 의식적인 주체 '나'가 생겨나고, '너'를 존중할 수 있는 능력도 함께 생긴다. 일부 정신분석가들에 따르면, 이 초기의 나르시시즘은 나중에 생길 수 있는 인격 장애의 원형 또는 그 원인일 뿐 아니라, 자아에 집착하고 세상에 진심으로 마음을 열지 못하며 온전한 발달과 책임 있는 관계를 경험하지 못하는 것을 고려한다면 그러한 인격 장애의 실질적인 싹이다.

영국의 '대상관계 이론' 학파는 아이의 관심을 끌어 아이가 자기에게서 벗어나 현실적으로 주변 세계에 통합되는 과정을 돕는 **대상**들의 역할에 주목한다. 이 대상들은 사물, 특히 장난감이 될 수도 있고, 동화나 환상적 또는 종교적 이미지들, '안'과 '밖' **사이**의 영역을 넓혀 주는 아이 세계의 온갖 존재가 될 수도 있다. 일반적으로, '하느님'도 처음에는 그런 일련의 이미지들과 더불어 아이 의식의 일부가 되지만, 동화나 요정들이 결국에는 기억 너머로 사라지는 데 반해 '하느님'은 계속 남아 있을 수 있다. 그러나 살아가면서 우리가 하느님에 대해 듣고 읽는 것을 흡수하고, '종교적' 체험뿐 아니라 우리 개인 삶의 체험까지 더해지면서 하느님에 대한 우리의 개념은 변화한다.

흥미롭게도 이는 '신자들'만이 아니라 무신론자들도 마찬가지다. 카를 라너는 "하느님 이야기는 신자와 무신론자를 막론하고 모든 이와 관련된다"고 근사하게 말한 바 있다. 뒤집어 이야기하면, 신자와 무신론자를 막론하고 모든 이의 이야기는 하느님과 관련된다. 신자들처럼 무신론자들도 하느님에 대한 개념을 갖고 있다. 다만 그들은 하느님에게 존재론적으로 다른 지위를 부여할 뿐이다. 게다가 하느님에 대한 개념은 사람마다 매우 다양하며, 그들 사이의 경계는 결코 신자와 비신자를 가르는 분계선이 될 수 없다. 병적으로 처벌하는 천상의 경찰관은 어떤 이들에게는 조롱감이고 반감의 대상인 반면,

어떤 이들에게는 매 순간 우러러보아야 하고 두려워해야 할, 모든 곳에 있는 하느님이다. 친절하고 자비로운 하느님은 어떤 이들에게는 존경의 대상이고 기도를 들어주는 분이시지만, 어떤 이들에게는 유치한 환상이며 민중의 아편이다.

어느 체코인 논리학자이자 수학자는 언젠가 설문에 응답하면서 "문제는 하느님이 존재하느냐 아니냐가 아니다"라고 썼다. "물론 하느님은 존재한다. 최소한 우리 어휘 안의 단어로라도 존재하지 않는가. 문제는 우리가 하느님에게 어떤 실존을 부여하는가이다." 어떤 이에게는 하느님이 우리의 체험과는 전혀 무관한 하나의 개념으로만 존재할 수도 있지만, 하느님에게서 이미지나 감정, 연상 들이 빠져 있는 경우는 거의 없다. 사람들은 하나의 인간적 개념으로 '하느님이 존재한다'고, 또는 의자나 뻐꾸기처럼 존재한다고, 그것도 아니면 가시적 세계 뒤의 '초자연적 존재'로, 또는 '기운'이나 '진리'로, 또는 '숫자'로 존재한다고 여길 수 있다. 사람들은 하느님의 존재에 대한 이런 개념들에 '예, 저는 그렇게 믿습니다' 또는 '저는 부인합니다' 또는 '저는 모르겠습니다'라는 대답을 할 수 있다. 그들은 '하느님이 객관적으로 존재한다'고, 또는 '주관적으로만' 존재한다고 생각할 수 있다. 적어도 그런 대답들 가운데 **어떤 것도** 적절하지 않다고 그들에게 알려줄, 신학에 조예가 깊은 사람을 만날 때까지는 그런 상태에 있을 수 있다. 하느님에 관해 신학적으로 생각하고자 한다면 우선 현대에 들어서 세워진 장벽, 곧 세계를 '객관적' 세계와 '주관적' 세계로 나누는 허상의 장벽을 무너뜨려야 한다. 이 책에서도 앞으로 종종 살펴볼 토마스 아퀴나스의 매우 근본적인 격언은, 그가 신학적으로 분석한 결과, 우리의 존재 경험이 제한된 까닭에 **하느님에 관해서 말할 때에는 '존재'가 무엇을 뜻하는지 알 수 없다**는 확신이다. 그 이후 세기들의 가장 중요한 철학적 성취인 **'존재하다'라는 동사의 다양한 의미들**에 대한 분석에 문을 열어 준 것은 바로 이 복된 불확신이었다.

오늘 나는 조금 다른 임무에 착수하려고 한다. **하느님은 어떤 분이신지**, 또는 하느님이란 '본질적으로' **무엇인지 우리가 알지 못함**에도, 우리의 믿음과 희망과 사랑은 (그리고 우리가 기꺼이 권위로 받아들일 때 교회의 성경과 교리와 전승들은) 우리에게 **하느님이 계신다**고 확신시킨다. 이 사실은 우리의 세계관과 우리가 현실과 맺는 관계를 근본적으로 변화시킨다. 그 순간, 세상은 더 이상 겉으로 우리가 조사할 수 있고 통제할 수 있다고 믿는 것이 되지 못한다. 우리는 새로운 차원으로 생각하기 시작하는 것이다. **신비**, 그것도 '절대적 신비', '무한한' 신비이다.

그러면 실재는 끝없이 무한하고 **근본적으로 열려** 있다. 그리고 우리 정신과 마음도 **열려** 있어야 한다. 우리는 깨어 주의를 기울이며 신비를 존중해야 한다. 우리는 그 속으로 들어가거나, 그것을 통제하거나, 그것을 억누르거나, 그것을 버리거나 '끝장낼' 수 없다. 우리가 할 수 있는 전부는, 조용히 열려 있으면서 그 신비가 어떤 '것'이 아님을 깨닫는 일뿐이다. 그것은 생기 없이 눈멀고 귀먹지 않았으며, 무관심하지도 않고 벙어리도 아니다.

그러나 그 신비의 **언어**는 우리 감정과 소원을 쉽게 투사할 수 있는 낭만적이고 신비로운 '마음의 속삭임'이나 심령술사 모임과는 아무런 관련이 없다. **신비의 언어는 삶 자체이다.** 우리의 소원들과 환상들을 꾸준히 (때로는 아프게 하면서) 바로잡아 주는 삶이다.

그러나 하느님께서 우리 삶을 통해 말씀하시기 시작하실 단 하나의 조건이 있다. 바로 **우리가 의식적으로 또는 우리도 모르는 사이에 차지하고 있는 '하느님의 자리'를 포기할 때**이다. 그 자리는 원래의 우리 자리에서 너무나 멀리 떨어져 있어서, 우리를 향해 정해진 목소리, 우리를 부르는 목소리가 가닿을 수 없기 때문이다. 우리가 하느님 놀이를 하는 한, 또는 우리가 하느님으로 숭배하는 것을 하느님 자리에 올려놓는 한, 우리는 하느님을 만날 수 없다. 우리가 우리 자신이나 '하느님이 아닌' 다른 것 — 이것이 바로 '세상' 또는 '피조물'의 정의이다 — 을 신격화함으로써 하느님과 우리 사이에 방어벽을 칠 때 우리는 그분의 소리를 들을 수 없을 것이다. 자기 자신이나 다른 상대적 가치들을 절대화하거나 신격화하는 이들이 '하느님은 없다'라고 선언할 때, 우리는 이러한 선언이 그들이 잠시 겪은 하느님의 부재나 멀리 계시는 하느님에 대한 경험의 솔직하고 현실적인 반영일 수도 있다고 인정하고 그들을 이해해야 한다. 그렇더라도, 그들이 하느님을 모른다거나 '그분의 목소리를 듣지 못한다'고 말하는 편이 더 정확할 것이다.

그러나 아무도 하느님의 소리를 계속해서 듣지는 못한다. 믿음은 삶이며, 그것은 우리가 하느님의 침묵을 맞닥뜨리는 순간들로 (또는 기나긴 여정으로) 이루어진다. 하느님 말씀의 육화이신 분마저도

겟세마니와 십자가 위에서 그러한 고독을 체험하셨다. 그래서 시편 저자의 외침은 더욱 와닿는다. "너희가 그분의 소리를 듣거든 마음을 완고하게 갖지 마라"(시편 95,7-8 참조). 우리는 **열려** 있으면서 '우리 안의 가장 높은 자리'를 그분을 위해 열어 두어야 한다. 그 자리는 오직 그분 것이다.

'내가 나의 하느님'이라고 말했던 그 청년이 '적어도 자신의 신성에 관해 조금이라도 진지했다면 멋 부리는 자기애적 인격 장애 정도가 되었을 텐데'라고 나는 혼자 생각했다.

하느님을 믿는 이들과 하느님을 부정하는 이들 외에도, 하느님에 관해 전혀 신경 쓰지 않는 이들도 수두룩하다. 스스로 무신론자로 여기든 '그리스도인'(세례를 받았고 가족 전통에 따라 '그 무리에 속해 있다'는 의미에서)으로 여기든, 그들은 하느님 개념에 관한 질문을 받으면 그런 생각을 할 겨를이 없다고 대답한다. 하느님이라는 주제가 나오면 그들은 맥주를 마시거나 텔레비전을 켜고, 아니면 머릿속에 떠오르는 대로 아무 말이나 한다. 그리고 그들이 하는 말을 들어 보면 한 번도 이 문제를 생각해 본 적이 없다는 것이 명백히 드러난다. 가끔은, 요즘 체코의 '공공 영역'에서 종교나 신앙, 하느님이라는 주제에 관해 들을 수 있는 말은 대부분 이 부류에 속한다는 생각을 지울 수 없다. 그 젊은이가 한 말도 마찬가지일 것이다. 그는 그저 말했고, 그 말에 악의는 전혀 없었을 것이다. 그는 그 순간 **전혀 생각하고 있지 않았기** 때문이다. 그것은 생각을 '사치'로 여기는 수다스러운 문화에서 우연히 일어난 일일 뿐이다. 나는 언젠가 잘나가는 상업 텔레비전 방송국의 감독에게 "그것은 당신 같은 일 퍼센트의 지식인들에게나 관심 있는 얘기죠"라는 말을 들은 적 있다. 그는 우주가 데이터들의 총합인 것을 알았고 '시청률'에 기댄 모든 정보의 가치를 분명히 알고 있었기에, 자기가 그 열쇠를 손에 쥐고 있다는 사실을 자랑스러워했다.

그러나 '하느님에 관해 생각하지 않고' 굳이 성가시게 하느님을 부인할 생각도 없는 이 부류가, 그들 안의 가장 높은 자리를 **아무것**이나 차지하게 놔둘 유혹에 가장 무방비한 경향이 있다. 그러나 이 유혹에 빠지면 그들 삶이 더 이상 '독백'이 되지 않게 할 기회, 그들의 목소리가 세상의 소음에 묻혀 버리지 않고 오히려 대화 속으로 들어가 **현실과 삶을 의미 있는 언어**(우리 내면의 끊임없는 허튼소리를 건강하게 바로잡아 주는 언어)**로 이해함**으로써 경청과 이해와 응답의 능력을 키울 인생의 큰 기회를 놓치게 된다.

'비신자'와 혼인해도 되는지 젊은 여성 신자들이 물으면, 내가 가장 먼저 조언하는 것은 그의 '불신앙'을 진단하라는 것이다. '불신앙'이라는 이름표 안에는 온갖 다양한 태도가 포함되기 때문이다. 그의 불신앙이 그가 '자기 자신의 하느님'이라는 뜻이라면 나는 아주 조심하라고 조언할 것이다. 하느님 같은 사람과 함께하는 가정생활은 아주 힘겨울 수 있다. (하느님에 관해 끊임없이 이야기하고 교회를 '또 다른 집'으로 여기는 사람들 가운데에도 '집안의 우상'을 경배하기 위한 방을 만드는 사람들이 있기는 하다.) 신앙은, 살아 있는 신앙은, **자기 신격화**라는 병에 항구한 예방책과 치료법을 제공한다. 이 병의 치명적 특성이 간과되는 유일한 이유는, 우리가 살아가는 문화가 이 병에 물들었을 뿐 아니라 종종 그것을 인간 삶의 정점이며 완성이라는 '자아실현'의 미덕으로 선언하기 때문이다.

　신앙의 근본 특성 가운데 하나는 **신뢰**다. 하느님 놀이를 하며 모든 것을 자기통제 아래 두려는 신경증적 충동은 종종 삶에 대한 두려움에서 비롯하는 불신의 태도, 알 수 없는 것에 잠재적 위험이 늘 도사리고 있다는 느낌의 결과인 경우가 많다. "학생 제군들, 나는 잠이 안 올 때면 어떻게 온 우주를 전투태세로 준비시킬까 생각하고는 한다네." 우리는 인문학부 학군단의 악명 높은 단장에게 이런 말을 듣고는 했다. 그는 결국 미쳐 버렸다. '과학적' 무신론은 아니라도 **실존적**임에는 분명한 그의 **무신론**은 충분히 최고 학점을 받을 만하다.

　마찬가지로, '이제 우리는 전 지구적 책임이 있다'라는 요즘 유행하는 문구는 — 이 말이 단순히 '사람은 누구도 섬이 아니다'와 '모든 것은 서로 연결되어 있다'라는 본질적으로 평범한 진리에 대한 시적 은유가 아니라면 — 우리를 '우주적 감각'이라는 모호한 영역으로 끌어당기는 '지상 신들'의 교만의 표현일 수도 있다. 이 때문에 지구에 대한 책임이 아니라 오롯이 우리에게, 우리의 감독과 보살핌에만 맡겨진 것에 대해 우리가 저마다 지닌 실질적 책임을 잊기 쉽다.

　실제로는 아무것도 통제하지 못하면서 오히려 우리의 불안과 교만, 터무니없고 위험한 과대망상, 어리석음과 허영을 통해 우리를 질질 끌고 다니는 고삐를 손아귀에서 놓을 용기를 낼 때, 허상에 불과한 우주 사령관 자리를 포기할 때, 우리는 엄청난 안도감을 느낀다. 겸손과 진리가 우리를 해방하고 치유한다.

우리는 듣고 식별하는 법을 배우는 데 우리의 삶을 보내고, **내려놓는** 법을 배우는 데 우리 삶을 보낸다. 우리가 그 언어를 이해하기 시작한다면, 우리의 온 삶은 우리 나름의 개념들과 시도들과 야망들과 환상들과 계획들에서, 또한 하느님의 친절한 손길이 그때 개입하지 않았다면 우리가 해낼 수 있었을 것만 같은 온갖 '또 다른 시나리오들'에서 우리를 자유롭게 한다.

훌륭한 정치인, 외교관, 주교, 배우, 법률가, 심리치료사, 언론인, 대가족의 아버지를 보는 일은 나에게 큰 기쁨을 준다. 그 이유 가운데 하나는, 누군가 이런 일을 하고 있고 그것도 아주 잘해 내고 있다면, **더 이상 나까지 그런 사람이 될 필요는 없다**는 확신과 함께 안도감과 해방감을 느끼기 때문일 것이다. 이는 내가 '뒤를 돌아보지' 않을 수 있게 해 주고, 내가 직접 그런 사람이 될 수도 있었을 것이라거나 아마 나도 꽤 잘해 냈을 것이라는 생각과 환상에서 자유롭게 해 준다. 나는 **기쁘게** 내려놓는 법, '사람이 모든 것이 될 수는 없다'는 것을 깨닫는 법을 배우고 있다. 하느님 홀로 당신의 모든 잠재력을 온전히 실현하실 수 있는 존재이시다. 하느님께서는 나의 길을 좁혀 주시고, 당신께서 나에게 참으로 바라시는 것, 내가 다른 이에게 떠넘길 수 없는 것을 더 정확히 이해할 수 있게 해 주신다. 그저 토마시 할리크, 내가 되는 것이다. 내가 이것을 해내지 못한다면, 그것은 참으로 비어 있을 유일한 자리가 될 것이기 때문이다. "하느님께서는 당신이 아브라함이나 모세나 삼손이 되지 못했다고 심판하지 않으실 것이다." 유다교의 라삐 메이어는 이렇게 말하고는 했다. 내가 감히 바꾸어 말하자면,

"하느님께서는 당신이 메이어였는지, 얼마나 메이어였는지를 심판하실 것이다."

그러나 내가 하느님이 되기를 바라고 하느님 역할을 하며 그분의 주권을 찬탈하고 그분을 흉내 내려 했다면, 하느님께서는 나를 심판하고 단죄하실 것이다. **이 세상의 우두머리** — 하느님을 흉내 내는 사람 — 는 이미 심판을 받았기 때문이다(요한 16,11 참조).

내가 내 신앙의 무게를 온전히 실어 하느님께서 계신다고, 그리고 그분께서 당신 임무를 잘 수행하고 계신다고 분명히 확신한다면 내가 서투르게 그분 자리를 대신하지 않아도 되니, 내가 하느님이 되지 않아도 되니 얼마나 다행인가!

다시 밤이 찾아왔고 이제 곧 나는 '잠의 거룩한 직무'를 위해 자리에 누울 것이다. 라너의 '일상의 신학'을 통해 내 길을 묵상한 이후로 나는 이 시간을 이렇게 부른다. 잠들기 전 바치는 기도뿐 아니라 잠 자체도 하느님 세계의 질서를 신뢰하는 행위이며, 날마다 보내는 작은 동의의 고갯짓이다. 이는 우리 머릿속과 손아귀에서 모든 것을 내보내야 할 때, 우리가 더 이상 아무것도 통제할 수 없게 될 때, 신비와 경이에 온전히 뛰어들 그때를 준비하는 훈련이다. 불가능한 것들이 가능한 것이 되는 꿈의 세계는 그때를 미리 맛보는 것이다. 우리가 부활절 아침의 영원한 빛 속으로 깨어나게 될 그 마지막 꿈에는, 지상에서 보낸 밤의 수많은 꿈속에 가득하던 그 근심과 혼란들이 없기를.

기도 안에서 나의 하루를 하느님의 손에 돌려드리고, 가까이 또 멀리 있는 이들과 나의 내일을, 그리고 온 세상과 그 가운데 나의 책임에 맡겨진 세상의 작은 일부를 그분께 의탁한 다음, 몸을 뉘어 잠들 수 있다는 것은 안심이 된다. 다른 모든 것도 그분께 온전히 돌려드릴 수 있을 것이다. 잠들기 직전 '세상을 내려놓을' 때, 나는 생각한다. 얼마나 다행인가, 얼마나 자유로운가, 얼마나 기쁜가, 내가 하느님이 아니라는 것이!

8 　　　　다시,
　　　　　여기

"다시 여기네요." 프라하 카렐 대학교 인문학부 건물 3층의 연구실, 그는 내 앞에 놓인 낡고 큰 검정 가죽 의자에 앉아 멋쩍은 웃음으로 이렇게 말한다. 33년 전 내가 파토치카 교수님 앞에서 철학사 국가고시를 치르며 진땀을 흘렸던 그 의자일 것이다. 내가 여기서 가르치는 동안 보아 온 여느 젊은이들과 비슷한 생김새, 날렵한 몸매에 짧은 머리칼을 한 이 청년은 아직 태어나지도 않았을 때다. 그러나 그는 내 수업을 들었고 가끔은 대학 성당에서 내 강론도 듣곤 했던 터라 최근 몇 년간 별 소식은 없었지만 또렷하게 기억하고 있다. 빠르게 불붙었으나 진정 타오르지는 못했던 그리스도교 신앙을 등지고 동양 영성의 세계를 발견했다는 소식만 얼핏 들었다. 그는 동양 영성에 깊게 매혹되어 태국인지 스리랑카인지 어느 불교 사원으로 한동안 — 영원할 것처럼 — 자취를 감추었다.

그는 한참을 앉아 있다가 그렇게 짧은 문장 하나를 내뱉었다. 그것이 이제 꺼내려는 긴 이야기의 시작인지, 아니면 그간 겪은 일을 동양식으로 짧은 선언 하나로 응축한 것인지는 좀처럼 알 수 없었다. "저는 처음에는 그리스도교가 옳다고 생각했는데, 그러다 불교가 옳은 것 같았고, 이제 다시 생각하니 그리스도교가 옳네요"라는 말로 나를 기쁘게 해 주려는 것이었을까! 그러나 "다시, 여기"라는 그의 말은 이제 전혀 새로운 의미를 띠고 있었다.

우리는 서로를 탐색하듯 바라보며 말없이 앉아 있다. 이 젊은 재개종자가 적어도 지금은 더 말하고 싶지 않은 것 같아서 내가 나섰다. "잘 돌아왔네." 내가 미소 지었다. 그러다 그가 어떤 생각에 영감을 받았을지 퍼뜩 떠올라 나 혼자 다시 미소 짓고는 이렇게 말했다. "사실 내가 자네를 환영하는 것은 자네가 우리 양 떼의 잃어버린 한 마리 양이어서도 그렇지만, 자신의 인생 여정에 선禪의 지혜까지 더한 사람에게 내가 축하를 건넬 수 있어서이기도 해." 나는 어느 선禪 지도자가 자신의 여정과 깨달음의 열매를 훌륭하게 요약한 유명한 문장을 들려주었다. "처음에 나는 산은 산이고 숲은 숲이라 생각했고, 그러다 산은 산이 아니고 숲은 숲이 아니라 생각했지. 이제 나는 산은 산이고 숲은 숲인 것을 다시 알게 되었네."

언젠가 나도 그 비슷한 과정을 겪었다. 젊든 나이가 들었든, 나를 찾아오는 많은 사람도 똑같은 이야기를 한다. 처음에 우리는 일상적 행동을 통해 세상에 고스란히 동의하고 세상의 방식을 받아들임으로써 세상에서 살아갈 수 있다고 생각했다. 그러다가 우리는 동양적 모습을 한 '영적인 길'을 만났다. (우리가 보기에 그리스도교는 흥미로울 것이 없고 시시한 데다가 어쩌면 영적 모험의 여정에서 우리가 뒤로하고 떠나려는 세상에 은근히 물들었을 수도 있으니, 어찌 다른 길이 있었겠는가?) 우리가 기대했던 대로 행복하고도 지루한 명상의 시간이 지나고 나자, '모든 것이 환상이다'라는 해방적 깨달음이 가랑비처럼 또는 폭우처럼 찾아왔다. 세상에서 분리된 내 '자아'와 영은 환상이었고, 이 세상도 환상이고 너울이었으며, 나의 갈망과 열망과 집착과 격정과 불행도 환상이었다. 우리가 해방되려면 모든 것이 사라져야 했다. 그러나 어느 날 문득, 또는 차츰차츰, 우리가 어떤 불교 경전에서도 읽은 적 없는 예기치 못한 무언가가 선명하게 다가온다. 세상과 나의 '자아'와 나에 관련된 모든 것이 모두 환상이었다는 그 **확신 자체가 하나의 환상**이라는 것이다. 동양의 꿈은 빛을 잃고, 동화는 끝났다. 그리고 우리는 다시 돌아왔다. 산은 다시 산이었다. 나의 자아는 예전의 내 자아와 크게 다르지 않았다. 나의 문제들 가운데 많은 것들이 여전히 문제로 남아 있다. 숲은 다시 숲이었다.

　이런 이야기를 하려는 사람도, 이런 이야기를 건넬 수 있는 사람도 거의 없었다. 그것은 우리 문화 밖으로 나가려는 헛된 시도였던가? 우리가 뭔가를 망쳐 버린 것인가? 아니면 일은 그런 식으로 일어나게 되어 있던 것인가? 우리가 인내가 부족했던가? 그래서 우리가 목표를 놓쳐 버린 것인가? 어디서도 본 적 없던 그런 통달한 스승이 우리에게 없었기 때문인가? 또는 최소한 돌아온 이들 가운데 옳은 길을 걸어온 이들은 있는가? 묵상의 열매란 묵상하는 중이나 묵상 직후의 감정으로 알아볼 수 있는 것이 아니다. 묵상자가 세상을 대하는 전반적 태도나 행동에서 거의 감지할 수 없을 정도의 (종종 자신에게도 전혀 보이지 않는) 미세한 변화로 겨우 식별할 수 있다. 이렇듯 이 물음들에 대한 대답도 얼마간의 시간이 흐른 뒤에야 나올 수 있을 것이다.

산과 숲에 관한 선승禪僧의 말은 결코 흘려 버린 시간과 의미 없이 멀리 둘러 온 길에 대한 회한의 한숨이 아니었을 것이다. 이전에 그는 자신이 볼 수 있다고 **생각했다**. 그러나 이제 그는 **보았다**. 그가 본 것은 자신이 이전에 찾았다고 생각했던 것과 '완전히 다르지' 않았으며, 그렇다고 처음에 자신이 알던 것, 또는 자신이 안다고 생각했던 것과 완전히 똑같지도 않았다. 이르지 랑에르의 책 『아홉 문』에 나오는 하시딤 이야기도 비슷하다.[1] 어느 가난한 유다인이 꿈을 꾸고는 그 꿈이 부추기는 대로 머나먼 프라하로 보물을 찾으러 떠났는데, 정작 도착하고 보니 보물은 자기 집 문간 아래에 계속 있었다는 것을 알게 된다는 이야기다.

일본의 어느 절에서 쾌활한 스님을 만난 적이 있다. (불교의 유명한 중심지인 그 절의 스님들을 처음 보면 다른 사찰들과는 달리 마치 '착한 병사 슈베이크'[2]들이 모여 있는 것 같다는 인상을 받는데, 나만 그렇게 느끼는 것은 아닐 것이다.) 그 스님은 서양 사람들이 불교에서 말하는 깨달음을 하늘이 열리고 천체가 영혼에서 천둥 치며 마침내 개인의 모든 문제에서 벗어나 성인이 되는 황홀한 순간쯤으로 여기는 것은 끔찍한 오해라고 분명히 말해 주었다. 그게 아니란다. 그가 말하길, 깨달음이란 내가 선글라스를 쓰고 있다는 걸 잊은 것을 깨닫고는 선글라스를 벗는 것과도 비슷하다고 했다.

다른 일본인 선승도 비슷한 이야기를 했다. 많은 서양 사람들은 불교도들이 '윤회를 믿는다'고 여긴다. 하지만 윤회의 본질은 윤회 신화가 환상임을 깨닫는 것이다. **그런 것은 전혀** 존재하지 않는다. 영원한 **지금**만 있을 뿐이다.

또 불교의 영적인 길을 묘사한 유명한 그림 「심우도」는 **스님이 장터로 돌아가는** 장면으로 끝난다.

동아시아 영성의 개념들에 이끌려 영적 여정을 떠났다가 돌아온 사람을 여럿 알고 있다. 실제로는 아무 데도 가지 않았던 사람들, 청소년기에 대마초에 기대 열반 여행을 떠나듯 유행처럼 이국적인 것에 재미 삼아 **빠져** 슬쩍 흉내만 냈다가 가벼운 숙취만 남긴 채 금세 시들해진 사람들의 이야기는 빼자. 그런 사람들을 말하는 것이 아니다.

그보다 나는 진지한 의향과 노력을 기울인 이들, 처음 달아올랐던 열정이 식는 첫 위기 또는 권태의 조짐 이후에도 포기하지 않은 사람들을 말하는 것이다. 내가 말하는 사람들은 (사람마다 그 과정은 더 길거나 짧을 수 있지만, 절대 짧지는 않은) 얼마간의 시간이 흐른 뒤 결국에는 자신은 동양적 배경에서 편안할 수 없음을 깨달은 사람들이다. 그들은 돌아왔다. 지금 내 앞에 앉아 있는 학생처럼.

자신이 걸었던 영적 여정에 어떤 태도를 보이는가에 따라 그가 참으로 자기 내면 어딘가에 이르렀는지 아닌지 알 수 있을 것이다. 나는 그가 실망도 겪었으리라 생각한다. 가톨릭 수도원에서든 불교 사원에서든 — 나는 여러 기회에 두 곳 다 방문했었는데 장기 체류는 아니었어도 분위기를 알아채기에는 충분한 시간이었다 — 우리는 '인간적 요인'을 마주하게 된다. 그리고 지상의 하늘나라 또는 천사 같은 수도승들에 대한 환상을 갖고 있던 사람은 넌더리 치며 떠날 것인지, 아니면 (냉소적인 사람까지는 아니더라도) 현실주의자가 될 것인지 딜레마에 빠지게 된다.

그 시험을 견뎌 내지 못하고 정신적 외상에 대처하지 못한 이들은 공포에 질려서 도망치는데, 대개 가장 어리석은 쪽으로 방향을 튼다. 가톨릭 수도원에서 도망쳐 나온 이들이 그들의 체험을 군침 도는 읽을거리로 실을 수 있어 흡족해하는 선정적 언론으로 가거나, 불교 사찰에서 도망쳐 나온 이들이 거짓 신의 더러운 영들을 쫓는다고 구마 예식을 하는 그리스도교 은사 운동의 품으로 뛰어든다. 흔히 하는 말로, 끼리끼리 모인다.

그런데 내 앞의 젊은이는 차분하고 지적인 표정이었다. 그가 돌아온 것이 겁에 질린 도피나 단순한 유턴 같아 보이지는 않았다. 그가 만약 영적 지도를 청해 온다면 내가 할 일이란 분명했다. "모든 것을 분별하여, 좋은 것은 간직하십시오"라는 바오로 사도의 말처럼, 최근 몇 년 동안 그가 만난 모든 좋은 것을 알아내어 간직하며 **새로운 눈으로 그리스도교를 바라보는 법을 배우도록** 격려하는 일이다.

그렇다고 내가 그에게 밀교密敎 문학 서가에서 볼 법한 그리스도교와 불교의 서툰 혼합물을 만들어 보라고 재촉한다는 뜻은 절대 아니다. 그러나 그의 그리스도교는 이제 '다시 부는 바람인 그리스도교'가 되어야지, 몇 해 전 집에 벗어 놓고 간 신발을 다시 신으려 해서는 안 된다. (신발이 너무 작아졌을 테니 그렇게 할 수도 없을 것이다.) "다시 여기네요"라는 그의 말은 귀환을 뜻하지만, 단순히 과거로의 회귀가 되어서는 안 된다. 그가 돌아오려 하는 그 신앙은 **똑같다**. '주제'도 '내용'도 같다. **예수 그리스도는 어제도 오늘도 영원히 같은 분이기** 때문이다. 그러나 그가 이를 이해하고 살아 내는 방식과 깊이는 **달라야** 한다. 다시 산은 산이고, 숲은 숲이다. 그리스도는 영원하시다. 그러나 **우리는** 달라진다.

루카 복음의 훌륭한 비유(루카 15,11-32 참조)에서, 아버지가 돌아온 작은아들을 아무 말썽 없는 형보다 편애한다는 사실은 방랑자의 쑥스러움과 후회를 덜어 주거나 매질과 조롱에 대한 두려움을 떨쳐 주기 위해 임시변통으로 쓰는 교육학적 또는 심리적 기교가 아니다. 아버지는 불평하는 충직한 형을 달래기 위해 다정한 말들을 한다. 어떤 번역본에서는 아버지가 큰아들을 "얘야"라고 부른다. 실제로 고분고분했던 아들은 여전히 아이였던 반면, 집에서 멀리 떠나 방랑했던 아들은 철이 든 상태다. 그것은 그가 집으로 **돌아왔기 때문**이다.

원망의 화살이 내게 돌아오리라 충분히 예상은 되지만, 내가 이런 말을 하는 것은 착한 가톨릭 신자들에게 성당 문을 쾅 닫고 나가 불교 사원이나 요가 수행처로 달아나라고 꾀려는 게 아니다. 나는 아무에게도 그렇게 하라고 부추기지 않는다. 비유 속 아버지는 아들을 쫓아내지 않았고, 아들이 길에서 얼마나 멀리 벗어났는지 알면 분명 충격을 받았을 것이다. 그러나 그런 일들은 일어나게 마련이다. 자식들은 위험한 여행을 떠난다. 그리고 그 가운데 일부만 돌아온다.

나는 아무에게도 교회의 울타리를 떠나라고 부추기지 않는다. 교회 안에서 행복하다면 왜 그래야 하겠는가? 교회에 만족하는 착한 자녀들이 당연히 있을 테고 나는 그들을 거슬러 할 말이 전혀 없다. 무엇보다 내가 그런 이들을 많이 알지 못하기 때문이다. 훌륭한 신자들을 사목하는 것은 내 전공이 아니다. 나는 주님의 발자취를 따르는 나의 사목 소임이 무엇보다도 '이스라엘 가문의 잃어버린 양들'을 돌보는 것이라고 여긴다. 잃어버린 양들도 가끔 돌아온다. 그들을 끌어오기 위해서는 그저 양 우리의 문을 조용히 열어 두는 것보다 조금 더 적극적으로 행동할 필요가 있다.

나는 '우리 서구의 자생적 불교 신자들'에 관해 자주 비꼬아 말하곤 하면서 부당하게 공격했을지 모를 이들에게 때때로 마음으로 사과를 한다. '서구 불교'가 꾸준히 발전하는 양상이다. 이 불교는 여러 갈래로 나뉘어 있고, 인도 그리스도교가 그렇듯 이를테면 교리의 핵심은 간직하면서도 다른 환경에 맞게 그것을 창의적으로 '재맥락화'했다. 흥미 삼아 동양 영성을 슬쩍 맛보려는 서구인들 말고, 미국과 서유럽과 내가 사는 체코에는 붓다의 발자취를 정성을 다해 성실하고 충실하게 따르는 이들이 많다는 것을 알고 있으며, 이는 분명 그들 자신과 주변 이들에게 좋은 열매를 맺는다. 이런 말이, 이 서구인들이 조만간 결국 그리스도교와 교회로 돌아올 것이라거나 그래야 한다고 생각하는 것으로 읽히지 않기를 바란다. 나는 그들 마음과 양심의 선택을 존중한다. 당연히 그리스도인으로서 내가 그들에게 바라는 것은 그들이 결국에는 그리스도의 품으로 돌아오는 것이지만, 남은 평생을 자기 양심의 목소리를 따라 계속 다른 종교의 길을 걷는 이들은 영원히 그 품 안에 남아 있으리라고 충분히 생각할 수 있다. (온전한 정통 가톨릭교리에 따르더라도 나는 그렇게 희망할 수도 있다.[3])

더구나 대부분의 서구 불교도들을 포함한 불자들은 자신들의 영적 여정이나 실천을 '종교'로 여기지 않으며, 그리스도교와 '경쟁'한다고는 더더욱 여기지 않는다. (현대의 그리스도교가 어떤 의미에서 '종교'로 여겨질 수 있는지에 관한 논의는 여기서는 접어 두자.) 다양한 영적 길들을 뒤섞으려는 사람들에 대해서 내가 가끔 던지는 빈정대는 말들은 전체를 겨냥한 것은 아니다. 오늘날 너무나 널리 퍼진 딱할 만치 천박한 혼합주의 말고도, '다중 종교 정체성'이라 알려진 현상이 존재하며 이는 현대 종교학자들이 주의 깊게 연구하는 주제이기도 하다. 서로 다른 문화들이 점점 얽히고설키게 될 세계는 우리에게 온갖 놀라움을 안겨 줄 수밖에 없다. 그리스도인으로서, 특히 신학자로서 우리는 독자적 판단을 내리기에 앞서, 먼저 이런 현상을 신중하고 차분하게, 편견 없이 연구해야 한다. 과거에는 성급하게 악마시하는 경우가 너무 많았고, 그 결과가 어떠했는지는 우리 모두 알고 있다. 많은 서구인이 그리스도교 밖에서 영적인 추구를 시작하고 있다는 사실은, 역사상 그리스도인들이 편협함으로, 또 신앙은 없이 최후의 심판에 대한 성급한 기대만으로 신앙을 훼손하고 그 신뢰성을 떨어뜨린 탓도 있다.

그러나 언젠가 들었던 티베트의 달라이 라마의 말들이 떠오른다. 달라이 라마는 그의 말을 경청하는 서구인들을 향해, 자신은 불교를 설파하러 온 것이 아니라 사람들이 각자 자신의 '고향 같은' 종교 안에서 최선을 다해 살도록 촉구하러 왔다고 힘주어 말하고는 했다. 다시 강조하건대 나는 불교라는 집에 정착한 서구인들을 존중한다. 그러나 이 글에서 내가 이야기하는 이들은 그와는 다른 많은 이들, 말하자면 동양 영성과의 만남이 그들 여정의 한 부분이었고 그 길에서 발견했던 모든 것을 꼭 악마로 치부하지는 않으나 결국에는 그리스도교로 돌아와야겠다고 생각하게 된 이들이다.

그런데 이 '돌아온다'는 말은 무슨 뜻인가? 동양의 영성을 찾아 길을 떠났던 이들 가운데 그 전에 참된 의미에서 살아 있는 그리스도교에 입문한 이들은 거의 없었다. 대다수는 '그리스도교'와 의식적으로 갈라선 것이 아니었고, 그리스도교 열성 신자들이 종종 예상하듯 의식적으로 '그리스도를 거부'한 것은 더더욱 아니었다. 그들이 '저버린' 것은 실용적 유물론의 틀에 박힌 삶, 그 속에서는 결코 그리스도교를 만날 수 없던 세계였다. 그러나 그 사실 자체가 그리스도교를 가능한 선택지로 볼 수 없게 했다. 그들은 그리스도교가 그것이 서구에서 수 세기 동안 누려 온 기회들을 충분히 활용할 능력이 없다고 느꼈다. 설사 그들이 그리스도교를 만났더라도, 그것은 그다지 설득력 없는 모습으로 다가왔을 가능성이 크다. '동양을 바라보기' 시작한 이들 가운데 그리스도교가 '나쁘다'는 확신에서 그렇게 한 이는 드물었다. 그보다 그들은 그리스도교가 자신들에게 '말을 건네지' 못한다는 결론에 이르렀을 뿐이다.

그리스도교로 '돌아올' 때 그들의 기대는 어떤 것일까? 아니면 그들은 비로소 더욱 그럴듯한 그리스도교를 처음으로 만날 수 있는 환경을 찾고 있는 것일까? 우리는 어떻게 그들의 유토피아적 기대를 누그러뜨릴 수 있을까? 어떻게 그들을 교회 안의 '인간적 요인'들에 대비시키고 그런 실망의 트라우마에서 보호하는 동시에, **신앙의 참된 보물**을 그들에게 보여 줄 수 있을까? 비록 우리는 "이 보화를 질그릇 속에 지니고"(2코린 4,7) 있지만 말이다.

특히 규칙적 명상을 바탕으로 삼는 길들을 체험한 이들은 대체로 우리 신앙의 수덕적 측면에는 전혀 어려움을 느끼지 않는다. 자기 수양이나 올곧은 삶의 방식처럼, 이를테면 우리 시대의 지나치게 감상적인 그리스도교가 조금씩 팔아 치우고 있는 그런 측면들 말이다. 애초에 걸림돌이 되는 것은 전혀 다른 데 있다. **그리스도의 유일성**과 그리스도교와 타 종교들의 관계에 관한 물음이다. 왜 그리스도에게는 '여러 화신 가운데 하나'의 지위를 부여하면 **안 되는가**? 어쨌거나 그것은 무한한 관용의 길을 닦는 방법이 될 수도 있고, 사람들이 인도의 종교들에서 매력을 느꼈던 ─ 지금도 대체로 그렇다 ─ 부분이기도 한데 말이다. 나는 이런 비슷한 질문을 받으면 교리교육식의 대답을 피한다. 그런 것들은 사람들이 나중에 공부할 수 있다. 그럴 땐 나 자신의 **역설적** 체험을 들려주는 편이다.

요약하면 이렇다. 내가 세상의 종교들을 더 많이 알게 되고, '만남과 대화'의 정신에 따라, 그리고 편견 없는 이해를 위한 노력으로 그 신자들을 만나면 만날수록, 나는 그리스도와 가톨릭교회에 뿌리박고 있음을 더 뚜렷하게 느낀다.

그리스도교에 대한 나의 소속감은 더 깊고, 더 자유로우며, 더 자명하다. 그렇기에 다른 이들을 악마시함으로써 자신을 내세울 필요가 없다. 그리스도의 빛을 인식하고 그 빛 안에서 그 빛을 기뻐하기 위해 나는 다른 이들을 어둠의 자녀들로 내몰거나 편견의 색안경을 쓰고 그들을 바라볼 필요는 없다. 마찬가지로 내 애국심 때문에 독일인들을 미워하고 폴란드 사람들을 경멸할 필요는 없으며, 나의 자랑스러운 유럽 정신이 반드시 아시아인이나 아프리카인들을 얕잡아 본다는 뜻은 아니다.

내가 '관점주의'를 깨닫고 해방감을 느꼈던 순간이 떠오른다. 말하자면, 우리 모두는 자기 나름의 제한된 관점에서 바라보고 전체를 다 볼 수는 없다는 자각이 결코 얄팍한 상대주의는 아니라는 것이다. 진리는 우리 가운데 누구도 끝까지 읽어 본 적 없는 책이다. 그렇다고 **내 관점**, 나의 전통과 나의 신앙**에서 바라보는 것** 등과 같은 나에게 고유한 것을 나에게 덜 필수적인 것으로 여겨야 한다거나, 내 경험을 다른 이들과 나누거나 그들에게 제시하지 말아야 한다는 뜻은 결코 아니다. 나는 그저 현실을 다른 각도에서 바라보는 사람들을 험악하게 바라보아야 할 이유를 모를 뿐이다.

물론 나는 그리스도가 충만한 진리이고, 그분 안에 "하느님의 충만함이 머무르고"[4] 있으며, 그분은 결코 나에게 '여러 화신 가운데 하나'가 되지 않으리라 확신한다. 그러나 동시에 나는 우리가 저마다 그분의 충만함을 우리 인간의 통찰력이 미치는 범위 안에서만 인식할 수 있음도 안다. 또한 "진리의 기둥이며 기초"(1티모 3,15)인 교회가 그분의 계시를 충만히 받았다고 하지만, 교회가 계시를 이해하고 해석하는 형태는 역사적 영향을 받는 만큼 그 계시의 충만함과는 차이가 있다는 것도 안다. "역사 안에서 순례하는 하느님 백성"[5]인 교회 자체도 그리스도에 대한 온전한 지식에 이르기까지 성숙해 가고 있다. 우리는 여기서는, 곧 역사의 모든 단계에서 이 세상에서는 거울에 비친 모습처럼 어렴풋이 볼 뿐이라고 사도는 말한다. 역사의 무대 위에 마지막 막이 내려올 때, 우리는 얼굴과 얼굴을 마주하고 그분을 뵐 것이다(1코린 13,12 등 참조).

오늘날 너무나 흔히 들리는 "모든 종교가 사실 다 똑같고, 모두 똑같이 타당하다"라는 말을 나는 단호히 거부한다. 그렇게 건방지고 턱없이 피상적인 판단을 할 권리는 누구에게도 없다. 그렇게 하는 이들은 모든 것을 다스리는 신의 위치에 자기도 모르게 올라서는 꼴이다. 대체 누가 그런 판단을 할 수 있을 만큼 '모든 종교'에 대해 완벽히 알 수 있는가? 누가 그렇게 탁월한 객관성을 유지하며 모든 종교를 비교할 수 있다는 말인가?

오히려 나는 종교를 공부하면 할수록 종교들의 **차이**, 그 다양성과 다원성과 **비교 불가성**을 깨닫는다. 모든 종교 하나하나가 독특하다. 종교의 다양성에 대해 깨달으면 깨달을수록, 나는 어떤 종교의 타당성에 관한 판단을 표명할 때 더 겸손하고 더 자제하게 된다. 심지어 듣기 좋은 말이나 해 주고, 싸잡아 같은 수준으로 끌어내리고 싶은 마음이 있을 때도 더 조심하게 된다. 종교들은 똑같지 않다. 우리가 종교들이 '다 비슷하다'라고 느끼는 것은 우리 눈의 초점이 잘 안 맞거나 우리가 종교들을 바라볼 때 쓰는 망원경의 질이 좋지 않기 때문이다. 종교들의 가치가 고만고만한가? 어떤 측면에서 가늠할 때 그런가? 어떤 것이 나은가, 어떤 것이 못한가 하는 물음은, 다시 말하지만, 인간이 대답할 수 없는 물음이다. 만일 여러 종교의 신자들이 한데 모여, 하느님이 자기들 경전을 유일하게 옳은 것으로 선택하셨음을 증명하기 위해 각자의 경전에서 글귀들을 뽑아낸다면, 누가 그들 사이에서 심판관 역할을 할 것인가? 이 임무는 하느님께만 맡겨 드리자. 심판 놀이를 하기보다는 최후의 심판 때까지 기다리자.

하나이며 같은 것이라고 우리가 믿는, 그리스도에 관한 충만한 진리와 그리스도 안의 충만한 진리는 참으로 눈으로 볼 수 없으며, 하물며 독립적이고 객관적이라고 자처하는 관점에서 '증명'하기란 더욱 불가능하다. 종교의 학문적 연구는 '객관적' 관점을 위해 노력하기는 하겠으나 ― 그 목표에 이르는 것은 순전히 환상일 뿐임을 알게 될 때까지 ― 이 임무는 분명 신학이 시도해서는 안 되는 것이다. 신학은 자신의 배경과 전망을 인식해야 한다. 그것은 **신앙의 해석학**, 지적인 자기반성이다. 신앙의 지평에서 허구적인 '객관성'의 영역으로 옮겨 가려고 해서는 안 된다. 신학이 이를 깨닫고 인정하는 한, 학문들의 선봉으로도 돌아갈 수 있을 것이다. 아직도 많은 학문 분야가 현대성의 '객관적 지식'이라는 환상을 깨뜨려야 하기 때문이다.

그리스도의 신성에 관한 최초의 명시적 선언은 신학자의 연구에서 나오지 않았고, 유명한 공의회들에서 투표로 결정된 것도 아니다. 복음서에 기록되어 있다. 예수님의 상처를 만져 본 토마스 사도('의심하는 자')의 입에서 터져 나온 기쁨의 경탄(요한 20,28 참조)을 말하는 것이다. 우리 교리서와 신학 서적들에 적힌 수많은 정의는 수 세기 동안 되풀이된 끝에 낡아 가고 있으며 이제는 퀴퀴하고 맥빠진 느낌이 난다. 아마 그 정의들이 그 장면 속으로 돌아간다면 다시 생기를 찾을 수 있을 것이다.

나는 먼 영적 등반에서 돌아온 이들에게 이 장면을 묵상 주제로 던져 주고는 한다. 그리고 그들의 여정에서 그리스도께서 — 우리 가운데 숨어 머무르시는 어떤 얼굴로든지 — 당신 상처를 보여 주신 것이 언제였는지, 또 그들도 토마스 사도처럼 "저의 주님, 저의 하느님!"이라고 외칠 수 있을 그런 만남을 위해 앞으로 어디서 그분을 찾을 수 있을지 묵상해 보라고 한다. '신앙의 원기'를 회복하면, 교리교육 시간에 들었던 반쯤 잊힌 교리들이 눈앞에서 다시 한번 기쁨과 놀라움의 감탄으로 바뀐다.

"라뿌니!" 이것도 그런 외침이다. 자신과 대화하고 있는 분이 정원지기가 아닌 것을 깨달았을 때 마리아 막달레나의 입에서 나온 탄성이었다(요한 20,11-18 참조). 요한 복음에서 이 구절을 읽을 때면 어느 부활절 연극에서 이 장면을 묘사한 엉성했던 무대가 절로 떠오른다. 부활하신 예수님이 한 손에 호미를 들고 이마에는 밀짚모자를 푹 눌러 쓰고 있다가, 마리아가 놀라자 모자를 벗어서 시라노 드 베르주라크[6] 같은 당당한 몸짓으로 멀리 던지는 모습이다.

그 어느 해보다 이번 부활절에 나는 부활하신 그리스도를 만나는 복음 이야기들에 깊이 빠져 있었다. 여러 번 되풀이되며 두드러지는 주제가 있다. **"그들은 그분을 알아보지 못하였다"**라는 것이다. 그들은 오랫동안 그분을 알아보지 못하고 '낯선 사람'으로 여겼다. 그들이 마침내 그분을 알아보았을 때는 그분의 겉모습이 아닌 표징들을 통해서였다. 그분이 빵을 떼시는 모습에서, 이름을 불러 주시는 그분의 목소리에서 그리고 그분의 상처를 만짐으로써 알아본 것이다.

어쩌면 복음사가들은 이를 통해 부활 신비의 특성을 강조하려고 하는지도 모른다. 부활은 '소생'이나 원상 복귀, 아무 변화 없이 그저 제자리로 돌아가는 여정이 아니라는 것이다. 예수님께서는 죽음의 체험을 통해 변화하시고 다른 분, 낯선 분으로 오신다.

어쩌면 이 본문들은, 예수님께서는 우리가 교리서에서 읽은 그분 현존의 형태들뿐 아니라 **낯선 이**의 모습으로도 우리에게 계속 오고 계실지 모른다는 가능성에 우리를 준비시키려는 것이 아닐까 하는 생각이 들었다. 우리의 인생 이야기와 관련해 생각해 보면, 우리가 밖으로 나가서 **낯선 것** 또는 **다른 것** 속에 흠뻑 빠져들었다가, 그런 뒤에 이제 **달라지고** 변화되고 변모되어 다른 각도에서 더 충만하게 볼 수 있게 되어 돌아오는 것도 용기가 아닐까? 그것이 바오로 사도가 그토록 열렬히 우리를 초대하는 파스카 신비, 세례성사와 성찬례를 통해 전례적으로 표현되는 그 신비에 참여하는 것 아닐까?

때때로 우리는 '먼 나라'에 있는 낯선 목적지를 향해 떠나야 하지 않을까? 타자를 만나고, 우리 자신의 마음보다도 우리에게 더 가까이 계시는 그분의 친밀함을 새롭게 더 깊이 깨닫고 기쁨에 차 외칠 수 있도록 말이다. 뒤섞인 문화들, 놀랍도록 낯선 것들이 밀려들어 오는 이 시대, 또한 우리가 종종 우리의 고유한 가치들의 위기이자 기회의 시간인 **카이로스**로 인식하는 이 시대는, 익숙하지 않은 곳들에 들어가거나 길을 떠나 그곳을 여행하고 다시 돌아오기를 두려워하지 말라는 주님의 초대가 아닐까?

9 바이올린을 연주하는
         토끼

케임브리지에 갈 때마다 내가 가장 기대하는 것은 래시 교수의 집에서 보내는 저녁 시간이다. 저녁 식사가 끝난 후 벽난로 옆에서 위스키 한 잔에 피스타치오를 안주 삼아 노신사와 긴 대화를 나눈다. 최근 은퇴할 때까지 니콜라스 래시 교수는 전통적으로 성공회 대학인 케임브리지 대학교의 신학 교수 가운데 최초이자 유일한 로마 가톨릭 신자였다. 그는 내가 아는 가장 박식하고 지혜롭고 통찰력이 뛰어난 사람 가운데 하나다. 매우 엄격한 연구자이며 달변가로 명성이 높은 래시 교수는 영국인 특유의 건조하고 지적이며 때로는 신랄한 반어적 유머 감각으로도 유명하다. 그의 이야기를 듣는 제자나 친구들은, 한쪽으로 펼쳐지는 그의 주장을 쭉 따라가다가 그가 검지를 들며 특유의 말투로 '그러나'라고 말하는 순간을 자기도 모르게 기다리게 된다. 그 '그러나' 뒤에는 갑자기 모든 것이 전혀 다른 방향으로 흘러가고, 이야기를 듣던 사람은 "눈에서 비늘 같은 것이 떨어졌다"라는 성경 말씀과 비슷한 체험을 한다.

올해 은수처에 들고 온 몇 권 안 되는 책 중에 — 나는 음식 섭취를 줄이는 것보다 읽을거리를 줄이는 것을 더 수덕 실천으로 여기는 데다가, 은수처에서는 단식이 어울리는 만큼 늘 선별해 최소한만 들고 온다 — 지난 4월에 만나 대화를 나누었을 때 받은 래시 교수의 신간'이 있다. 역시 탁월한 선택이었다. 이 재치 있고 탁월한 통찰력이 돋보이는 얇은 책 덕분에, 은수처의 일과에서 '영적 독서'에 할애한 저녁 시간은 그 유쾌하고 유익했던 봄날 저녁의 연장선이 되었다. 나는 '케임브리지에서 오신 손님'을 이곳 은수처에 맞을 수 있는 어스름이 내리기를 온종일 기다린다. 게다가, 비록 여름이라 불을 피우지는 않지만, 여기에도 벽난로가 있다.

계몽주의의 결과로 그리스도교가 영 딴 얼굴을 갖게 되었으며, 그래서 **위기에 처해 사라져 가고 있는 것은, 믿음과 희망과 사랑이 아니라 바로 이러한 형태의 현대적 '종교'**라고 앞에서 지적한 바 있다. 이러한 인식을 하게 된 것에 대해 무엇보다도 니콜라스 래시 교수에게 감사한다. 래시 교수와 대화를 나누면서 직접 들었고 그의 저서들, 특히 이번 책을 통해서 읽은 그의 생각들이 자극제가 되어 내 나름의 성찰들과 공명하며 주거니 받거니 했다. 그 저녁의 가상 대화를 이제 독자들도 조금 엿볼 기회를 줄까 한다.

래시 교수는 최근 체코에서 있었던 젊은이들의 태도에 관한 여론 조사를 즐겨 인용한다. 응답자 가운데 스킨헤드족은 1퍼센트였지만, 스킨헤드족이 무엇이며 **무엇에 관련된 것인지** 안다고 응답한 이들은 8퍼센트였다. 자신을 그리스도인으로 밝힌 응답자는 15퍼센트였다. 그러나 더 우려스러운 점은, 그리스도교가 무엇이고 무엇에 관련된 것인지 안다고 응답한 이도 역시 15퍼센트였다는 사실이다.

래시 교수는 "적어도 그 체코 젊은이들은 그리스도교가 무엇에 관련된 것인지 자신들이 **모른다**는 사실은 아는 것 같다"고 말한다. 영국에서는 아마 모든 사람이 그리스도교가 무엇인지 안다고 대답할 것이다. 그러나 — 래시 특유의 '그러나' — 우리는 영국인들이 그리스도교를 어떻게 평가하고 그리스도교가 어떠해야 한다고 생각하는지 알면 놀랄 것이다.

요점은, 지난 3세기 동안 종교에 대한 이해에 근본적인 변화가 일어났다는 것이다. 이 변화에는 '하느님'이라는 단어를 포함하여 기본 종교 개념들의 내용과 의미를 어떻게 해석하는가도 포함된다.[2] **세상이 생겨난 메커니즘을 설명하는 데** '하느님'이라는 말이 사용되기 시작한 것은 17세기 말 또는 18세기 초였다. 그 이전에는 신학과 물리학을 혼합한다는 생각을 하지 못했다. 그 뒤로 과학 지식이 진화하면서 세상은 훨씬 더 복잡하기에 더 이상 단일한 외적 설명 원리가 필치 않다는 결론에 이르렀다. 그러자 상대적으로 최근의 생각 — 실상은 그리스도교 믿음과 전혀 상관없는 현대의 이신론적 신관 — 을 폐기하는 것이 '무신론', 곧 그리스도교의 포기로 여겨지기 시작했다.

무신론과 함께 '잉태'된 또 다른 종교적 개념으로서 전혀 진전을 보지 못한 것이 있다. 바로 그리스도교의 하느님이 일반적인 신들, 천사들, 영들처럼 일종의 '초자연적 존재' 가운데 하나, 그나마 그중 탁월한 하나라는 생각이다.

래시 교수는 '초자연적 존재'로서의 하느님에 관해 이야기하거나 그런 하느님을 어떻게든 '초자연적'인 것과 연관 지으려는 사람은 신학의 역사나 옛 스콜라철학의 용어들에 관해 전혀 모르는 무식쟁이가 될 수밖에 없다고 아쉬워하며, 각주에 멋진 일화를 하나 덧붙여 놓았다. "혹시 바이올린으로 모차르트를 연주하는 토끼를 마주치면 그 토끼가 초자연적으로 행동하고 있다는 데 가진 것을 다 걸어도 좋다. 토끼에게는 바이올린을 연주할 능력이 없기 때문이다. 마찬가지로 인간의 죄스러움을 생각해 보면, 한결같은 친절함과 이타심과 관대함으로 행동하는 사람을 만날 때도 똑같이 추정할 수 있다."[3] 그런 사람의 보기 드문 선함은 분명 하느님에게서 오는 '초자연적 은총'의 선물이다. 토마스 아퀴나스와 스콜라철학자들에 따르면 '초자연적'인 것에 '주술적'인 면은 없다. 그것은 일종의 **은총**, 곧 하느님에게서 오는 선물이다. 이는 피조물의 '자연적' 능력을 확장하여 '자연적' 한계를 넘어서게 한다. 요컨대, 그것은 피조물의 특정 능력의 결과나 그들의 통상적 자질의 표현이 아니라 **선물**(은사)이다.

비슷한 의미에서, 내가 주일 저녁 미사 때 지극히 거룩한 구세주 성당 신자석을 쓱 훑어볼 때 신자들 가운데 누가 **자연적 이유** — 어쩌다 보니, 또는 할리크 신부가 예능 프로그램보다 더 재미있어서 — 로

온 것인지, 또 누가 초자연적 이유로 온 것인지는 그저 추측만 할 따름이다. 초자연적 이유라는 것은, 그들이 대중교통이 아니라 강물 위를 걸어서 왔다거나 닫힌 문을 통과해서 왔다는 말이 아니라, 자신의 **신앙**을 근거로 그 자리에 와 있다는 의미다. 스콜라철학에 따르면 신앙은 은총의 선물로서, 이 선물을 통해 하느님께서 인간의 이성적 인지라는 자연적 능력을 확장하시기 때문이다. 그러니 우리가 이러한 토마스 신학의 영역 안에서 생각한다면, 우리는 하느님의 경우에 초자연적인 것에 관해 말할 수 없다고 래시 교수는 지적한다. 그 어떤 것도 하느님을 그분 본성 위로 들어 올릴 수 없기 때문이다.

자연이라는 개념은 계몽주의를 거쳐 변화되면서 우리가 실재 전체를 이해할 수 있다거나 곧 규명할 수 있을 것이라는 순진한 생각과 연결되어 있었던 모든 **현실 세계**를 포괄하게 됐고, '초자연적'인 것은 온갖 내세적인 것들을 갖다 버리는 쓰레기장이 되었다. 놀랍지도 않지만, 이제 '하느님'은 물의 정령, 요정, 귀신, 동화 속 주인공과 같은 급으로 여겨졌고, 이성적이고 학식 있는 이들의 사회에서는 쫓겨나 어린이와 단순한 사람들, 주술에 빠진 이들에게나 받아들여졌다.

래시 교수는 그 특유의 문장으로 이렇게 선언한다. "그리스도인, 유다인, 무슬림, 무신론자 들은 적어도 그들 가운데 누구도 여러 신을 믿지는 않는다는 점에서는 공통적이다."[4] 그들은 그런 것이 존재한다고 믿지 않으며, 무엇보다도 여러 신을 경배하기를 거부한다.

계몽주의 이후 사람들은 종교를 '신들'이라 불리는 특정한, 다시 말하자면 '초자연적인' 실체들에 대한 믿음에 관한 것으로 생각했다.

유신론자들은 '신들'의 부류에 적어도 구성원이 하나 이상 있다고 여기는 이들, '일신론자'들은 그 구성원이 오직 하나라고 주장하는 이들, 무신론자들은 이 부류가 실제로는 (마치 유니콘 부류처럼) 비어 있다고 확신하는 이들로 여겨졌다. 래시 교수는 이런 태도에는 두 가지 치명적인 오류가 있다고 지적한다. 첫째, 그리스도인과 유다인, 무슬림 들이 경배하는 하느님은 어떤 부류의 구성원이 아니다.[5] 실제로 하느님은 본성상 그렇게 존재할 수가 없다. 그렇지 않다면 하느님은 우상일 것이다. 둘째, 태곳적부터 신들은 사실 인간 세계에 속해 있었으나, 그 신들 — 이 낱말을 학문적으로 보면 처음부터 실명사實名詞가 아니었다 — 은 **초자연적 존재**로 별도의 부류를 이룬 것이 아니라 그저 사람들의 경배를 받는 모든 것을 가리켰다. 사람들이 신들을 경배한 것이 아니라, 그들이 경배한 것이 그들의 신 또는 신들이 **되었다**. '신'이라는 낱말은 원래 어떤 특별한 '초자연적 존재'를 뜻하는 것이 아니라, '보물'이라는 낱말과 비슷한 지위를 누렸다. 우리가 시장에 가서 빵 한 덩이, 바나나 여섯 개, 비누 두 개와 보물 세 개를 달라고 말하지는 않는다. 누구에게든 '보물'이라는 말은 뭔가 다른 것을 상징한다. 다시 말해, 본디 '신' 또는 '신들'이라는 낱말은 존재나 사물이나 대상이 아니라 **관계**를 가리키는 데 쓰였다.

    래시 교수는 토마스 아퀴나스 작품에 관한 탁월한 전문가이자 숭배자이다. 그는 늘 내게도 토마스 아퀴나스를 공부하라면서, 신스콜라철학이 토마스 아퀴나스에 대해 만들어 놓은 것들에 호도되거나 방해받지는 말라고 당부했다. 그들은 현대의 계몽적 합리주의에 반대하여 그들 나름의 경쟁적인 체계를 만들어 냈으나, 그것 역시 얄팍하고 폐쇄적이었다.

　래시 교수와 나는 토마스의 작품 가운데 가장 친숙한 '신 존재 증명의 다섯 가지 방식'에 관해 종종 이야기 나누고는 했다. 토마스의 이 유명한 '다섯 가지 방식'을 절대 '하느님 존재의 증거'로 이해해서는 안 된다고 래시는 강조한다. 그보다 이 길들은 우리가 '하느님 존재'에 관해 이야기할 때 '존재하다'라는 동사를 쓰는 것이 과연 타당한가 하는 문제에 대한 심오하고 면밀한 철학적 묵상이다. 하느님께서는 당신이 창조하신 다른 모든 것이 **존재하는** 것과는 **다른 방식으로** 현존하신다. 아퀴나스가 하느님 존재의 문제를 제기할 때, 그것은 '유니콘은 존재하는가?'라는 물음보다는 '숫자는 존재하는가?'라는 물음에 더 비슷하다.⁶ 토마스 아퀴나스는 흔히 생각하는 것보다 훨씬 더 '부정신학'에 가까이 있다!

　그러나 부정신학과 신비주의에 대한 나의 오래된 편견에서 벗어나게 해 준 사람은 래시 교수였다. 그는 우리 세대의 많은 신학자와 철학자 들이 신학에는 두 유형이 있다는 견해에 공감한다는 사실을 썩 내켜 하지 않는다. 의인화된 종교적 개념들로 가득하여 단순한 사람들과 대중 설교에 적합한 '긍정' 신학과, 그런 모든 개념을 부정하기 때문에 현자들과 신비가들에게 적합한 '부정' 신학으로 나뉜다는 견해 말이다. 래시 교수는 이런 견해를 터무니없다고 지적한다. 우리가 하느님에 대해 인식하거나 말하는 모든 것은 의인화된 것, 곧 불충분하고 '너무나 인간적인' 것이다. 그러나 우리는 그것 없이는 할 수 없다. 그렇지 않으면 우리는 종교와 신학에서 '이야기'의 요소를 모두 포기해야 할 것이다. 그러나 우리의 추상적인 신학적·철학적 사변들보다 그런 '이야기', 특히 성경 이야기들이 하느님 신비의 깊이에 더 가깝다.

래시 교수는 포스트모던 철학자들이 '큰 이야기'(거대 서사)를 싫어하는 것에 공감하지 않는다. 오히려 세계화 시대는 ─ 사회적·경제적 어려움은 있으나 ─ 지금까지 고립된 문화 속에 살아가는 개별 부족과 민족의 체험들을 연결하기 위해 그러한 이야기를 필요로 한다. 당연히 이는 어떤 이념에 의해 이루어질 수는 없다. 그 길에는 **종교의 변혁**이 따르기 때문이다. 종교는 이러한 변혁을 통해 퇴화한 현대적 모습에서 벗어나고 이 새롭게 출현하는 전망 속으로 하느님과 성령이 들어오시도록 (초대)할 수 있을 것이다. 래시는 자신의 신간을 그렇게 마무리하고 있다.

그러나 먼저 우리는 **영**이란 귀신이나 '초자연적 현상' 또는 '관념'이 아니라 **활동**이라는 사실을 깨달아야 한다. 결국, 아퀴나스는 '하느님'이 명사보다는 **동사**로 여겨지는 것이 더 적절하지 않은가에 관해 성찰했다. 토마스 아퀴나스에게 하느님은 '대상'이 아니라 순수 현실태(actus purus), 곧 순수한 행위 또는 행동이다! 뛰어난 토마스 아퀴나스 전문가인 영국인 도미니코회 사제 퍼거스 커는 이렇게 덧붙인다. "토마스의 하느님은 실체보다는 사건에 가깝다."

래시 교수의 견해에 따르면 나는 철학적 신학을 위해 '종교의 철학'을 포기해야 한다. 영국 전통에서 현대에 들어 하느님은 '세상'이 어떻게 작동하는가를 설명하는 **물리학**의 일부가 되었다. 그런가 하면 독일 전통에서는 같은 시기에 종교와 신학이 철학과 추상적 사변에 자리를 내주었다. 중세 전통에서는 신학과 철학 사이에 혼란이 없었다. 캔터베리의 안셀무스 성인은 (독백 형태로) 자신의 철학인 『모놀로기온』*Monologion*(독어록)을 썼지만, 자신의 신학은 『프로슬로기온』*Proslogion*(대화 또는 응답-담화)이라고 일컬었다. 철학적 신학은 철저히 대화적이며, 관상과 기도와 성찰에 바탕을 둔 사고다.

래시 교수는 교회들이 다시 한번 학교로, 다시 말해 그리스도교 지혜를 향한 평생교육의 학교로 변화하지 않는다면 오늘날 세계에서 그리스도교의 상황은 나아지지 않을 것이라고 강조한다.

세속 세계에서 교회는 바빌론 유배 때 유다 민족의 상황과 다르지 않다고 나는 종종 혼자 생각한다. 그러나 유다인들은 자신들의 디아스포라 체험을 종교적 쇄신이라는 활활 타오르는 불을 피우는 불씨로 활용할 수 있었다. 무너진 성전 자리에 회당들이 생겨났고, 이 회당들은 교회나 성전보다는 **학교**에 더 가까웠기 때문이다. 그 학교에서 가르침은 근본적으로 하느님 말씀의 경청 그리고 기도와 연결되어 있었다. 위기를 기회로 삼은 그 복된 변화로 말미암아, 이스라엘의 오래된 종교 대신 유다이즘이 태어났다. 그리고 유다이즘은 오래도록 유다 민족의 모든 환난을 거치며 시련을 견뎌 냈고 그리스도교의 시작에 근본적인 영향을 미쳤다.

체코에서도 우리 교회들이 언젠가는 그리스도교 지혜의 학교이며 평생교육의 생생한 장이 되리라 기대할 수 있을까? 체코의 여러 교회의 상황은 슬프다. 교회들을 돌보는 늙은 사제들은 이 교회에서 다른 교회로 차를 타고 옮겨 다니며 혹사당하고, 한 교회마다 얼마 안 남은 신자들에게 그들이 요구하는 — 때로는 단순히 '당연한 이유', 곧 '언제나 그렇게 해 왔던 거니까' 요구할 때도 있다 — 예식을 빠듯한 시간 안에 서둘러 집전해야 한다. 그 밖에 또 뭐가 있는가? 오해하지 말기를, 나는 성찬례 집전을 존중하고 그 사제들도 역시 존경한다. '밖에' 있는 사람들은 그런 많은 사제의 충실성과 자기희생의 정도를 거의 상상도 할 수 없을 것이다. 그들은 자신이 할 수 있는 최선을 다할 뿐 아니라, 심지어 '자연적 능력'을 뛰어넘어 엄청나게 많은 일을 하기도 한다. 어떤 이들에게서는 정말이지 '초자연적 덕목'의 빛이 뿜어져 나오기도 한다. (그 주장을 조금 뒷받침하려면, 바이올린을 연주하는 토끼에 관한 래시 교수의 말을 떠올려야 할 것이다.)

체코에서 신학이 처한 운명에 대해 이 사제들은 아무 잘못이 없다. 거의 반세기 동안 신학은 대학들에서 사라졌고, 훌륭한 신학 교수들은 오랫동안 공산주의 감옥이나 강제 노동 수용소로 쫓겨나 있었다. 프라하 카렐 대학교의 가장 오래된 신학부는 직업 전문대학으로 바뀌었고, 체코의 위대한 성직자 요세프 즈베르지나는 이곳이 고등 교육기관이라기보다는 '봉사자 양성 고급 과정'에 더 가깝다고 약간의 과장을 섞어 꼬집었다. 신학부가 종합대학에 다시 통합된 뒤에도 오랫동안 시들했는데, 계몽주의 이후 그 반작용으로 나타난 속화된 저급한 형태의 신토마스주의에 지배되었기 때문이다. 이 모든 것의 당연한 결말은, 자신들의 근면함이나 우연한 운명 덕분에 더 깊이 공부를 하지 않는 한, 여러 세대의 사제들이 자기가 파견되는 세상의 문화나 자기가 전해야 할 메시지의 깊이를 충분히 이해하지 못했다는 슬픈 사실이다. 그래서 선하고 점잖고 매우 재능도 있는 많은 사제가 예식 집전자 역할만 하게 되었고, 체코와 교회가 간절히 필요로 하는 예언자요 스승이 되기보다는 화장터에서 틀에 박힌 몇 가지 대본으로 장례식을 진행하는 장례 전문 연설가 비슷한 처지가 되어 버렸다.

언젠가 어느 성직자는 나에게 거만한 어조로 이렇게 선언했다. "우리에게 신학자는 필요 없어요. 필요한 건 성인이죠." '부끄러운 줄도 모르고 저런 무의미한 말을 입에 올리다니 우리는 대체 얼마나 깊이 가라앉은 것인가.' 나는 혼자 생각했다. 그리고 성인다움과 신학 사이에는 근본적 균열이 존재한다는 그런 달콤한 신심의 상투성 뒤에 숨어 있는 그의 '암묵적 억측'을 교회의 거룩한 박사들과 교사들이 용서해 주기를 기도했다.

진심으로 말하는데, 나는 성인들이나 하느님의 단순한 거룩한 사람들에게 아무런 악감정도 없다. 그러나 주님께서는 지난 반세기 동안 체코에 **성인들**을 보내시는 데 조금도 인색하지 않으셨다고 생각한다. 실제로 주님은 우리가 감사할 수 있는 것 이상으로 성인을 보내 주셨다. 흥미롭게도, 그리스도를 위해 오랫동안 인내하며 족쇄를 견뎌 온 그 거룩한 순교자들과 신앙의 고백자들 — 우리가 충분히 감사하는 마음으로 그들의 기억을 간직하지 못한 탓에 아직 시성되지 못한 — 가운데는 우리의 위대한 신학자들도 있다. (야노프의 마티아스[8]와 보이테흐 란쿠프[9] 이후 체코에는 신학자들이 그렇게 많지도 않왔다.) 세상을 떠난 안토닌 만들, 얀 에반겔리스타 우르반, 도미니크 페카, 요세프 즈베르지나 같은 사제들만 언급해도 충분할 것이다.

유럽 어디를 가든 나는, 인구조사 결과 체코가 유럽연합에서 아니 어쩌면 전 세계에서 가장 무신론적인 나라로 여겨진다는 평을 듣는다. 무슨 이유인지는 몰라도, 실제로 어떤 체코인들은 그런 사실을 약간은 우쭐한 마음으로 인정한다.

무슨 이유에서일까? 한 가지 분명한 이유는 그리 멀지 않은 과거와 연결되어 있다. 여러 세대에 걸쳐 체코 국민들이 종교란 온통 말도 안 되는 허튼소리라는 생각을 머릿속에 심었던 시절이다. 마침내 사람들은 종교를 허튼소리로 생각하지는 않더라도, 자신은 종교적이지 않으며 '종교는 나와 무관'하다고 여기게 되었다. 사람들이 허튼소리를 믿지 않는다는 사실은, 만약 사실이라면, 물론 좋은 일이다. 그러나 거기서 끌어낸 결론은 심각한 오류다.

나는 종교란 하느님이 존재한다고 생각하는 사람들이나 '교회에 다니는' 사람들에게만 관련된 것이 아님을 사람들에게 설명하려고 노력한다. (이미 지적했듯이 우리가 '하느님'이라는 말과 '존재하다'라는 말의 의미를 깊이 생각하지 않는다면 '하느님이 존재한다'는 선언은 온갖 방식으로 해석될 수 있다.) 우리는 종교를 여러 가능한 의미나 측면 가운데 하나로 혼동하거나, 종교를 하나의 '세계관'이나 '여가 활동'으로 여겨서는 안 된다.

포괄적이고 기본적인 의미에서, 종교 영역은 윤리적, 심미적, 성적 영역처럼 인간 삶의 근본적이고 자연스러운 한 부분이다. 그리고 그런 삶의 영역들과 마찬가지로 종교 영역에서도 사람마다 다른 의미와 지향점을 가질 수 있으며, 이 영역을 가꾸거나 소홀히 하는 정도도 사람마다 다양하며 아예 손도 대지 않을 수도 있다. 사람들이 그들 삶의 개별 영역을 가꾸는 정도는 여러 조건의 영향을 받으며, 특히 그들이 자란 환경과 문화에 큰 영향을 받는다.

    체코에서는 오랫동안 종교적 문화가 철저히 억눌려 왔었기에 ― "종교는 개인적 문제"라는 모호한 말이 요즘 다시 들려온다 ― 사람들의 삶에서 종교 영역은 종종 소홀히 다루어지거나 편견과 착시의 잡초더미에 숨통이 막히는 경우가 잦다. 사실, 마르크스 ― 레닌주의자들이 경고한 부류와는 다르지만, 허튼소리를 정말 믿는 사람들도 있다. 마르크스 ― 레닌주의자들이 믿었던, 또는 대체로 믿는 척했던 그런 허튼소리를 여전히 믿는 사람들도 있지만, 그런 유형의 믿음은 사실 자취를 감춰 가고 있다. 그렇다고 오늘날 "나는 하느님을 믿지는 않지만, **무언가** 있는 건 틀림없어"라고 말하며 자신을 신자와 비신자의 '중간 어디쯤' 있다고 생각하는 사람들의 '믿음의 대상'이 되는 다양한 것들도 모습을 드러내지 않는다는 말은 아니다. '전통적 신앙' ― 우리 상황에서는 주로 그리스도교 신앙 ― 을 간직했던 많은 이들 중 실제로 박해에 맞닥뜨리거나 종교교육을 포함한 정상적이고 자유로운 신앙 실천에서 강제로 고립되어 어쩔 수 없이, 또는 경계심과 두려움 때문에 신앙을 숨길 수밖에 없었던 사람도 있다. 안타깝게도, 그들은 그 신앙을 너무나 꼭꼭 잘 숨겨 놓았던 바람에 신앙이 다소 '좀먹고' 말았다는 사실을 덧붙여야 한다. 그러므로 이런 형태로는 자기 자식들은 물론이고 다른 이들에게 전해 주기 어렵게 된 것도 놀라운 일이 아니다. 그리스도교가 박해로 혜택을 입었다는 반복되는 주장은 일부만 맞는 말이다. 교회가 너무 오랫동안 공공 생활 밖으로 내몰려 있으면, 그 사회 전반에 부정적인 결과가 생기기 마련이다.

전통이 단절되고 종교 문화가 제대로 발전되지 못하는 곳에서는 온갖 새로운 형태가 우후죽순 생겨난다. 종종 그것들은 세속 사회를 신성화하고 거룩하게 치켜세우는 현상들로 나타난다. (스포츠 경기가 끝나고 난 다음의 장면들을 떠올려 보라.) 어떤 경우에는 온갖 '개인숭배' 형태를 띠면서 우스꽝스럽거나 비극적인 결과를 낳기도 한다. 오늘날 체코 사회에서 일어나고 있는 일들은 종교를 제거하는 과정이 아니라 오히려 특정한 형태의 그리스도교 문화에서 멀어지는 과정이다. 버림받은 종교 영역 안에 새로 무엇이 들어설 것인가는 비단 교회 지도자들만 관심을 기울일 문제가 아니다.

체코 국가와 사회가 비종교적이라는 널리 퍼진 견해는 이상한 논리를 바탕으로 언론이나 학교 등과 같은 공공 생활에서 종교와 관련된 모든 것을 계속해서 소외시키는 논거로 쓰였다. 국민은 종교가 필요하지 않고 종교에 관심도 없으며 종교는 군더더기일 뿐이라는, 한마디로 종교에 대한 '시장 수요가 없다'라는 이유에서였다. 그러면서도 세계종교를 소개하는 일은 다문화 글로벌 문화에서 살아가는 데 필요한 준비라는 직관도 존재한다. 그러나 '그것을 누가 가르칠 것인가?'라는 물음에 대한 답을 찾을 길 없기에 이것도 대체로 허사가 되기 마련이다. 분명 그것은 편협한 근본주의적 열정이나 '종교적 광신'이 되어서는 안 되지만, ─ 이점에 대해서는 널리 동의가 이루어져 있다 ─ 젊은이들에게 세계종교를 가르치도록 뽑힌 사람이 종교 전통 면에서 스스로 외부인이라고 공공연히 선언한 사람이라면 그것이 정말 이상적인 상황일까? 게다가 종교를 둘러싼 보편적인 혼란이 존재하는 체코 상황에서는 어떤 신자에게든 '종교 광신자'라는 딱지를 붙이는 것이 드문 일이 아니다. ("그 사람은 일요일마다 꼬박꼬박 교회에 간다지 뭐야!"라고 하면서 말이다.)

국가의 바람직한 종교적, 더 정확히는 종파적 **중립성**을 새로운 형태의 **국가 무신론주의**와 여전히 혼동하는 사람이 많다. 무신론이 여러 '신조' 가운데 하나로 여겨지지 못하고 종교 영역에서 중재자의 위치나 역할로 높여질 때, 그런 무신론은 역사상 한때 종교가 정치권력을 행사했을 때 그랬던 것보다도 훨씬 더 편협해질 수 있다. '국가의 종교적 중립성'은 종교 자유와 (무신론을 믿는 이들을 위한 합법적 영역도 포함한) 다원성의 영역을 법적으로 보장한다는 의미다. 그러나 **개인들**의 경우에는 순수한 형태의 종교적 중립성이란 것이 존재하지 않는다. 유신론이든 비신론이든, 대화가 가능하든 편협하든, 살아 있든 사라졌든, 전통적이든 비전통적이든 의식적 또는 무의식적 종교성이 있을 뿐이다. 하느님에 대한, 또는 하느님을 대신하거나 대체하는 것에 대한 믿음이 있다. 평생 독신으로 살아가는 사람이라도 성관계를 안 하는 것은 아니듯이, 자신이 모든 신앙에서 멀리 있다고 주장하는 사람도 '비종교적'인 것은 아니다. '정치에 대한 거부'도 하나의 정치적 입장이듯, 무신론도 하나의 특정한 종교적 입장이다.

그러나 체코에서는 종교에 관한 자유롭고 객관적인 논의가 부족했던 탓에 무신론도 피해를 보았다. 상대와의 대화를 통해서만 얻을 수 있는 필수적인 자기 성찰이 빠져 있는 것이다.

체코 사회에서 종교와 종교인은 낯섦, 심지어는 기이함이라는 먹구름에 에워싸여 있다. 무엇보다도 종교에 관한 믿을 만한 지식과 사실을 바탕으로 한 정보가 부족하기 때문이다. 그 결과, 신자들은 오늘날 완전한 종교 자유의 환경 속에서도 자신들의 신앙을 인정하기 어려워한다. 설사 신앙을 인정하더라도, 또는 신앙을 '아웃팅' 당하더라도, 신자들은 종종 주변 사람들에게 자신들이 '다른 면에서는 다 정상'이라고 확인시켜 주어야 할 것 같은 느낌을 받는다.

그런 까닭에 체코 출신 젊은이들은 해외 생활을 하면서 회심하는 경우가 많다. 외국에서 그들은 종교성이나 신앙이나 교회가 지극히 정상적인 것으로 여겨진다는 사실을 알고 몹시 놀란다. 그 순간 그 젊은이 안에 예전에는 어렴풋이 형성되기 시작했던 것들이, '초월적인 힘에 대한 불분명한 믿음' 또는 다양한 영성들과 심령술(주로 동방의 이국적인 것들)의 조각들을 취미 삼아 모아 놓은 콜라주를 넘어서 유럽 문화와 전통에 더 가까운 형태로 발전할 수 있다.

젊은 회심자들을 교회 안의 온전한 친교로 받아들일 때마다 나는 이들이 삶의 여정에서 '하느님 가족'의 변화를 어떤 식으로 겪게 될지 종종 궁금해진다. 나는 우리 교회의 좋은 점들을 주의 깊게 알고 있으며, 이들을 과소평가하지 않는다. 체코에도 활발한 본당들이 있고, 자선이나 교육 분야에서처럼 훌륭한 교회 활동들도 이루어지고 있으며, 젊은 사제들과 수도자들, 평신도들 가운데 매우 역량 있는 남녀 신학자들도 여럿 있다. 신학 대학들의 상황도 나아지고 있는 것 같다. 나는 많은 그리스도인이 자신들의 혼인과 부모 역할을 진지하게 받아들일 뿐 아니라 버림받거나 장애가 있는 아이들을 기꺼이 입양할 의향도 갖춤으로써 신앙을 증언하는 것을 높이 평가한다. '믿을 수 없는 존재의 가벼움'을 즐길 뿐, 가정을 꾸리거나 아이를 키울 용기가 부족한 사람, 또는 인내와 자기희생, 충실성처럼 간직할 가치들이 부족한 사람들이 점점 늘어나는 우리 시대에, 그들의 태도는 당연하게 여길 수 있는 것이 아니다.

그런데도 전반적으로 볼 때 교회의 상태는 그다지 고무적이지 않다. 점점 심각해지는 사제 부족은 한 세대 안에 본당 운영 구조 전체의 붕괴로 이어질 것이다. 게다가 제도로서의 교회의 운영을 책임진 이들이 충분한 용기나 창의성을 발휘하여 실질적 대안을 찾는 모습을 보기 힘들다. 또한 교회가 수 세기 동안 필수적이고 당연한 것으로 여겨 온 많은 것들의 뒷받침 없이 신앙생활을 해야 할 상황에 놓인 신자 공동체를 위해 최소한으로라도 체계적으로 대비하려는 모습도 찾아볼 수 없다.

교회의 틀 안에서 활동하는 데 익숙해진 사람들과 나머지 사회 구성원들 사이의 소통은 양쪽 모두가 세워 놓은 편견과 공포증의 장벽 때문에 침체에 빠져 있다. 1980년대에 '국가 영적 쇄신 10개년'이 시작됐을 때 나는 교회들이 체코 사회에서 더 건강한 도덕적 분위기를 조성하는 데 중요한 역할을 할 수 있을 것이라는 희망을 품고 있었다. 그러나 요즘 들어서는, 사회 전반에 영향을 미칠 수 있는 교회의 역량을 평가할 때 훨씬 더 말을 아끼게 된다.

체코 정치계의 발전에 관해 내가 예전에 품었던 기대 가운데 많은 것도 접어야 했다. 지금 나는 그 기대들이 환상이었다고, 이런저런 이유로 날려 버린 기회였다고 여긴다. 필요한 정치 문화의 개혁이 새로운 정당이든 지식인들의 주도든 개인 시민들의 캠페인이든 어디서 갑자기 툭 튀어나올 거라고 기대하지는 않는다. 길게 내다보아 새로운 다음 세대가 올 때, 그때는 뭔가 긍정적인 것을 기대할 수 있을까? 나는 그것도 감히 예견할 수 없다.

조만간 체코 사회의 전반적 상태와 교회들의 상황은 아마 여러 면에서 계속 악화할 것이며 이에 정신적으로 대비하는 일이 필요하다. 이런 것들이 우리를 끝장내거나 무너뜨리도록 두어서는 안 된다. 우리가 냉소주의나 소극성이나 쓸쓸함의 탁류에 잠기게 내버려 두어서는 안 된다. 그러나 동시에 우리는 환상에 불과한 낙관주의의 장밋빛 안경을 써서도 안 된다. 무엇보다도 우리는 잘못된 것을 당장 바로잡으려는 조잡한 급진적 처방들이나 단순화된 해답을 제시하는 이념 형태의 온갖 마약을 뿌리쳐야 한다. 그저 지금까지 **걸어온 길을 계속 걸으며**, 우리가 할 수 있는 최선을 다하고 주변 환경보다는 우리의 양심을 더 따라야 할 뿐이다. 물론 이 말은, 눈에 보이는 '성공' 가능성은 전혀 없는데도 종종 물살을 거슬러 홀로 가야 하며 '세상의 지혜롭다는 자들'의 눈에는 기이한 괴짜로 보일 수 있다는 뜻이기도 하다. 그러나 우리가 이 길을 걷기를 꺼린다면, 십자가의 복음을 허투루 읽었다는 뜻이 아닌가?

현대성의 결말은 요즘 널리 논의되는 '종교의 회귀'와 맞닿아 있다. 이 표현 자체와 그것이 나타내는 현상은 매우 섬세하게 살펴보아야 하며, 이 두 가지를 신중하게 구별해야 한다. 어떤 면에서 이른바 '종교의 회귀'는 결코 회귀가 아니다. 종교는 언제나 여기 있었고, 지금도 여기 있으며, 아마 앞으로도 여기 있을 것이다. 역사가와 사회학자에 속하는 세속의 관념론자들만 지나친 편견 때문에 이를 인정하지 않을 것이다. 다른 한편으로, '세계종교계'의 참으로 의미심장한 전환들과 급진적인 변화들은 짚고 넘어가야 한다.

'세속화' 개념이 더 이상 종교의 운명을 이해하는 열쇠로 쓰일 수 없다 해도 '세속화의 종말'을 선언하기에는 아직 너무 이르다. **세속화**라는 표현이 의미하는 몇 가지 측면들, 예컨대 특히 여러 유럽 국가들에서 전통적 교회 형태의 그리스도교의 영향력 감소 또는 심지어 붕괴는 앞으로도 한동안은 계속될 것으로 보인다.

세속화에 대한 한 가지 반작용은 정치와 영성 영역에서 나타나는 온갖 종교적 부흥이다. 이렇게 '회생된', 아니 더 정확히는 '정치화된' 종교들은 군사적이고 충동적이며 근본주의적인 형태를 띤다. 그 분명한 예가, 전통 이슬람 사회의 무분별한 '서구화'에 대한 반작용으로 나타난 급진적 이슬람교다. 같은 흐름의 또 다른 측면으로는 '종교적 우익'이 있다. 이는 특히 미국에서 재정치화된 이슬람 세력에 대한 두려움에서 반사이익을 크게 얻고 있다. 특히 요즘 미국에서, 한편에는 급진적 세속주의가, 또 다른 한편에는 급진적 '종교적 우익'이 어떻게 서로를 악마 보듯 하며 자기 동조자들 안에 완벽한 위협감을 불러일으키는지 보면 기이하다. 그러나 서구 사회의 생존 자체가 그리스도교와 세속주의의 공존과 상호 양립 가능성에 달려 있다.

앞에서 지적했듯이, 그리스도교 교회들 안의 일부 '새로운 운동들', 특히 복음주의와 오순절 부류의 교회들은 '열정'과 '열심'을 강조함으로써 그 구성원들을 유아기 또는 사춘기 수준의 감성적 종교성에 머물게 하고 세상과 교회의 문제들에는 단순 처방으로 응답하는 경향이 있다.[10] 나는 그들을 무엇보다도 세속화에 대한 반작용으로 본다. 말하자면 그들은 현대성의 또 다른 '원치 않는 자식'이며, 자신을 낳은 부모보다 더 오래 살아남으려 한다. 그러나 그들이 참으로 실현 가능하며 건강한 대안을 제시하는가는 의문이다. 물론 세속화가 많은 그리스도인에게서 '기운을 앗아 간' 뒤, 새로운 운동의 열정은 신앙에 '새로운 원기'를 주는 하나의 방법이기는 하다. 그렇다 해도 이런 새로운 운동들이 현대 그리스도교의 유일한 활동이 되어서는 안 된다.

너무나 양극화된 가톨릭의 현재 상황 — 아마 몇몇 다른 주요 교회들도 대동소이한 상황일 것이다 — 을 볼 때, 나는 극단적인 두 견해 가운데 어떤 것에도 동조할 수 없다. 나는 현 상황에 대한 해결책이 교회의 구조와 가르침을 느슨하게 풀어 주는 형태의 '교회의 현대화', 말하자면 언론과 교회 내의 일부 그리스도교 운동들에서 많은 이가 요구해 온 것처럼 '시류에 적응하는 것'이라고는 전혀 생각하지 않는다. 이것은 진정 옳은 길이 아니라는 것이 내가 오랫동안 깊이 지니고 있는 확신이다. 나는 '우리가 교회다' 같은 진보 가톨릭 단체들이 제기한 쟁점들을 차분하고 진지하게 논의하는 것을 좋아하고 어떤 문제에서는 그들이 옳다고 생각하기는 한다. 그러나 교회의 구조와 규율, 몇몇 도덕적 가르침들의 민주화와 완화가 그리스도교의 새로운 봄날을 열어 주고 교회의 위기를 피하게 해 줄 것이라는 견해 — 그런 성향의 집단의 모든 구성원이 그렇게 주장하는 것은 아니지만 — 에는 철저히 반대한다. 그런 기대는, 공의회 이전의 승리주의로 회귀하고 현대 세계와 진보적 가치들에 맞서는 '문화 전쟁'을 벌이자고 호소하는 전통주의자들이 품은 그 정반대의 기대만큼이나 어리석은 것이다. 전자의 경우, 교회는 포스트모던 사회의 무수한 무의미한 것들 속에 점차 녹아 사라지고 아무것도 제시할 수 없게 될 것이다. 후자의 경우, 교회는 시대에 뒤처진 채 옛날만 그리워하는 이들과 괴짜들이 모인 한물간 종파로 변질되고, '문화 전쟁'은 시작하기도 전에 패배할 것이다. 두 경우 모두, 종교란 아직 자기 자신을 발견하지 못한 이들이나 자기 자신을 또 잃어버린 이들을 위한 것이라는 카를 마르크스의 잔인한 말이 현실화될 가능성이 크다.

나는 '현대주의자'와 '전통주의자' 모두 교회의 외적·제도적 형태의 역할을 과대평가하고 있다고 생각한다. 많은 이들이 마치 엄마 치맛자락을 붙들고 있는 아이들처럼 그런 구조들에 집착한다. 또 많은 이들은 부모에게 대드는 청소년처럼 그런 구조들과 계속 다툰다. 사실 나는, 교회의 제도적 측면들, 즉 '당국'을 대할 때 성숙한 어른이 늙은 부모를 대하듯 다루는 신자들에게 가장 공감한다. 그런 관계는 더 큰 자유를 가져다주지만, 더 큰 책임도 따른다.

나는 '교회의 구원'은 우나 좌에서 오지 않고, 우리가 돌아가려 한들 과거에서 오지도, 우리가 우리 개념에 따라 계획을 세운다 한들 미래에서 오지도 않으며, 데우스 엑스 마키나처럼 '위'에서 오지도 않는다고 확신한다. 긍정적 변화는 오직 저 **깊은 곳**에서, 깊은 신학적·영적 쇄신에서만 올 수 있다.

현대에 들어 개신교와 또 현대사상과 논쟁하는 동안 가톨릭은 두 가지를 지나치게 강조했다. 교리와 권위였다. 그리스도교는 사상에서도, 제도적 측면에서도 하나의 '**체계**'처럼 보이기 시작했다. 물론 이 두 측면은 교회의 당연하고도 합법적인 측면이며 앞으로도 계속 그럴 것이다. 그러나 내가 추측건대, 앞으로는 이 둘 다 지금까지 해온 지배적 역할을 하지 못하고 얼마간 그늘 속으로 물러날 것이다. 교회는 그리스도교를 하나의 **생활 방식**으로 이해할 수 있을 때 미래 세대의 차별화된 영적 요구에 가장 잘 응답할 수 있을 것이다. 그런 생활 방식의 깊은 차원은 영성이 될 것이고,[11] 두드러진 다른 특징은 **연대**, 특히 자신들이 속한 사회에서 부당한 대우를 받는 이들과의 연대가 될 것이다.

많은 그리스도인이 그리스도교가 예전에 지녔던 뚜렷한 윤곽을 잃어버리고 다원화되고 있다고 걱정한다. 그러나 아마 그런 **체계**의 약화는 사실 신앙이 **삶에 더 가까워지고** 있다는 뜻일지도 모르며, 숨김없는 다양성은 장차 더 넓은 범주의 사람들에게 말을 건넬 수 있는 더 큰 여지를 뜻할 수도 있다. 계몽주의 시대에 '종교'는 다른 삶의 영역들과 나란히 하나의 특정한 '삶의 영역'으로, 그리스도교는 그러한 종교 개념 안에서 하나의 '하위 체계'로 여겨지기 시작했다. 그러한 개념이 비록 애초에 잘못 구상된 것은 아니라 하더라도, 이제는 현재 상황을 이해하기에는 불충분한 것으로 여겨진다. 종교, 교회, 믿음, 문화, 정치, 사회 사이의 관계들에서 일어나는 변화들을 이해하는 길을 찾으려는 노력이 이루어지고 있다. 오랫동안 종교 연구자들의 주된 관심사였던 많은 '종교적 구조들'이 온갖 위기의 극심한 시련을 겪었던 반면, 종교 자체는 일부의 예측처럼 쇠퇴와 소멸을 겪기는커녕 오히려 이전의 어떤 이론으로 '설명'할 수 있는 것보다도 더 활력 넘치고 역동적이며 다각적인 현상이 되었다는 역설을 설명하기 위한 시도도 이루어지고 있다.

바오로 사도가 말하듯 우리는 이런 신앙의 보화를 '질그릇'에 간직하고 있다. 교회는 역사상 자신이 걸어온 길에서 하나의 역설이다. 한편에는 자신에게 맡겨진 막대한 사명을, 다른 한편에는 부서지기 쉽고 금 가고 때로는 먼지 끼고 때 묻은 흙의 성질을 간직하고 있는 역설이다. 몇몇 성직자는 내게 말하기를, 그들에게 하느님 현존의 유일한 설득력 있는 증거는 교회라는 이 질그릇이 이천 년을 흐르면서도 완전히 산산조각은 나지 않았다는 사실이라고 했다. 그들은 자신들의 경험으로도 그 연약함을 너무나 잘 알고 있다.

물론 '무모한 의존'의 죄를 범해서는 안 된다. 그러한 죄는 습관이 되면 — 우리는 이를 악덕이라 일컫는다 — 그 알 수 없고 끔찍한 죄, '성령을 거스르는 죄'가 될 수 있으며, 그것은 하느님 자비의 바다로도 씻을 수 없을 것이다. 우리는 그저 편안히 앉아서 독실한 말들만 늘어놓아서는 안 된다. '하느님의 힘'이 물론 결정적이다. 그러나 내가 바오로의 역설을 제대로 이해했다면, 그 힘은 자신을 드러내기 위해 우리의 약함을 필요로 한다. 그 힘은 우리의 무관심이나 나태나 씁쓸함이나 냉소가 아닌 우리의 약함 안에서 드러날 수 있다.

　우리에게는 헤아릴 수 없는 선물이 맡겨져 있다. 사랑과 믿음과 희망이다. 가장 어려운 처지에서도 이 선물을 보호하고 가꾸는 것이 우리의 책임이다. 물론 우리는 '쓸모없는 종들'이지만, 이 선물에서 비롯하는 우리의 봉사는 꼭 필요하고 없어서는 안 된다. 우리 봉사의 충실성은 '이 세상의 논리'로는 돈키호테처럼 엉뚱하고 어리석은 것일 수 있다. 그러나 봉사의 충실성은 다른 이들의 눈을 열어 주고 그 논리를 뒤흔들어 놓는 기적이 될 수 있다. 이 책임을 진지하게 받아들이자. 그러나 우리 자신을 너무 진지하게 여기지는 말자. 우리는 기껏해야 '바이올린을 연주하는 토끼들'일 뿐이니까.

10   하느님은
          아신다

'하느님은 아신다'라는 말이 일상 대화에서 차츰 사라져 가는 이유를 하느님은 아신다. 우리 언어가 서서히 무신론화하고 있다는 것은 썩 그럴듯한 설명이 아니다. 오늘날 체코 십 대들이 쓰는 언어에서 가장 흔한 형용사 가운데 하나는 '신성한'이라는 말이다. 이 말마디는 록 음악 가사에도, 그런 음악을 하는 가수에게도, 옷가지에도 쓰인다. 아이스하키나 축구 경기가 끝나고 나면 왁자지껄 흥분한 팬들은 선수 이름을 외치며 "그는 인간이 아니야, 신이야!" 같은 대담한 표현을 서슴지 않는다.

어쩌면 이것은 우리 사회가 **탈종교화** 상태가 아니라, 그것과는 상당히 다른, 말하자면 **탈그리스도교화** 상태에 있다는 또 다른 증거일지 모른다. 어쨌거나 신의 속성들을 이 세상 사물이나 사람들에게 부여한다는 것은 무신론의 정반대, 곧 이교 사상의 전형적 징후다. 이런 환경에서 유다인이나 그리스도인이 그러한 이교 종교성의 표현을 가벼운 과장 정도로 보지 않고 독성죄나 우상숭배의 죄로 여긴다면, 그들은 '무-신론자' 또는 '비-신자'라는 평판을 얻게 될 것이다.

그러나 '하느님은 아신다'는 말은 상당히 다른 문제다. 그것은 이 세상에 속한 여느 신을 일컫는 것이 아니라, 지평 저 너머를 가리킨다. 이 세상의 어떤 것이 내가 보기에 신비롭고 불가해하며 이치에 닿지 않는 것 같을 때, 이 말은 늘 더 먼 지평을 가리킨다. 비록 그 지평 또한 신비롭고 숨겨져 있으며 가닿을 수 없지만 말이다. 나는 그런 일들의 까닭을 **알지 못하지**만, 아마 아무도 알지 못할 테지만, 그것들은 분명 아무 의미가 없지 않다. 유일하게 아시는 분은 **하느님**이다. 하느님은 모든 것의 의미를 아신다.

그러니 '하느님은 아신다'는 말은 성경적 의미에서 보더라도 자기도 모르는 사이에 하는 신앙고백이며, 부조리함으로 나를 집어삼킬 수 있는 사건들 속에 파묻히지 않도록 지켜 주는 신앙 행위이기도 하다. 게다가 그것은 쓸데없는 사변이나 지식화로부터 나를 보호한다. 모든 것을 아는 것, 하물며 모든 것을 완전히 이해하거나 설명하는 것은 내 몫이 아니니, 나는 많은 신비를 털어 내고 무시할 수도 있고 그것들을 그저 우연으로 받아들일 수도 있다. 온갖 놀라운 일들과 수수께끼 같은 일들이 있음에도 내 삶은 무의미하지 않으니, 나는 신비 언저리에서 행복하게 살아갈 수도 있다. **나는** 지금 의미를 모르고 이해하지 못하지만 '하느님은 아신다'. 그래서 나는 의지하며, 내게는 그것으로 충분하다.

'하느님은 아신다'는 말은 '광부의 신앙'이라 불리기도 하는 짧은 신앙고백이다. 광부는 신학 논쟁을 속속들이 알 필요는 없으나, 자신의 신앙 행위, 다시 말하자면 지적 성찰에 기초하지 않은 소박한 신앙 행위로 신자 공동체의 신앙에서 한몫을 차지한다.

몇몇 뛰어난 신학자들이 '광부의 신앙'이라는 주제를 20세기에 되살렸다. (이 신학자들은 미묘하고 구체적인 신학 문제들에 관한 그들 발언의 예사롭지 않은 깊이와 신선함 때문에, 교황청 당국에 그들의 사상과 진술에 관한 새로운 해석을 거듭 제출해야 했던 이들이다.) 교회는 신학자들이나 '교회의 교육 체계'라는 공식 수단에만 의존하지 않으며, 무엇보다도 교회를 구성하는 이들, 곧 교회의 가르침에 관해 아는 것이 거의 없고 신학 문제들을 전혀 고려하지 않는 백성에게도 의존한다는 사실이다.

교육열이 높았던 계몽주의는 초기 스콜라철학이 아랍 철학자들에게서 아리스토텔레스 철학을 빌려 온 이래로 교회 신학자들이 열정적으로 가꾸어 오던 것, 곧 이성의 힘에 대한 신뢰를 종교 안에 불어넣었다. 그러나 이성에 대한 이해에는 점차 중요한 변화가 일어났다. (하느님 자체라는 빛의 반사광인) 지성(intellectus)에서 이성(ratio)으로 옮겨 간 것이다. 여기서 이성이란 인간이 성공과 개인의 성숙, 이해 능력과 세상을 바꿀 능력을 얻기 위한 강력한 도구를 가리킨다.

종교 문제에서든 세속 문제에서든 이제 더는 '하느님이 아시는'

것과 하느님이 그것을 아신다는 사실에만 의존할 수 없었다. 결국, 이성은 모든 곳에 파고들어 인간의 이해 지평을 급격히 넓힐 수 있는 빛이 되었다. 이성은 장벽들을 허물고, 예전에는 배우지 못한 이들이 거룩한 지식의 영역으로 존중했던 신비를 간파할 수 있게 되었다.

그러나 지적 모험의 순수한 기쁨 — 한때 경험해 보았기에 이제 없어서는 안 될 꼭 필요한 것이 되어 그것 없이는 살 수 없는 — 과 더불어, 소수만이 감히 완벽히 이해하고 온전히 표현할 수 있는 것들이 생겼다. '하느님만 아시는' 유일한 영역으로 여겨지던 곳을 차지하는 사람은 누구나 신이 된다. 더 이상 사람이 아니라 신인 것이다!

현대 유럽에서 이런 생각을 최초로, 그리고 가장 급진적으로 표현한 이는 루트비히 포이어바흐였다. 그는 하느님이란 동떨어진 인간 능력을 투사한 것일 뿐이며, 이를 하늘에서 땅으로 끌어내려야 한다고 주장했다. 그리고 그 계획이 실제로 시작되었고 여전히 계속되고 있다. 이를 실행하는 데 주된 역할을 한 것은 포이어바흐의 제자인 마르크스와 그 지지자들이었다. 이러한 움직임을 이루는 또 다른 요소는 대중 정신분석학과 실존주의/인문주의 심리학 흐름의 막대한 영향력이다. 이들은 특히 1960년대에 문화적 혁명이라 할 만한 것을 일으켜 서구(특히 미국) 사회의 분위기를 사실상 밑바닥부터 변화시키면서, 교육 방식과 가정생활, 매체 정신까지 바꾸어 놓았다. 여전히 진행 중인 이런 움직임은 가장 최근에는 의학 연구와 특히 유전공학에 집중해 왔다. 인간의 창조주만 알고 있던 것, 창조주만이 할 수 있던 것들이라는 지성소의 문턱에 우리 인간이 서게 된 것이다.

하느님의 속성을 하늘에서 땅으로 '끌어내리고' '멀리 동떨어진 신성'에 마침표를 찍으며 **신적인 것을 인간의 자아에 이식**하면서, 원래 계획에는 없던 예기치 않은 변화들이 지구와 인간에게 일어나는 바람에 계획 전체가 다소 꼬이게 되었다. 신적 물질이라는 주사를 맞고 난 뒤 인간의 자아는 '비대해지고' 지나치게 거창해졌으며, 단순한 정신장애가 아니라 점점 더 많은 영적·도덕적 기능장애의 표징들을 나타내기 시작했다. 심리학자들, 현대 서구 사회 비판과 분석에 몸담은 사회학자들과 철학자들도 이를 **자기애** 또는 **자기본위주의**라고 부른다. 천오백 년도 전에 아우구스티누스는 이를 "무질서한 자기애"라고 일컬은 바 있다. 바로잡아 주는 어떤 거룩한 '너' 없이, 신이 된 인간은 너무 몸집이 커져 버린 자아 때문에 고통받기 시작했다. 게다가 너무 빨리 커져 버린 탓에 자기 세상에도 맞지 않게 된 인간은, 도자기 가게에 들어간 황소처럼 설쳐 대다 주변을 다 망가뜨리기 시작했다.

신적인 것이 인간에게 이식되던 시기, '하느님은 아신다'는 말은 '누가 알겠어?' '아무도 모르지'라며 어깨 한 번 으쓱하는 몸짓으로 대체될 수 있는 닳아빠진 말이 되고 말았다. 그 어깻짓은, 나는 나도 모르는 사이에 하느님의 지식에 의존하고 있기에 신비의 의미들에 대한 지나친 우려의 물음들을 떨쳐 버릴 수 있다는 의미가 더 이상 아니다. 오히려 그것은 바로 그런 현상들, 그리고 그것과 관련된 문제들은 평범하고 전혀 중요치 않으며 그저 의미 없이 우연히 일어나는 것일 뿐이라는 표시의 몸짓이다. 왜 그런 일이 일어나는지 '하느님은 아시고' '하느님만이 아신다'면 누가 걱정 같은 걸 해야 하겠는가? 그 문제라면, 우리는 그런 일 따위를 생각하는 것보다, 아니 생각 자체를 하는 것보다 더 중요한 할 일들이 있는데 말이다.

이것도 또 다른 '광부의 신앙'일까? 어떤 의미에서는 그럴 수 있다. 그러나 거꾸로 뒤집어서, 정반대의 의미에서 그렇다. 앞에서 말한 광부의 신앙이 철학적 사변을 할 시간이 없던 이들이 어디서나 흔히 접할 수 있던 종교적 신앙에 무의식적으로 참여한 것이었다면, 오늘날 '광부'들의 경우에는 어디서나 흔히 접할 수 있는 무신론과 이교의 혼합물에 무의식적으로 참여하는 것이다.

그러나 현대 이성의 빛은 그것이 자기 확신과 낙관주의에 꽉 차 있을 때 약속했던 것만큼 그렇게 모든 것을 완벽하게 비추어 주지는 못했다. 우리가 알지 못하는 것들의 어두운 구석과 틈새들이 점점 늘어나는 추세다. 조만간 인류가 과학기술 발전에 힘입어 현실적으로 해결할 수 있으리라 기대되는 '아직 풀리지 않은' 문제들과 불가사의들을 말하는 것이 아니다. 우리 주님을 이성의 빛줄기가 아직 이르지 못한 곳으로 쉽게 이동시킬 수 있는 '틈새의 하느님'으로 만들지 말라고 그리스도인들에게 경고했던 디트리히 본회퍼가 옳았다. 그리스도교 신앙이 주술가, 비술가, 아마추어 초심리학자, 심령술사, 치료사, 돌팔이 같은 수상쩍은 무리와 연관 지어질 때만큼 낯 뜨거운 일도 없다. (신자들 스스로 그렇게 연관시키는 경우는 최악이다.) 이들 무리는 오늘날 두드러지는 부조리 친화적 분위기 그리고 마르크스주의자들과 실증주의자들의 무비판적 '과학' 신봉의 후폭풍에서 혜택을 입는다. (오히려 그리스도인들과 과학계의 훌륭한 구성원들을 일치시켜야 마땅할) '이성의 종교'를 혐오하는 것은 납득할 만하지만 그렇다고 미심쩍기는 매한가지인 '비이성의 종교'로 치달아서는 안 될 일이다. 그런데 이 비이성의 종교가 지금 활개를 치고 있다.

우리의 **미지**未知라는 참으로 어둡고 깊은 틈새는 전혀 다른 곳 어딘가에 있으며, 인간의 가장 중요한 각성의 순간 가운데 하나는 어떤 과학도 이 틈새들을 적절한 대답으로 메울 수 없다는 것을 깨달았을 때, 현대성의 순진한 낙관주의가 완전히 실패한 뒤에 왔다. 그것은 과학의 사명이 아니기 때문이다. 이 영역에서 과학은 전혀 권한이 없다.

한편으로 이러한 것들은 철학과 신학이 붙잡고 씨름해 온 아주 오랜 문제들이다. 특히 악과 불행, 죽음 앞에서 **의미**의 문제가 그러하다. 다른 한편에는 우리 행동의 도덕적 올곧음에 관한 문제들이 있다. 이 문제들은 의학과 기술이 인간의 가장 연약한 부분을 침해하는 영역들, 이미 인간의 능력으로 가능한 것, 또는 곧 가능해질 것들을 아무 책임 의식 없이 적용함으로써 우리 인류와 세계에 돌이킬 수 없는 혼란을 일으킬 수 있는 영역들에서 특히 논란이 된다.

이런 주제들을 다룬 책 수천 권을 어떻게 '우리는 모른다'라는 한 마디로 요약할 수 있겠는가? 이런 문제에 관련된 이들의 노력을 깎아내리려는 의도가 없다면 말이다.

물음 안에 이미 답을 안고 있는 반어적인 물음이 들려온다. "그래서 하느님은 아신대?" 하느님도 모르신다면, 하느님이 대체 무슨 소용인가? 하느님이 아신다면, 왜 우리에게 말씀하지 않으시는가?

평범한, 또는 단지 겉으로 평범해 보이는 것일지 모르는 물음들이 우리에게도 평범한 대답을 하도록 부추기게 두어서는 안 된다. 그 대답으로 탁자 위에 성경을 올려놓는 복음주의 그리스도인들의 자기 확신에 찬 몸짓은 과장된 연극처럼 경박해 보인다. "성경에 그렇게 적혀 있으니 틀림없다"라는 케케묵은 말은 이 경우에는 적용하기 어렵다. 우리는 성경 시대 인물들이 맞닥뜨리지 않았던 수많은 구체적인 문제들에 직면해 있다. 우리 문제들 대신 그들의 문제를 갖다 놓고 딴 물음에 대한 대답들로 우리 문제를 풀어내려 한다면, 그것은 우리 언어로 말하는 '성경 자체'가 아니라 하느님 언어를 우리가 너무나 인간적으로 조작하는 일이다. 그런 조작은 드러내지 않고 몰래, 경솔하게 이루어지며 단순할 때가 많다. 성경을 그런 식으로 남용하고 오용하는 것은 성경에 대해 무책임할 뿐 아니라, 우리를 충분히 신뢰하여 대화와 공동 탐구로 초대하는 이들에게도 무책임한 처사다.

공동 탐구, 이것이 하나의 가능한 길이 될 수 있다. 과학기술 덕분에 지금까지 꿈꿀 수 없었던 가능성이 열리는 영역들 — 비단 유전학뿐 아니라 — 에서 **어디까지 허용 가능한가** 같은 어려운 문제들은 영감을 주는 책들이나 성경 구절들, 교회 당국의 칙령들로 풀리지는 않을 것이다. 입법 구조는 의회의 민주적 의사 결정을 통해 마련될 것이고, 개인들의 실제 결정은 각자의 양심에 달려 있다. 그러나 민주적 장치도, 개인의 양심도 무류성이 보장되지는 않는다. 의회 의원들과 개인의 양심이 내리는 결정들이 어느 정도 영향을 미치고 형성할 수 있는 유일한 영역은 사회의 '도덕적 분위기'인데, 이는 (무류성의 권위를 주장하는 또 다른 주체인) '여론'보다 더 넓은 개념이다. 한 사회에 도덕적·영적 분위기가 무르익으면 공공 논의가 발전될 수 있다. 물론 어느 정도까지이긴 하지만 말이다. 대화의 규칙을 존중하고 우리가 쓸 수 있는 모든 자원을 양심적으로 활용하면서 신자들이 당당한 협력자로서 뛰어들어야 할 자리는 바로 이런 논의이다. 그들이 활용할 수 있는 자원에는 성경과 이성, 전통과 현대의 지식 원천에 관한 탐구, 하느님과 인간을 향한 책임 의식, 그리고 기도와 명상을 통해 인간의 성찰과 행동에 더해지는 사려 깊음이 있을 것이다.

'우리는 모른다'는 대답을 우리 내면에 불러일으키며, 그렇다고 '과학'이나 '진보'가 빛을 밝혀 주리라고 기대할 수도 없는, 또 다른 모호한 영역이 남아 있다. 악과 괴로움과 고통 앞에서, 특히 극단의 형태로 드러나는 악과 고통 앞에서 현실과 인간 삶의 의미에 대한 믿음을 어떻게 간직할 것인가 하는 문제이다.

20세기는 끔찍한 고통의 물결을 몰고 왔었고, 이번 세기 들어서도 전혀 나아지리라는 전망은 없다. 게다가 폭력과 불의에 관한 신속한 기록 정보들이 극단적 이미지들까지 더해져 퍼져 나갔을 때, 이러한 악에 대한 사람들의 민감성도 매우 커졌다. 그 결과, 우리 세계가 조상들의 세계보다 '객관적으로' 악화했는지, 아니면 우리가 악을 인식하고 평가하는 기준이 바뀐 것인지는 아무도 대답할 수 없다. 어쨌든 그런 학술적 물음은 고통받는 이들에게는 아무런 의미가 없다. 그들이 관심 있는 것은 단 하나다. 벗어날 수 없는 고통의 용광로에서, 부조리한 테러 공격과 자연재해와 신종 감염병들의 유행 속에서, 나는 어떻게 내 개인의 인성을 오롯이 지킬 수 있을까? 이는 단순히 물리적 생존의 문제가 아니다. 많은 경우, 이 문제는 개인이 통제할 수 있는 범위 밖에 있기 때문이다. 그보다 이는 어떻게 체념하지 않고 제정신을 온전히 유지할 것인가, 이런 세상에서 계속 살아가며 가능하다면 자녀를 낳고 기를 희망과 힘을 어디서 찾을 것인가 하는 문제다.

태고부터 악과 고통의 매혹적인 신비는 사람들을 하느님께로 이끌어 왔지만, 사람들을 하느님에게서 멀어지게 하기도 했다. 고통을 어떻게 해야 할지 모르거나, 설사 안다 해도 우리를 도울 뜻이 없는 하느님이라면 무슨 소용이 있는가? 그러나 우리가 하느님에게서 등을 돌린다 한들, 그것이 우리의 고통을 없애는 데 도움이 되는가, 아니면 되레 악과 고통에 맞서고 대처할 힘을 앗아 가는가?

우리는 언제든 우리 마음대로 부릴 수 있고, 우리가 적절하다고 생각하는 방식으로 우리를 돕고 문제를 해결해 주는 만능 로봇이 아니라고 하느님을 원망할 수 있다. 우리가 전투를 벌일 때, 최전선에서 언제든 투입될 수 있는 가시적이고 강력한 무기로 우리 옆에 있지 않는다고 원망할 수도 있다. 그러나 대신 하느님은 그저 **희망의 형태로** 존재하신다.

중요한 것은 그 희망의 영향력, 그것이 어느 정도까지 힘의 원천이 되는가이다. 신자들에게 가만히 앉아서 높은 곳에서 오는 도움만을 수동적으로 기다리게 한다면, 그런 희망은 거부해야 한다. 이런 태도는 전통적으로 '하느님의 자비와 용서에 대한 억측'으로 알려진 죄에 분명히 해당할 것이다. 최근 아시아에서 있었던 쓰나미의 경우, 사람들이 이런 재해는 어디까지가 하느님의 벌일까 하는 추측이나 하고 희생자를 돕기 위해서는 아무것도 하지 않는다면 그것은 죄다. 아주 심각한 죄다.

자연재해를 하느님 분노의 표현으로 치부하면서 종교적 위협을 통해 '종교 자산' 수확의 목적으로 악용하는 것은 비열한 일이다. 게다가 이는 이단의 기미까지 보이는 태도로, 하느님과 창조에 대한 성경 메시지를 왜곡하는 것이다. 창조 이야기에 대한 성경 메시지는 '자연을 비신격화하고' 자연의 힘에서 악마적 기운과 거룩한 기운을 모두 지워 버렸다. 자연종교들의 신화들과는 달리, 하느님의 지혜는 자연의 순환 안에 머물러 있는 대신 "사람들에게서 기쁨을 찾았다"(잠언 8,31 참조).

그러니 쓰나미의 파괴적 물결에서 우리가 믿는 하느님을 찾으러 나서지는 말자. 그분은 역정 내고 파괴하는 복수와 분노의 바다 신이 아니다. 오히려 우리는 그런 재해들 앞에서 일어나는 연대의 물결에서 그분을 더 잘 찾고 발견할 수 있다. 그 연대의 동기가 명시적 신앙이든 '평범한' 인간애와 연민이든 마찬가지다. 부활을 앞둔 성목요일 전례에서 우리는 이렇게 노래하지 않는가. "애덕과 사랑이 있는 곳에 하느님 계시네."

고통을 종교적으로 해석하는 논문과 학술서는 무수히 많고, 나도 그중 많은 것들을 읽어 보았다. 그러나 어쩌다 열이 펄펄 끓는 몸에서 서서히 그리고 고통스럽게 생명이 스러져 가는 아이 곁을 지키게 되거나, 가족의 사랑과 신뢰를 철저히 배신한 누군가 때문에 세상이 무너지고 가정이 해체된 사람과 함께 있다고 생각해 보자. 그러면 책에 나오는 그 모든 지혜는 한순간에 짐을 잔뜩 싣고 저 먼 곳으로 떠나는 배가 되어 버린다. 그 빛나는 이론들 가운데 아무것도 기억나지 않을 뿐 아니라, 나의 '큰 믿음'까지도 그 배에 실려 시야에서 사라져 떠나가는 것만 같다. 모든 문제에 거침없는 해답을 갖고 언제든 손 닿을 곳에 있던, 똑똑하기 짝이 없던 그 믿음이 말이다. 남은 것이라고는 온통 '왜?'라는 물음으로 가득한 고통받는 이의 눈을 들여다볼 용기를 찾으려 애쓰는 나의 발가벗겨진 '작은 믿음'뿐이다.

그러나 하느님, 저는 모르겠습니다. 정말 모르겠습니다! 그때 비로소 그 작은 믿음은 자신이 할 줄 아는 유일한 일을 한다. 깊이 숨을 들이쉬고, 아직 아물지 않은 상처처럼 고통스럽게 헤집어진 그 모든 물음을 떠안는 것이다. 그런 다음, 단순한 신뢰의 행위로 신비의 깊은 심연 속으로 뛰어든다. 그 안에서는 희망을 **볼 수는 없어도** 적어도 느낄 수는 있다. **저는** 모릅니다. 그러나 **당신은** 아십니다!

11   시야 안에서
               살아가기

예전부터 내 사제관에는 책상 유리 아래 끼워 놓은 사진과 그림들, 컴퓨터 모니터 옆이나 책장 위 액자들에서 나를 바라보고 있는 수많은 얼굴이 있다. 나는 오랫동안 그들에게 둘러싸여 있었다. 그중에는 엘 그레코의 「그리스도」 엽서도 있고, 부모님과 얀 파토치카와 요세프 즈베르지나처럼 학문적·정신적 스승이신 은사님들의 사진도 있다. 내가 좋아하는 성인들의 상본과 내가 가장 존경하고 나에게 가장 큰 영감을 준 사상가들의 초상화도 있다. 철학자 에드문트 후설은, 우리가 사랑하는 이들은 결코 죽어 사라지지 않는다고 했다. 우리는 그들이 **우리 어깨너머로 바라보거나** 우리가 하는 행동에 고개를 끄덕이거나 가로젓는 것을 계속 느낀다. 그렇다. 내가 이 사진들을 여기 두는 것도 그래서다. 그들 앞에 멈추어 서서 이런 상황에서 그들은 어떤 조언을 할까, 지금 내가 시작하려는 일을 어떻게 평가할까, 그들이라면 지금 내 처지에서 어떻게 할까 하고 생각한 적이 많았다.

기도한다는 것은 **내가 보일 수 있음**을 깨닫는 것이다. 그리고 사랑과 존경의 끈으로 나와 엮여 있는 많은 이의 눈길은 **하느님의 뜻을 찾는** 힘든 임무를 해 나갈 때 나를 도울 수 있을 것이다. 실제로, 그들 안에서 나는 하느님의 친밀함을 느끼며 그들과 나누는 내적 대화는 때로는 교회법 조항들이나 윤리신학 입문서들을 뒤적이는 것보다 더 큰 도움이 된다. 교회의 그런 목소리들을 가볍게 여길 뜻은 없지만 말이다.

이 책 원고를 교정하고 있는 지금, 상업 텔레비전 채널들과 인터넷 웹캐스트의 떠들썩한 홍보가 눈에 들어온다. 언젠가 영국과 독일의 텔레비전 화면에서 내 눈에도 띄었던 리얼리티쇼 「빅 브라더」다. 시청자들은 집 안 곳곳에 설치해 놓은 몰래카메라를 통해 하루에도 몇 번씩 '선발된' 출연자들이 대화하고 토론하는 모습, 샤워하고 잠자는 모습까지 볼 수 있다. 이 프로그램이 기록적인 인기를 얻은 비결에는 '민주적' 특성도 일부 있다. 참가자들이 그중 누구를 탈락시킬 것인지 또는 누구를 '생존'시켜서 끝까지 대중을 즐겁게 하고 수많은 팬과 두둑한 상금을 얻게 할 것인지 결정한다. 그런데 그들의 결정에 시청자들이 투표를 통해 영향을 미칠 수 있게 해 놓았다.

이런 부류의 프로그램은 물의와 반대를 불러일으킬 계산속으로 만들어진다. 이를 혹평하는 이들은 곧바로 '이단'으로 비난받는다.

'대중이 원하는 것'이라는 불가침의 원칙을 존중하지 못하는, '현실과 동떨어진' '엘리트주의 지식인'이나 '도덕주의자'라고 손가락질을 받는 것이다. 무엇이 옳은 것인지 알고 있다는 그들의 고귀한 확신 때문에 그들은 민주주의에 대한 잠재적 위협으로 여겨지기도 한다.

그러나 그렇지 않다. 내 입장은 그렇게 자동반사적이고 까탈스러운 도덕주의자의 것이 아니다. 이 프로그램의 바탕에 깔린 **저급함**은 시청자들이 참가자들의 벌거벗은 엉덩이를 슬쩍슬쩍 볼 수 있다거나 그들끼리 주고받는 잡담에 섞여 들려오는 음담패설을 들을 수 있다는 사실보다 훨씬 더 중요한 것에 있다. 진짜 저급함은 시청자들에게 만물을 꿰뚫어 볼 수 있는 눈(全視眼)이 될 기회를 제공한다는 데 있다. 그것은 정말이지 인간에게 어울리지 않을뿐더러 필요하지도 않다.

의미심장하게도 이 프로그램의 제목 「빅 브라더」는 전체주의 사회에 대한 조지 오웰의 유명한 표현인 "빅 브라더가 당신을 지켜보고 있다"는 말에서 따온 것이다. 우리도 공산주의 경찰국가 시절에 그 예언적 성격을 깨달을 수 있지 않았던가. 리얼리티 프로그램은 물론 **또 다른 유형의 전체주의**이다. 조지 오웰의 표현을 하나 더 빌려 오자면, 그것은 사회를 **동물 농장**으로 바꾸는 또 다른 길이다.

전체주의 정부는 외적 압력과 위협, 그리고 폭력과 선동을 통해 사람들을 **동질화**하려고 시도했다. 다른 한편, 연예 산업은 인기와 돈을 대가로 기꺼이 '빅 쇼'의 꼭두각시가 되려는 사람들의 자발적 협력에 힘입어 사람들을 **동질화**한다. 경찰국가와 미디어 창조물이라는 두 빅 브라더는 **만물을 꿰뚫어 보는 하느님의 입장**이 되려고 한다는 점에서 둘 다 바탕은 같다. 내가 충격을 받은 것은 시청자나 제작자, 호평가들 모두 이 프로그램을 외설이 자극적으로 섞인 오락물, 또는 흥미진진한 사회심리학적 실험으로 잘못 인식하고 있다는 점이다. 그러나 이것은 부차적 측면일 뿐이다. 분명, 시청자들을 사로잡고 즐겁게 하는 것은 아마 자기들도 모르는 사이에 '보이지 않는 목격자' 역할을 하는 데 있다.

이 프로그램은 비그리스도교화된 사회에서 일종의 대체 종교의 공동 전례라 할 만하다. 여러 기회에 나는 무신론의 주된 문제점은 '하느님을 믿지 않는 것'이 아니라 그 불신앙의 결과라고, 말하자면 아무 비판 없이 쉽게 상대적 가치들을 절대화하고 하느님 노릇을 하는 것이라고 지적해 왔다. 그러한 멍청한 텔레비전 프로그램들에 종교를 흉내 낸 언어들이 넘쳐 난다는 것은 독특하다. 참가자들은 '선발된 이들'이라 일컬어지고, '고해소'도 있다.

토마시 마사리크는 '영원의 관점 아래서'(sub specie aeternitatis) 살아가라고 촉구했다. 그런데 지금 우리는 몰래카메라의 시야 안에서 살아가는 법을 배우고 있다. 마르틴 부버는 하느님을 '절대적 타자'로 여겼다. 이 오락물은 정반대의 것, 곧 '절대적 그것'을 제공한다. 화면 속 사람들은 전시품이 되고 화면 앞의 사람들은 익명의 대중이 된다. 그 대중의 '**양**'은, 질의 문제를 제기하는 이들을 침묵시키는 역할을 한다. 나는 이 프로그램이 능동적 참가자와 수동적 참가자들을 모두 희한하게 비하하는 게임 같다는 인상을 받았다.

기도한다는 것은 **내가 보일 수 있음**을 깨닫는다는 뜻이다. 숨김없이 — 앞에서도 말했듯이, 이는 '진리'를 뜻하는 그리스어 낱말의 정확한 번역이기도 하다 — 살아가고 있다는 인식은 사람들을 변화시킨다. 그러나 근본적으로 중요한 것은 우리를 바라보는 눈길의 **특성**이다. 하느님의 눈은 '시청률을 높일 만한' 장면을 포착하려고 우스꽝스럽거나 자극적인 상황이나 방심한 순간에 마구 들이대는 카메라 렌즈가 아니며, 우리의 약점과 비위를 캐내려고 엿보며 협박하는 경찰관의 눈도 아니다.

대체로, 우리가 죄를 짓고 우리의 약함에 걸려 넘어지는 것은 '큰일은 아니다'. '개입하지 않으시는 하느님'에 대한 이런 체험은 다양하게 해석될 수 있다. 우리는 이를 '하느님이 보시지 않는다'거나, 심지어 시편 10편에서처럼 '하느님은 없다'라는 뜻으로 받아들일 수도 있다. 이승에서나 저승에서 받을 하느님의 가혹한 벌을 초조하게 기다릴 수도 있다. 이 두 태도는 서로 깊이 연결되어 있다. 많은 이들이 '하느님은 없다'라는 믿음을 그토록 열심히 또 안도하며 받아들이는 까닭은, 그들은 하느님을 지독하게 억압하는 아버지상이나 경찰관으로 상상하고 있기 때문이다.

그 두 개념 대신 그리스도교는 다른 모습을 제시한다. 자비로우시고 우리를 사랑하시는 하느님이라는 모습이다. 우리 죄에 대한 그분의 '침묵'을 꼭 하느님이 존재하지 않는다는 표징으로 해석할 필요는 없으며, 그보다는 하느님의 인내와 기꺼이 용서하려는 뜻의 표현으로 보아야 한다. 용서하시는 하느님의 모습에 대한 다른 해석 방식들, 다른 대응 방식들도 있다. 우리는 하느님을 우리가 언제든 타협하고 이로써 우리 양심을 편안하게 할 수 있는, 그저 착하고 말랑말랑한 존재로 여길 수도 있다. 아니면, 화해의 성사를 통해 해방의 기쁨과 더불어 그분의 용서를 체험하고, 우리 자신에게 책임감 있는 요구를 하고 다른 이들을 기꺼이 용서하려는 관대함을 보임으로써 그분의 관대함과 신뢰에 응답할 수도 있다.

「빅 브라더」쇼가 몇 회 방송되는 동안 나는 고해 사제로서 내 경험을 돌아보았다. 어쨌거나 고해 사제도 사람들의 사사로운 삶을 들여다보도록 초대받으며, 사람들은 '대중'뿐 아니라 종종 가장 가깝고 사랑하는 이들에게도 숨겨 놓았던 것들을 고해 사제에게 털어놓는다. 그러나 근본적으로 다른 점이 여럿 있다. 고해 사제의 눈과 귀는 즐거움을 찾는 익명의 시청자 대중의 감각기관이 아니다. 같은 '나그네 백성'의 동료애 안에서, 같은 신앙 가족 안의 형제자매가 하는 고해에 이해심을 갖고 귀 기울이는 고해 사제의 존재는 '기억'(*anamnesis*)이다. 우리는 우리 삶을 **독백극**으로, 솔로 연주로 살아가지 않는다는, 그래서도 안 된다는 사실에 대한 기억이며 상징인 것이다. 결국, 우리는 우리가 신뢰하고 의지할 수 있는 지극히 사려 깊으신 타자의 현존 안에 언제나 머무른다. 고해 사제는 고해하는 이들이 무엇보다도 하느님 앞에서, 하느님께, 하느님과 함께 그렇게 하고 있다는 사실의 증인이다. 참회자가 자기 양심의 지성소 안에서 먼저 하느님과 조용히 대화 나누지 않는다면 고해는 아무 가치가 없을 것이다. 실제로, 근본적인 것은 바로 이 단계, '완전한 통회의 각성'이라고 일컬어지는 이 내적 회심의 순간에 일어난다고 교회는 가르친다. 물리적 이유나 도덕적 이유로 사제에게 죄를 고백하고 사죄를 받는 것이 가능하지 않다면, 언제나 '완전한 통회의 각성'을 통해 하느님 용서의 희망을 끌어낼 수 있다. 우리 안에서 악에서 멀어지고, 하느님의 자비를 신뢰함으로써 그 자비를 참으로 우리 삶 속으로 들이는 것이다.

니체는 불변의 가치들의 '돌판' 같은 차갑고 엄격한 도덕성을 치우고 대신 '좋은 취향'을 그 자리에 넣고자 했다. 그러나 '뭐든 괜찮다'라는 주의에 따르면서 자극과 **오락**을 유일한 기준으로 삼는 삶의 평범성은 옳고 그름에 대한 감각을 무디게 할 뿐 아니라 뻔해 빠진 **무취향**을 낳는다. 기본적으로 친밀함이 배제된 텔레비전 프로그램들은, 배우들이 '카메라가 켜진' 상태인 것을 깨닫고 있든, 아니면 더 재미있기로는, 그들이 깜빡하고 원래 용납되는 수준의 노출보다 훨씬 더 방심한 채 행동하든, 지루함을 쫓기 위한 오락용이다. 그러나 이런 오락은 다른 마약류들과 똑같은 효과를 낳는다. 이는 의존성을 심화시키며, 중독자는 균형감각을 잃고 점점 더 강력한 약을 점점 더 많이 요구한다.

화해의 성사는 '고해'가 그 구성 요소의 하나인 만큼 고해자에게나 고해 사제에게나 재미를 느끼게 하는 일은 아니다. 그러나 화해의 성사가 제대로 이루어진다면, 해방하는 **기쁨**을 체험할 수 있다. 희망은 천박한 낙관주의와 다르듯, 기쁨은 저속한 재미와는 다르다.

상업적 평범성의 세계에서 금기들은 겉으로만 폐기되고 억눌러진다. 실제로는 엄격한 금기들이 처음부터 끝까지 굳건히 존재한다.

특히 죄의식과 도덕적 책임 같은 주제들에 관해서는 더 그렇다. 그 프로그램 한편에는 참가자들과 진행자가 대립하는 구도가 있는데, '취조 형식 저널리즘'을 은근히 흉내 내고 있다. 진행자가 던지는 물음들은, 신사라면 '지나치게 개인적'이라는 이유로 답변을 거절할 만한 공격적이고 시시콜콜 캐는 것들이다. 여기서 '신사'를 빈말로 여기지 말자. 달리 말하자면, 그런 유형의 공공연한 자기 노출을 천박한 취향과 잘못된 가정교육의 표시로 여기는 문화를 말한다. 그런 대립 구도를 '고해소'라는 이름으로 부르고 있다.

내 생각에, 이런 프로그램의 기획자들은 고해와 화해의 성사를 너무나 이상하게 바라보고 있다. 시청자들의 재미를 위해 남들 보는 앞에서 다 게워 내야 한다고 생각하는 저들이, 만일 자기 상처와 비루함을 고요하고 안전한 기도와 참회의 장소로 가져가서 고백할 수 있는 진정한 용기를 낸다면, 그때 그들은 안도감을 느낄 수 있을까? 말하자면 '유쾌함'의 가면을 벗어 놓고, 있는 그대로 솔직히 털어놓으며, "저는 죄를 지었습니다"라고 말하기를 두려워하지 않으면서 자신의 잘못을 인정하고, 속죄의 길을 걷겠다고 결심하고 회심을 받아들일 용기를 낸다면 말이다.

한때 심리학과 심리치료는 화해의 과정 전체에서 (중요하지만 가장 중요하지는 않은) 하나의 요소, 곧 **고해**의 요소만 뽑아 갔다. 그러고는 그 요소에서 가장 심오하고 본질적인 것, 곧 **'잘못의 인정'**을 빼 버림으로써 고해를 그저 **문젯거리를 말로 표출하는** 은밀한 '잡담'으로 격하시켰다. 텔레비전 프로그램은 고해성사를 하찮은 것으로 만들고, 비난이 곧 돈벌이 상품이 되는 대화 게임으로 둔갑시켰다. 그것이 **규범을 만들어 내기** 때문이다. '텔레비전은 가르치지 않는다'는 선언을 불가침의 교의로 삼는 방송계의 거물들은 솔깃한 교육 방식으로 시청자들에게 영향을 미친다. 사람들은 예능 프로그램에 나오는 한심한 웃음거리들을 우려하거나 그것에 대해 굳이 뭔가를 하려고 할 필요는 없다. 어쨌거나 그게 **정상**이니까!

내가 특별히 좋아하는 성경 구절이 떠오른다. "너희는 다수를 따라 악을 저질러서는 안 된다"(탈출 23,2).

내 서재에는 영국의 위대한 사상가이며 개종한 가톨릭 신자인 존 헨리 뉴먼 추기경의 섬세하고 실감 나는 초상화도 있다. 그는 자신의 책에서 신사에 대한 유명한 정의를 내린 바 있고, 동시대를 산 이들의 한결같은 증언에 따르면 서구 문명, 특히 영국의 신사에 대한 이상을 가장 뚜렷하게 구현한 듯한 인물이었다.

뉴먼이 가르쳤던 곳, 내가 그의 초상화를 구한 곳인 옥스퍼드 대학에서 나는 한때 대학의 원래 목적과 사명을 새삼 깨닫게 됐다. 그것은 주로 뉴먼의 글 덕분이었다. 대학은 정보를 전달하거나 사고 과정을 계발한다는 의미의 '교육 공장'이 되려고 만들어지지 않았다. 대학은 **전인격을 가꾸는** 환경, 학자가 **신사**가 되기 위한 곳이다. 신사란 어떤 환경에서도, 예컨대 그에게 꼭 우호적이지 않을 수도 있는 환경에서도, 또한 남들의 시선에 노출되어 있든 홀로 있든, 자신이 성장한 배경이자 자신이 책임도 지니는 그 문화의 기본 가치들에 충실한 사람을 말한다.

나는 대학이 유럽 사회의 민주화에 크게 이바지한 바가 무엇인지 깨달았다. 대학 공동체 안에서, 귀족적 이상은 발전하여 더욱 영적인 특성을 띠게 되었고 — 높은 신분은 도덕적 의무를 지닌다는 '노블레스 오블리주'의 이상이 크게 강조되었고, '영적 귀족'이라는 이상이 생겨났다 — 한편으로는 **민주화**되었다. 대학 공동체 안에서는 출신 가문이 더 이상 중요한 요소가 아니었으며, 성직자와 평신도를 가르는 직업적 구분도 상대화되었다. '상류 가문 출신'이나 군주의 총애를 받는 이들에 국한되지 않은 점을 빼고는, 대학이라는 명칭이 어느 정도는 귀족 작위에 맞먹는 것이 되었다. 광범한 권한을 지니는 대학 총장은 몇몇 수도회의 옛 전통에 따라 대학 공동체 전체에 의해 **선출**되었고, 대학이라는 도구를 통해 유럽은 지식인들의 자유로운 논쟁이 진리를 발견하는 열쇠라는 것을 배울 수 있었다. 현대의 문턱에서 일어난 긍정적이고 중요한 일들 가운데 많은 것들, 종교개혁과 르네상스 그리고 계몽주의의 유산으로 마땅히 인정받은 것들은 대학 환경에서 나왔고, 대학에서 영감을 받았다.

나는 갈수록 민주주의의 미래가 걱정된다. 정치적·경제적 의미에서 민주주의란 자유경쟁 장치에만 의존하지 않으며 특정한 문화 환경과 특정한 도덕적 풍조에 기본적으로 달려 있다고 확신한다. 이런 것들이 민주주의를 증진하고 강화할 수는 있지만, 그 자체의 구조를 통해 '무에서 민주주의를 창조할' 수는 없다.

이성주의와 자유주의의 탁월한 철학자인 칼 포퍼 경은 자유경쟁 원리가 언제나 수준 높은 결과를 낳지는 않는다는 것을 보여 주는 한 예로 상업 미디어를 들었다. 미디어 경쟁은 어리석음과 저속함을 부추기는 경향이 있다.

민주주의의 존재는 기본적으로 문명화된 전제 조건들과 일정한 교육 수준, 공공 문제에 참여하려는 의욕적인 시민들, 그리고 무엇보다 신사의 이상 안에서 교육받고 있는 일부의 사람들, 말하자면 양심의 가책 때문이 아니라 그러한 가치들을 존중하는 마음이 깊이 배어 있기에 **공명정대함**의 규칙을 준수하는 이들에 의존하는 것 아닐까?

특히 소수를 보호하기 위해서라도, 민주주의가 '다수의 독재', 곧 언론을 이끄는 이들이 '다수의 취향'이라고 못 박아 버리는 그런 것으로 변질되는 것을 막을 길은 없는가? 언젠가 G. K. 체스터턴은 이렇게 재치 있게 표현했다. 민주주의자들은 평범한 시민에게 "당신은 노퍽 공작만큼이나 훌륭하다"고 말하면서 종종 "노퍽 공작이 당신보다 나을 것이 없다"는 '더 인색한 민주적 문장'을 사용한다. 이런 식의 민주주의 발전을 막을 길은 없는가?

물론, 언론의 경우에도 위에서부터의 국가의 개입이나 검열로 돌아갈 수는 없다. 우리는 자유 사회에 살고 있고, 자유의 원리를 되돌릴 수는 없다. 그렇기에 유례없는 '신야만주의'의 맹공격 앞에서 먼저 기선을 제압하기 위한 사회적 분위기 조성과 교육이 그만큼 더 중요해진다. 틀에 박히고 영혼 없는 상투적인 것들을 허물고, 대신 비판적이고 창조적인 독립적 사고를 자극하는 모든 활동이 그만큼 더 소중해진다. 저속한 가치들에 영합하는 포퓰리즘 물결에 용감히 맞서며, 설사 주관적 문화 취향을 남에게 강요하려는 '엘리트주의자'라는 손가락질을 받을지언정 분명한 가치들을 구별하고 주장하기를 두려워하지 않는 일이 그만큼 더욱 귀중해진다. 물론 어떤 것도 억지로 강요할 수는 없으나, 제시할 필요는 있다. 누구도 온전한 진리를 소유하고 있다고 주장할 수 없고, 우리 각자의 가치 선택은 자신의 세계관에 영향을 받지만, 그렇다 해도 내가 도달한 결론을 고수할 권리와 의무는 누구도 앗아 갈 수 없다.

현재 성행하지 않는 다른 여러 영적 학파들의 신봉자들과 마찬가지로, 지금 우리 환경에서 그리스도인들이 논거의 힘이나 개인의 모범 말고는 자신들의 견해를 뒷받침할 다른 길이 없는 처지인 것은 분명 섭리의 활동일 것이다. 그러니 영향력을 미칠 이런 유일한 수단들을 올바르게 활용할 임무에는 막대한 책임이 따른다.

12   폭력이다!

　　　주님, 당신께서 듣지 않으시는데
　　　제가 언제까지 살려 달라고 부르짖어야 합니까?
　　　당신께서 구해 주지 않으시는데
　　　제가 언제까지 "폭력이다" 하고 소리쳐야 합니까?
　　　어찌하여 제가 불의를 보게 하십니까?
　　　어찌하여 제가 재난을 바라보아야 합니까?

　　　　- 하바 1,2-3

주님의 수난을 다룬 미국의 영화 시사회에 초대를 받았다. 개봉 몇 주 만에 박스오피스 기록을 갈아치움으로써 이미 영화사에 기록된 영화였다. 영화가 시작되기 전, 나는 객석을 둘러본다.

객석에서 가장 눈에 띄는 것은 어느 젊은 사제의 정복이었다. 그는 자신이 '인솔해' 온 청년들에 둘러싸여 있었다. 지난 대리구 회의 때 그의 폭넓은 활약에서 풍겨 오던 사상이 어떤 것이었나 떠올리면서 나는 궁금했다. '어디로 가고 있는가?' 그 토론의 주요 안건은 '성체현시 동안 신자들과 묵주기도를 바치는 것이 인정되는가, 용인되는가, 또는 금지되는가'였던 것 같다. 회의에 모인 성직자들은 이 문제를 우리 교회가 직면한 가장 뜨거운 문제로 여기는 것이 틀림없었다. (이 극적인 쟁점이 어떻게 해결되었는지, 회의에 참석한 사제들이 다른 안건으로 넘어가기는 했는지 어땠는지는 모르겠다. 두 시간가량 논쟁을 지켜보다 나는 급한 일이 생겼다고 먼저 자리를 떴기 때문이다. 거짓말은 아니었다. 내 정신 건강을 위해 가까운 선술집에서 맥주 한잔을 꼭 마셔야 했기 때문이다.)

맨 앞줄에는 언론인들, 사람이 많이 모이는 곳에 절대 빠지지 않는 얼굴들이 보였고, 그들과 나란히 체코 극보수주의자 한 사람도 앉아 있었다. 그는 지난 사반세기의 바티칸을 현대주의적이고 이단이 들끓는 적그리스도의 소굴이라고 거부한다. 언젠가 어느 유다인 여성 예술가를 공격하는 그의 글을 읽은 적이 있는데, 그 예술가의 유다인 신분과 여성성을 어찌나 천박하고 저질스럽게 공격했던지, 지금 짙은 안경 뒤로 반쯤은 가린 그의 두루뭉술한 얼굴을 꼼꼼히 들여다보면서 나는 내가 상상했던 꼭 그런 얼굴이라고 혼자 생각했다. 그 사람도 역시 같은 종교의 신자들에 둘러싸여 있었는데 그 모습이 빌리

와일더 감독의 영화 「뜨거운 것이 좋아」에 나오는 '이탈리아 오페라 친구들'이라는 범죄조직 회의를 연상시키기도 했다. 온통 이상한 사람들의 집합소였다. 하느님, 멀쩡한 사람은 하나도 없을까요? 이 사람들은 모두 이미 열광해 있는 것이 분명했다. 결국, 이 자체가 그들의 컬트 영화였다. 영화가 시작되기도 전에 그들은 이미 영화를 좋아하겠다고 굳게 결심하고 있었고, 나는 너무 빨리 그 반대 방향으로 흘러가지 않아야겠다고 결심했다.

첫 상영을 둘러싸고 이른바 반유다주의라는 이유로 시끄러운 반대가 일어났을 때부터 이미 이 영화의 성공은 보장되었다. 현재 예술 시장에는 반발과 물의를 일으키기만 바라는 제작자들의 상품이 수두룩하다. 그런 소란은 즉각 언론의 관심을 끌고 확실한 홍보가 되며, 이는 곧 많은 관객과 수익을 뜻하기 때문이다.[1] 그러나 짙은 안경을 쓴 우리의 반유다주의자께서는 실망하게 될 것이다. 멜 깁슨 감독은 재판 장면에 나오는 단역들에 그다지 호감 가는 인물들을 선택하지는 않았지만, 이 영화는 사실 반유다주의는 아니다. **인종**을 근거로 유다인에 대한 증오를 조장하지는 않는다는 말이다. 이 영화의 전반적 메시지는, 초기 그리스도교 공동체가 회당에서 벗어나 회당과 선을 긋기 시작하고 스테파노 부제가 돌에 맞아 죽는 사건들이 일어나던 무렵의 두 종교의 상호 적대심이 반영된 요한 복음 사상과 맥을 같이 한다. (이런 측면은 유다교 쪽에서도 마찬가지로 탈무드의 일부 대목에서 반영하고 있다.)

이 영화에 관한 글을 이미 많이 읽은 상태였고, 그 자리에 있는 사람들 속에서 (가까이 앉은 몇몇 지인들과 극장 로비에서 알게 된 지극히 정상적이고 똑똑하며 호감 가는 어느 젊은 도미니코회 수도자만 빼고는) 사실 기분도 썩 좋지 않았지만, 나는 열린 마음을 유지하려고 안간힘을 썼다. 영화에서 감독의 몇몇 아이디어들은 실제로 훌륭했다. 배경은 관객을 사로잡았고 배우들도 대부분 아주 적역이었다. 극장 분위기가 무거워지기 시작한 것은, 악명 높은 채찍질 장면, 우리 모두 이미 글로 읽었고, 자신의 정신 회복력이 어느 정도인지 시험하기 위해 어쩌면 무의식적으로 조바심 내며 기다리고 있던 그 장면이 마침내 화면에 잡혔을 때다. 그리고 끝에 이르자 구원자는 피가 뚝뚝 떨어지는 비프스테이크로 변해 버렸다. 감독은 자신이 이전에 피투성이 액션 영화들을 감독하는 과정에서 배운 모든 것을 하느님의 더 큰 영광과 죄인인 관객들의 양심을 찌르는 데 다 쏟아부었음이 분명하다.

내가 이 영화에서 **거슬렸던** 점은 폭력의 수위가 아니라는 것을 깨달았다. 고해 사제로서 나는 이 정도 강도의 고통 — 특히 더 끔찍한 정신적 유형의 — 에 관해서는 너무나 자주 들어 왔기에 스크린에서 고통과 피를 마주하더라도 실신하거나 하지는 않았을 것이다. 내가 거슬렸던 것은 그 영화에 담긴 **그리스도론적 이단**이었다. 바로 우리 주님의 구원 행위가 **영웅적 인간의 행위**로 제시되고 있다는 것이다. 예수는 고통을 탁월하게 견디고 악마와의 싸움에서 수없이 녹다운되면서도 다시 일어나 마침내 승리자의 연단에 당당히 올라서는 전형적인 미국 스타일의 챔피언으로 묘사되어 있다. 우리 주님의 승리와 부활은 앞부분에서 분노하여 자신의 가발을 벗어 던지는 악마의 좌절로 암시되며, 마침내 시신이 꿈쩍이더니 수의를 접어 두고 걸어 나오는 지극히 평범한 부활 이미지로 표현된다. 그리고 관객의 박수가 터져 나온다.

우리가 본 것은 복음이 아니라, 안나 카타리나 엠머릭의 환시를 바탕으로 한 가학피학성 판타지 작품이자 19세기 가톨릭 낭만주의의 컬트 작품인 『우리 주 예수 그리스도의 고통스러운 수난』[2]의 일종의 변형물이었다. 나는 안나 카타리나 엠머릭이 육신과 정신의 병들을 인내심 있게 견디고 단식과 기도로 보낸 일생을 통해 복자품에 올랐음을 의심하지 않는다. 그러나 그녀의 시복 또는 시성이 왜 교회가 (분명 그의 질병에 영향을 받았을) 그의 환시를 '골고타에서 곧장 전해진 르포'로 공식 인정한 것처럼 여겨져야 하는지 그 신학적 근거는 알 수가 없다. 교회는 어떤 인물의 시성이 그들의 행위와 사상과 환시 **전부**를 자동으로 절대적으로 인정하는 것처럼 받아들여지지 않도록 매우 주의를 기울인다. 하물며 널리 칭찬하는 것에는 더욱 신중하다. 성인들 삶의 매혹적인 부분과 더불어 그들의 온갖 비극과 역설을 조금이라도 탐구한 이들이라면 교회의 이런 조심스러운 태도는 전혀 놀라운 것이 아니다.

영화 초창기 시절부터 현재까지 예수님의 삶을 묘사한 영화 백 편 이상을 분석한 논문을 심사한 적이 있다. 그 가운데 많은 영화는 나도 본 것들이었다. 예수 수난에 담긴 복잡다단한 이야기를 스크린으로 옮기려는 시도는 결코 쉬운 일이 아니다. 신약성경 이야기에서 근본적인 것은, 하나의 이야기가 아니라 서로 다른 각도에서 바라본 네 버전이 담겨 있으며 이들 사이의 긴장이 전혀 숨겨지지 않는다는 점이다. 짐 비숍의 베스트셀러 『그리스도가 죽던 날』을 비롯한 여러 비슷한 책들이 했던 것처럼 이 넷을 하나로 조화시켜 복음을 단일한 '다큐멘터리 보고서'로 제시하려는 순진한 시도는 성경 본문을 어떻게 다루면 안 되는지를 보여 줄 뿐이다. 복음은 편견 없는 목격자들이 쓴 다큐멘터리 이야기가 아니라, 구체적 해석을 통해 '우리 희망의 이유들'을 전혀 다른 환경의 사람들도 접할 수 있게 하려는 분명한 의도를 갖고 이야기 형식을 통해 들려주는 신앙고백이다. 복음의 의미와 가치는 그런 사건들의 외적 특징들을 사진처럼 정확하고 세세하게 묘사하는 것과는 전혀 상관없으며, 그 사건들의 (종종 '암시적인') **그리스도론**과 연관이 있다. 말하자면 그리스도는 그의 제자들과 세상에 어떤 의미였는지를 헤아리는 것이다.

다양한 '예수 영화들'이 나와 있고 그중 많은 것들은 '실제로 어떠했는가'를 최대한 정확하게 묘사하려고 노력할 때마다 어설픈 평범한 작품으로 전락해 버릴 수밖에 없다. 그 가운데 내가 가장 높이 평가하는 것은 마틴 스콜세지의 논란 많은 작품 「그리스도 최후의 유혹」이다. '실제로 어떠했는가'에 관한 이야기로 받아들인다면 이 영화는 사실 신성모독이 될 것이다. 그러나 영화의 첫 시작 부분에서 스콜세지는 자신은 '실제로 어떠하지 않았는가'의 이야기를 들려주고 있다고 분명히 밝힌다. 그의 영화는 복음 이야기에 대한 일종의 **부정**을 제시하며, 복음을 다른 말로 바꾸어 이야기하거나 묘사하려고 하지 않는다. 이 영화는 '실제'가 아닌 하나의 환상, 곧 결국은 뿌리쳤던 '유혹'에 관해 말하며, 바로 이 점에서 복음 묵상을 위한 좋은 자극제가 된다.

이와 대조적으로, '파스카 사건의 영화화'를 꾀하려는 영화들, 골고타를 회고하는 다큐멘터리 르포를 지향하며 '복음의 충실한 묘사'가 되고자 하는 영화들은 실제로는 복음이 아니라 영화 제작자와 그의 시대를 묘사할 뿐이다. 그러나 이런 면에서 아주 흥미로운 '예수 영화들'도 있다. 파솔리니의 영화 「마태오 복음」은 1960년대의 좌익 사회의식 분위기를 반영하며, 「지저스 크라이스트 수퍼스타」는 '히피족'들의 젊은이다운 반체제 정신을 보여 준다. 그런가 하면 「몬트리올 예수」는 소비사회의 위선과 그것에 순응하는 교회의 방식에 대한 비판이다. 「그리스도 최후의 유혹」도 포스트모더니즘의 도발적인 **해체론**과 전통적 주제에 대한 '대안적 해석'으로서 역시 이 부류에 끼워 넣을 수 있다.

물론 그런 관점에서 멜 깁슨의 영화를 평가하면, 그 유혈과 폭력에도 불구하고 이 영화는, 전통주의 가톨릭 신자이며 '액션 영화의 거장'인 감독 개인에 대한 증언일 뿐 아니라 '9·11 테러 이후 시대'인 **우리 시대에 대한 증언**으로서 가치가 있다.

우연히 맨해튼에서 그 사건을 직접 목격했던 사람의 말에서 나는 테러 현상을 이해할 귀한 열쇠를 얻었다. 2001년 9월 11일 아침, 그녀는 처음에 일종의 기시감을 느꼈다고 했다. 수많은 다른 미국인처럼 자신도 매일 저녁 텔레비전 화면에서 익숙했던 세계, 즉 쌍둥이

빌딩의 붕괴 장면이 등장하곤 하는 공포 영화의 세계가 현실이 되었고, 이 현실이 나머지 현실을 집어삼키고 있는 것 같았다는 것이다.

나는 미국인 대부분이 9·11의 진정한 메시지를 잘못 알아듣고 이를 '테러와의 전쟁'이라는 야단법석과 급조된 대체 목표들로 덮어 버린 것은 아닌지 걱정스럽다. 빈 라덴은 저 멀리 아라비아사막에서 온 '사악한 무슬림'이라기보다는, 미국인의 상상력이 온갖 다양한 킹콩들과 괴물들을 통해 오랫동안 재미 삼아 즐기고 연예 산업이 오래전부터 길들인 파괴와 무력이라는 악마의 화신임을 깨달은 이들은 거의 없는 것 같다. 그러나 이제 그 '그림자'는 다시 자란 머리카락과 함께 힘을 되찾은 눈먼 삼손처럼 행동하기 시작했다. 빈 라덴을 키우고 그에게 영감을 준 것은 쿠란이라기보다는 할리우드 영화였음을 지적한 사람은 유럽의 어느 언론인 한 명뿐이었다. 내가 어릴 때 처음으로 보았던 영화가 기억났다. 「장난감 나라의 혁명」이라는 영화다. 우리는 지나치게 자신만만한 사회가 지루함과 공허함을 쫓아내기 위해 — 멍청하고 잔인한 어린이용 텔레비전 프로그램들이 전 세계로 수출되기 시작한 이후부터 — 오랫동안 만지작거리고 놀아 온 '공포 정신'의 혁명을 보고 있던 것이 아닐까? 지나치게 이성적이며 성공과 힘에 집착해 온 이 사회는 오랫동안 광기와 폭력의 악마에게 홀려 있었고, 그 악마가 여기저기서 살인마 양성 학교 학생이라는 실체로 나타난 것은 아닐까? 그리고 우리는 이러한 폭력성을 '집단의식', 곧 어른들을 위한 텔레비전 동화라는 가상 세계에서 백주의 거리로 끄집어내 줄 꽤 이국적인 누군가를 찾고 있던 것은 아닐까?

아랍 국가들에서 온 광적이고 전문적인 살인마들에게 변명의 여지를 주거나 우리 쪽 사람들을 자학적으로 공격하려는 뜻은 아니다. 그러나 '테러와의 전쟁'이라는 위험한 은유가 처음 등장했을 때, 나는 미국에서, 또는 서구 전체에서 누군가 책임 있는 사람이 나와, 체코 시인 얀 자라드니체크가 했던 것과 비슷한 예언적인 말을 해 주기를 내심 기대했다. 그는 공산주의의 암울한 시작 직전에 이런 시를 썼다.

내 이웃, 내 형제,
증오의 추한 색으로
세상을 칠하는 이는 누구든
자기 마음만이 아니라 우리 마음도 그의 붓으로 적실 것이니 …
우리는 고발한다. 그러나 피고석에는 우리 자리도 있다.

멍청한 미 국방부 장군들의 으스대는 태도와 "우리는 두 차례의 세계대전과 냉전에서 승리했고 이 전쟁에서도 곧 이길 것" 따위의 말들은 당연히 정치인들의 뜨거운 반향을 얻었다. 언론인들도 마찬가지였다. 무턱대고 얄팍한 상투어를 즐겨 쓰는 그들은 용감하게 비판적 물음들을 제기하고 새로운 '빅 브라더'를 환호하는 폭죽놀이에 합류하는 대신 상황을 조금 다른 각도에서 바라보려고 노력하는 '지식인들'의 목소리를 윽박질러 제압하기를 좋아한다. (언론인들은 '지식인'이라는 말을 욕설의 표현으로 둔갑시키는 데 선수들이다.)
내 생각에, 진정한 '미국의 구원'은 이라크 십자군 원정 같은 군사

12 폭력이다!

작전보다 그 나라 문화에 배어 있는 **힘과 폭력의 숭배**에 대한 자기비판적 성찰을 통해서 훨씬 더 잘 이루어질 것 같다. 그러나 그 성찰 결과는 몇몇 기사들의 열변보다는 훨씬 더 많아야 한다. 도덕적·문화적 영향력을 행사하는 이들이 **흐름을 변화**시키기 위해 노력하는 일이 필요하다. 전반적 사회 분위기를 더 낫게 만드는 데 조금이라도 영향을 미칠 수 있는 길들을 찾아야 한다. 서구 사회는 '전 세계로 퍼져 나가고' 있고, 종종 가장 문제적인 모습으로 전파되기 때문이다.

9.11 이후 너무나 자주 들어 온 "그들은 왜 우리를 싫어하는가?"라는 물음을 분노 대신 냉정함으로 던져 보고, 그 동떨어진 세상에서 우리가 어떻게 인식되고 있는지, 또 우리 문화의 어떤 측면들이 그들의 그런 인식의 근거가 되는지 바라보기 위해 실질적으로 노력한다면 매우 유익할 것이다. 그들은 서구에 대해 지나치게 부당한 (종종 우리로서는 이해할 수 없는) 편견을 지니고 있는가? 어느 정도는 그렇다. 그러나 어쨌든 그런 태도는 이쪽 사람들 대부분이 그들을 향해 가지는 편견과 대칭을 이룬다.

낯설고 동떨어진 다른 문화에서 불쑥 나타난 이들이 사실은 우리 앞에 거울을 세워 놓고 있는 게 아닐까 하는 불편한 물음을 우리 서구인들 스스로 던져야 하지 않을까? 그러면 터무니없는 편견들이기는 하지만 그들이 우리에게 느끼는 두려움과 증오의 이유를 조금이라도 이해할 수 있지 않을까? 그들이 우리를 동맹으로 여겼을 때 우리가 전수해 준 군사기술보다 더 많은 것을 그들은 '우리에게서' 받아 간 것은 아닐까?

여전히 미국에서는 복잡한 물음들을 좋아하지 않는 세력들, '테러와의 전쟁'을 단편적으로 해석하며 자신들이 지금 그 전쟁에서 얼마나 형편없이 지고 있는지 인정하지 못하는 세력들이 주도권을 쥐고 있는 것 같다. 단순한 확실성을 선호한다는 것을 감추기 위해 종교적·그리스도교적 언어를 동원하는 일부 지도자의 모습은 몹시 유감스럽다.

나는 이 상황에 대한 진정한 그리스도교다운 반응이 나오기를 여전히 기다린다. 제리 폴웰이나 팻 로버트슨 같은 텔레비전 '복음주의자들', '기독교 우파'와 '도덕적 다수'[3]의 공허하고 진부한 말들을 들을 때마다 나는 그들의 길은 옳은 길이 될 수 없다고 확신한다.

'멜 깁슨이 전한 복음'이라는 신심 공포 영화를 보며 가장 잔인한 채찍질 장면의 부담감을 덜어 낼 유일한 방법은, 땀을 뻘뻘 흘리는 스태프들이 카메라 뒤에서 빨간 물감이 가득 찬 양동이들을 옮겨 오고 감독은 야구 모자를 흔들며 "더, 더 많이!"라고 외치는 모습을 상상하는 것이다. 그러나 사실은 그런 피바다가 나머지 다른 것들보다 더 현실감 있었다. 감독은 복음 각본이 아니라 우리의 일상 현실에서, 실제로 우리 주변에서 **지금 일어나고 있는** 사건들에서 그것들을 '퍼 담았다'.

감독은 구세주의 피와 헤집어진 상처 앞에서 **죄의식**을 불러일으킴으로써, '다 **내** 죄 탓이야!'라는 **뉘우침**과 **회심**으로 이끌고 싶었던 것 같다. 감상적인 후기 낭만주의 신심도 그런 야심이 있었지만, 그 뿌리는 이보다 훨씬 더 깊었다. 그것은 특정한 유형의 그리스도교 신학과 영성의 열매였다. 오늘날 예수의 수난을 그런 식으로 묘사하는 것은 일부 남침례 교단에서 특히 자주 보인다. 언젠가 나는 빌리 그레이엄의 끔찍한 설교를 들은 적이 있는데, 그는 버릇없이 구는 자녀들에게 자신을 대신 채찍질하라고 다그쳤던 일화를 들려주었다. 그의 의도는 우리 죄 때문에 우리가 마땅히 받아야 할 벌을 구세주께서 어떻게 몸소 짊어지셨는지 자녀들에게 생생하게 보여 주려는 것이었다. (프라하의 야라 치므르만 극장에서 본 어느 촌극에서, 교사가 학생들에게 "어린이 여러분, 여러분이 오늘 너무 못되게 굴었으니 선생님도 늘 피우던 담배를 오늘은 피우지 않겠어요. 울지 마세요. 이건 다 여러분 잘못이랍니다!"라고 말하던 장면이 절로 떠올랐다.)

사실은 이렇다. 미국 전역에서 수백 건의 회심이 선언되었다. ("미국인들은 하루에도 몇 번씩 회심하고는 하지요." 내 동료 하나는 웃으며 이렇게 말했다.) 그리고 (딱하게도 몇몇 가톨릭 수도회를 포함하여) 모든 교파의 성직자들이 그 영화의 복사본을 대량 주문했다.

그러나 이것이 파스카 신비를 다루는 길인가? 진정 이것을 위해 예수님께서는 십자가를 몸소 짊어지셨고, 바오로는 십자가와 부활의 메시지를 온 우주 역사의 결정적 순간으로 세상에 제시했는가? 이것이 우리가 성찬례를 거행할 때마다 "주님께서 오실 때까지 주님의 죽음을 전하며 부활을 선포하나이다"라고 말하면서 선포하는 신비, "주님 수난의 기념제를" 지낼 때마다 선포하는 그 신비인가?

오히려 이것은 그리스도교 이전 시대로의 회귀 아닌가? 그것도 고대 그리스 비극의 카타르시스보다는, 로마 경기장의 흥청망청하는 짓거리나 피 흘림의 제사가 있던 세계로 복귀하는 것 아닌가? 이 사악의 목 위로 쳐든 아브라함의 손을 천사가 제지했을 때 영원히 끝난 줄 알았던 그 세계로 말이다.

주님 수난기를 봉독하거나 십자가의 길을 함께 묵상하며 걸을 때, 나는 신자들을 '말랑말랑하게 만들거나' 그들의 심금을 울려 예루살렘에서 눈물 흘리던 이들과 비슷한 감정을 불러일으키면서 그들을 그리스도의 고문관 역할로 몰아넣을 마음은 전혀 없다. (복음서들에 따르면 예수님은 십자가 죽음으로 향하던 길에서 눈물 흘리던 이들을 꾸짖으셨다.) 저급한 자극들로 감정의 분출을 부추기는 것은 파스카 메시지가 우리를 초대하는 그 길을 열어 주기보다 오히려 가로막을 위험이 있다. 물론 그 길은 우리의 '마음'으로 이끌리는 길이지만, 성경적 의미에서 마음이란 감정이나 감상이 아니라 깊은 이해를 뜻한다.

멜 깁슨의 영화는 지나치게 추상적이고 기교 넘치는 설교들에 대항하는 유익한 해독제는 될 수 있을 것이다. 그런 설교들에서 대체로 실제 수난 이야기는 지나치게 지적이고 치밀한 신학적 도식 사이에서 길을 잃고 만다. 가톨릭 신자라면 안셀무스의 구원 경륜적 법적 대속代贖 이론에 관해 들어 보았을 것이다. 안셀무스에 따르면 구원은 아담의 원죄 이후 인류에 대한 법적 권한을 획득한 사탄에게 몸값으로 치러진 것이며, 하느님을 모독한 죄에 상응하는 보상이다. 분명 멜 깁슨이 영감을 받았을 중세의 수난 연극들이나 보혈 공경 관습은 어쩌면 지나치게 추상적인 이런 신학적 구원 경륜 개념에 대한 잠재

의식적 반발이거나, 날것 그대로의 이야기에 다시 주목하려는 시도일 수도 있다.

그러나 이야기를 다시 들려주려는 멜 깁슨의 시도는, '피비린내 묘사'와 폭력의 마법에 순순히 사로잡힌 것이 패착이 되어 완전히 '이야기에서 빗나가' 버렸다. 적어도 내가 보기에는 그랬다. 그래서 이야기는 어디에 착륙했는가? 우리 시대 속으로 들어왔다.

「패션 오브 크라이스트」류의 영화들은 일종의 **설교**가 되려고 노력하기도 한다. 실제로 그렇기도 하다. 설교란 성경 본문과 우리의 세상 경험 사이에 '다리를 놓기' 위한 것이다. 말하자면 설교는 성경과 우리 삶이 서로를 해석하는 '**해석학적 연결 고리**'를 북돋우기 위한 것이다. 그런데 그 영화에는 파스카 메시지의 무엇이 남아 있는가? 피범벅과 모든 것을 견뎌 내는 영웅이 있고, 결말에는 소생한 육신이 있을 뿐이다. 그것이 그리스도에 관해 무엇을 말해 주는가? 폭력이 넘쳐 나는 우리 세상을 위해서는 무슨 전망을 제시하는가?

불교도들이 — 심지어 스즈키⁴처럼 현명하고 박식한 사람도 — 그리스도교는 폭력에 매력을 느끼는 것 같다거나 자신들은 잔잔한 미소를 띤 부처님이나 모실 높은 연단에 그리스도인들은 고통의 끔찍함을 올려놓는다고 지적하는 말을 처음 들었을 때, 나는 이 문제에 관한 한 동양은 우리 그리스도교와 우리의 상징들에 대해 깊은 오해를 하고 있다고 생각했다. 그런데 바이에른 지역에서 학부모들이 학교에서 십자고상을 철거해 달라고 항의한다는 소식을 들었다. 자기 자녀들이 무시무시한 장면을 억지로 봐야 한다는 것이 이유였다. 이 소식을 처음 들었을 때, 그리스도교 문화에서 자란 사람들이 어떻게 그렇게 십자가의 메시지를 도통 이해하지 못하는지 믿을 수가 없었다.

그리스도교는 결코 **폭력을 미화하지 않는다**! 폭력이 우리 세계의 중요한 한 부분이고 우리 주님도 그것을 피하지 않으셨다는 현실을 삭제하지 않을 뿐이다. 그러나 그리스도교는 폭력이 **마지막 말이 아니고 그렇게 되어서도 안 된다**고 말하며, 예수님께서는 폭력을 쓰거나 용납하기보다는 폭력을 통해 죽임당하시도록 당신을 내어놓는 편을 택하셨다고 말한다. 그리스도교 신앙은, 그리스도께서 몸소 폭력을 짊어지신 이후 폭력은 더 이상 끔찍한 부조리로 존재하지 않고 그리스도께서 당신 고통과 죽음에 부여하신 의미를 통해 내적 변화를 겪었다고 말한다. 십자가는 폭력과 고통과 죽음의 '표현'이 아니라 "죽음보다 강한" 사랑에 관한 메시지다. 십자가는 죽음 자체를 상대화하고 조롱하는 희망의 힘을 설파한다. "죽음아, 네 승리가 어디 있느냐? 죽음아, 네 독침이 어디 있느냐?"(1코린 15,55).

십자가의 의미를 이런 식으로 왜곡하고 이 상징을 그 맥락에서 잘라내 비틀 수는 없다! 복음은 십자가 이야기를 고통과 공포 그 자체가 목적이자 짜릿한 쾌감을 주는 그런 공포 이야기로 들려주지 않는다. 십자가와 고통의 표상은 더 넓은 지평을 향한다. 그리고 그것이 십자가의 모든 의미다!

멜 깁슨의 영화를 보면서 나는 십자가와 고통과 피가 지나치게 중심에 놓이는 바람에 파스카 메시지의 더 넓은 맥락과 지평을 가리키지 못하고 오히려 가리고 있다는 인상을 받았다. 그래서 이런 생각도 들었다. 바로 그 때문에, 이 영화는 본의 아니게 우리 시대에 관한 깊이 있는 설명이 된 것은 아닐까? 폭력이 그 자체로 목적이 되어 버리고 오롯이 자신만을 기준으로 삼으면서 매혹적으로 비치는 이 시대 말이다.

폭력적인 죽음은 언제나 끔찍하지만, 처형과 전쟁은 그 공포에도 불구하고 적어도 특정한 목표를 가지고 있었다. 적진의 영토 공습과 이에 따른 예측 가능한 대규모 민간인 사상死傷은 살육의 역사에서 일종의 장벽을 깼다고 하겠으나, 이러한 작전들도 비록 정당화하기는 어렵지만 일정한 논리를 갖고 있었다. 최전선, 우리 영토, 적의 영토 사이에는 여전히 구분이 있었던 것이다. 그러나 **누구든**, 자신의 정치적 동료, 같은 종교 신자들, 동포들, 심지어 자기 아내와 자녀들까지도 지나다닐 수 있는 국제도시들의 번잡한 장소들에 폭탄을 놓는 자살 폭탄 테러범들 때문에 이제는 **온 세계가 적의 영토가 되었다**. 순교 전통을 이렇게 왜곡함으로써 지상에 지옥을 건설하는 이들, 그들이 일으키려는 낙원은 대체 어떤 낙원인가? 2004년에는 테러리스트들이 한 학교를 목표물로, 학생들을 인질로 삼았다. '악마 같은'이라는 낱말이 아직 우리에게 어떤 의미를 지닌다면, 나는 그런 행위를 가리키는 데 이 낱말을 쓰는 것에 우리가 조금의 가책도 느낄 필요가 없다고 생각한다.

'악마의'라는 말은 '거룩한'의 반대말임을 잊지 말자! 몇 해 전에 폭력의 매혹과 가학증의 기원에 관한 눈에 띄는 연구를 읽은 적이 있다. 마르키 드 사드의 작품에 관한 논문이었다. 거기서 저자는 다음과 같이 지적했다. 종교가 '이성과 도덕'의 영역과 동일시되었던 계몽주의 시대에, 이성을 사로잡는 **두렵고도 매혹적인 신비**(mysterium tremendum et fascinan), 곧 **거룩한 것**(numinous)은 폭력과 성이라는 두 도피처로 물러났다.

아마도 이런 객관적 견해는, 우리 문명에서 외설적 이미지들과 영화 촬영술과 컴퓨터 기술의 속임수들을 통해 밤마다 수많은 이들의 무의식 속에 쏟아부어지는 이야기들이 왜 성과 폭력을 중심으로 돌아가는지 그 까닭을 이해하는 데 도움이 될 것이다. 거룩한 것에 대한 감각을 잃어버린 사람들이 여기서는 이성적인 것의 영역 밖으로 나가 일상의 단조로움에서 벗어나고 약간의 황홀감을 맛볼 가능성이 있음을 무의식적으로 감지한다. '예행연습처럼' 살상의 재미를 맛보여 주는 컴퓨터 게임에 빠져 날마다 몇 시간씩 기이한 정신적 자위 행위에 쏟아붓는 아이들의 눈동자를 한번 들여다보라!

따분한 일상의 압박, 고정관념과 권태감의 위협, 모든 것이 쉬이 김빠지리라는 경험, 이 모든 것이 실험을 점점 더 확대하라고, 어제까지만 해도 확실한 경계였던 것을 부조리를 향해 훌쩍 넘어서라고 부추긴다. 그리고 게임이 단순한 게임의 경계를 넘어서는 순간이 온다. 살인의 전율, 오락 삼아 컴퓨터 게임으로 수천 번 맛보았고 공포 영화나 액션 영화를 숨죽이고 멍하니 보면서 느낀 그 전율이 극도로 흥분된 공상 세계에서 빠져나와 이제 가상 세계와 현실 세계 사이의 불확실한 경계를 넘나든다. 폭력이 학교와 거리에서 춤추고, 모든 이를 게임 속으로 끌어들인다. 살인자 역할과 피해자 역할은 서로 바뀔 수 있고, 심지어 쉽게 결합할 수도 있다. **뭐든 가능하다!**

물론 이런 폭력의 고통에 대한 만병통치약은 내게 없다. 우리 세계의 이런 상처를 내 십자가의 길 묵상에 담을 따름이다. 이따금 이 기도 시간에 눈을 감고 있으면, 멜 깁슨 영화에서 자극적으로 사람을 끌어당기는 폭력 장면들이 떠오른다. 아니다, 내가 믿는 예수님은 할리우드 영웅이 아니다. 그분은 고통의 화형대의 챔피언이 아니다. 그분의 부활은 카메라 렌즈로 포착될 수 없다. 부활은 훨씬 더 깊은 차원, 희망이라 불리는 실재의 그 파괴할 수 없는 차원에서 일어난다.

독일 시인 게오르크 뷔히너는 고통을 "무신론의 암초"라 했다. 고통을 맞닥뜨리는 많은 사람이 '하느님 가설'을 자신의 세계관에서 지워 버려야겠다는 결론에 이른다. 좋다, 지워 버리자. 그러나 그것이 세상에서 고통의 정도를 줄이는 데 어떤 도움이 되는가? 아니면 그저 희망의 힘을 앗아 가고, 악이 외부 세계에서 승리할 뿐 아니라 인간의 마음마저 냉소와 절망으로 망가뜨릴 기회를 주는 것은 아닌가?

폭력의 악과 고통과 냉소에 맞서는 싸움에서 인간의 동맹이 될 수 있는 믿음은 구질구질한 설명을 쏟아 내서는 안 된다. 그보다 믿음은 희망의 빛을 비추어야 한다. 희망은 하느님께서 당신 피조물에게 주신 선물이며, 현실을 영원히 열린 결말로 인식할 수 있는 능력이다.

십자가의 길은 폭력과 죽음의 세력을 피하지 않으셨던 분께서 당신 어머니의 품 안에, 그런 다음에는 대지의 품 안에 안기는 장면에서 끝난다. 그러나 "하느님께는 모든 것이 가능하다"는 것을 믿었던 마리아는 그 어둠의 순간에도 희망의 등대가 된다. 온갖 예상을 거슬러, 심지어 이 순간에도, 마리아는 하느님께서 아직 당신의 마지막 말씀을 하지 않으셨다고 믿는다.

현대에 들어서는 전통적인 십자가의 길 14처 뒤에 제15처로 부활 장면을 덧붙이는 작품도 많다. 개인적으로 나는 전통적인 14처를 선호한다. 그것은 우리가 아직 '이야기 중반'에 있으며, 부활은 단순히 그다음 처가 아니라 우리가 희망의 태도 안에서만 들어갈 수 있는 전혀 다른 차원임을 나타내기 때문이다. 그러나 바로 그 희망이 이 이야기 전체를 이해할 열쇠가 된다.

우리가 마침내 부활 이야기를 죄책감을 불러일으키는 피범벅 이야기가 아니라 우리의 선포를 통해 희망의 전파력을 분명하게 드러내는 방식으로 이야기하는 법을 알게 될 때, 그때 사람들도 메시지를 이해하고 벽에서 십자고상을 떼어 내야겠다는 생각을 더는 하지 않을 것이다. 우리가 마침내 그 메시지를 설득력 있게 **살아 내는** 법을 배울 때, 그때 폭력은 영화상에서든 현실에서든 **마지막 말이 될 수** 없을 것이고 그렇게 되지도 않을 것이다.

13   요나의
         표징

'교황 요한 바오로 2세 선종.' 월요일 아침, 나는 런던행 비행기에 앉아 옆자리에 놓인 모든 신문 1면 기사의 이 제목을 읽고 또 읽고 있었다. 토요일 저녁 교황의 선종 이후 여러 뉴스와 다양한 논평들을 이미 들었지만 여기서 처음으로 '활자로 찍힌' 문장을 보고 있었다. 그리고 이 낱말들을 보면서 내 안에 솟구치는 감정들과 기억들, 꼬리를 무는 생각들의 물결들을 그저 말없이 바라보는 관찰자가 되려고 애쓰고 있었다.

내가 그의 이름을 처음 언급한 것은 첫 미사를 집전하는 감사기도에서였다. 오전 일곱 시, 에어푸르트에 있는 우르술라회 수녀원 성가대 경당의 굳게 닫힌 문 뒤에서 비밀리에 내 사제 서품식이 끝난 뒤였다. 그 이름에서 '신선한 향기'를 느끼는 것은 비단 나만은 아니었다. '동방 출신 교황' 선출이라는 놀라운 소식이 전해진 직후였다. 그랬다. 나는 가톨릭교회 전체로 보아도 그의 교황 재임 중 거의 최초로 서품된 사제였다. 내 첫 미사(prima missa)가 끝나고 나서 나는 주교님과 함께 교회의 새 수장의 장엄 즉위식 중계를 보러 갔으니 말이다.

새 이름, 새 얼굴, 새로운 정신이었다. 교황의 첫 설교 **'두려워하지 마십시오!'**는 시급하고 활력 넘치는 도전이었고, 전 세계 십 억 로마 가톨릭 신자들만을 향한 것도 아니었다. '지하'에서 사제직 사명을 시작하기 위해 몇 시간 안에 경찰국가로 돌아가야 하며, 끝을 알 수도 예측할 수도 없는 인생의 이 새로운 국면에서 닥쳐올 모험과 위험들에 대한 생각을 떨치려 애쓰던 새 사제에게, 그 말들은 매우 직접적인 메시지의 울림을 지니고 있었다.

그 뒤로 16년이 넘는 시간 동안 모든 미사에서 거의 매일 나는 **"우리 교황 요한 바오로"**의 이름을 언급했고, 시간이 갈수록 그 이름은 내게 더 친밀하고 소중하게 다가왔다. 그분을 처음 만난 베를린 장벽 붕괴 전야였던 1989년 11월 이후에는 그 이름이 더욱 친밀해졌고 그 이름을 부를 때마다 그날의 만남이 떠올랐다. 그 이후로도 내 기억 속에는 성 베드로 대성당 앞 광장으로 창문이 나 있는 식당에서의 많은 만남과 대화들이 차곡차곡 쌓였다. 그러니 그 이름은 그의 긴 교황 재임 기간과 정확히 일치했던 내 사제 생활 내내 나와 함께했다. 나에게 그는, 단순히 다른 이들이 감사기도에서 부르는 "우리 교황 요한 바오로"가 아니라 나의 인생사와 신앙과 희망과 독특한 정서적 연결

고리를 지닌 '**나의** 교황'이기도 했다. 어제 주일에 나는 처음으로 그의 이름을 말하지 않고 미사를 집전했다. 감사기도에서 그 침묵의 순간 내 심장은 잠시 멈칫했고, 티 내지 않으려 무척 애썼지만 뭔가가 내 안에서 죽어 버린 듯 목소리가 갈라졌다.

    그의 교황직의 위대한 순간들을 모두 기억한다. 사상 검열의 장벽을 통과한 뒤 어렵사리 뒤늦게 우리에게 도착한 그 뉴스들은 점점 더 큰 소리로 울리는 격려의 신호가 되었다. 바르샤바 광장과 크라쿠프의 목초지에서 수많은 군중 가운데 서 있는 교황이었다. 1979년 성령강림대축일, 그것은 진정한 성령강림이었다. 교황은 모든 이가 곧바로 이해한 언어, 자유와 희망의 언어로 이야기했다. 반면에 공산주의 선동에서 쓰이던 신언어(Newspeak)와 기교 언어(Ptydepe)[1]는 그때 이후로 잊혔고, 오랫동안 닫혀 있던 방의 창문이 마침내 열렸을 때 군내가 빠져나가듯 그렇게 흩어졌다. 요한 바오로 2세의 첫 독일 방문에 얽힌 내 독일인 친구들의 이야기가 떠오른다. 교계 지도자들에 대한 특유의 비판적 태도 — 당시의 나는 전혀 이해가 안 갔고 그래서 몹시 불쾌했다 — 를 지닌 진보 가톨릭 신자들은, 가까이에서 접해 보면 교황이 어떻게 그의 진정성과 확신으로 사람들의 마음을 얻는지 보여 주는 증거가 됐다. 독일 성 대 알베르투스 무덤 앞에서, 그리고 파리 유네스코 총회에서 유럽 지식인들에게 한 연설들도 기억한다. 그 탁월한 연설들을 내가 얼마나 공감하고 동의하며 읽었는지 모를 것이다. 얼마나 많은 사람이 돌려 보았는지 모를 만큼 손때 묻은 지하 출판물로 비밀스럽게 돌던 연설문이었다. 아시시에서 열린 세계종교

지도자들의 첫 모임 사진이 내게 끼친 영향도 결코 잊지 못할 것이다. 나는 체코의 포차트키에서 멀지 않은 들판에서, 밀반입된 잡지로 그 사진을 처음 보았다. 교황은 달라이 라마, 이슬람 최고 지도자, 유다교 최고 라삐와 손을 맞잡고 있었다. 인류의 기억에서 결코 지워지지 않을 획기적 사건들과 같은 시대에 살아갈 수 있음에 감사했다. 잠겨 있던 문이 천 년 만에 열리는 순간들이었고, 그 문은 아무도 다시 닫지 못할 터였다.

처음에는 전 세계적으로 뜨겁던 대중의 반응이 차갑게 식은 뒤, 교회의 양쪽 진영 모두에서 교황 머리 위로 퍼붓기 시작하던 비판들에 내가 얼마나 마음 아팠는지도 기억한다. 교회의 한쪽에서는 (특히 타 종교 포용과 관련하여) 그가 너무 나갔다고, 또 다른 쪽에서는 그가 반동분자라고 비판해 댔다.

1989년에 내 인생, 내 사제 직무, 내 세계관은 새로운 배경을 맞이했고, 내 경험의 지평도 확연히 넓혀졌다. 그 새로운 경험의 결과, 교회에 열정적이고 헌신적이었던 내 태도도 다소의 실망과 상처로 사그라들었다. 포위된 요새에서 사는 사람들, 곧 자신들의 전투 의식을 꺾을 만한 것들에는 거의 무의식적으로 저항하는 사람들보다, 자유로운 상태로 살아가는 사람들은 현실을 다각도에서 인식하고 자신의 교회와 그 지도자들을 향해 비판적 태도를 지닐 능력도 더 크다는 것을 깨닫기 시작한 것이다. 공산주의에 단호히 반대하는 우리가 전체주의 사회의 서슬 퍼런 분위기, 결국엔 통치자와 피통치자 모두를 괴롭히는 환경 속에 묻혀 살아가면서 얼마나 많이 망가졌는지 나는 차츰 인정할 수밖에 없었다. 나는 관료주의와 경찰이 지배하는 공산주의 제국 세계의 폐허 위에서 사회와 교회의 상처와 마비가 서서히 치유될 때까지, 아마도 새로운 세대가 올 때까지 기다리는 기술, 곧 인내를 배웠다. 그리고 여전히 배우고 있다.

나는 양극 체제의 붕괴 이후 융합된 세계의 영적·도덕적 딜레마를 다룬 요한 바오로 2세의 분석을 자주 되돌아보고는 한다. 그의 회칙 『백주년』Centesimus annus, 그 가운데에도 **인간과 사회생태학**에 관한 대목들은 환경의 사회적·문화적 구조를 돌볼 필요를 지적하고 있는데, 이는 참으로 건강하고 성숙한 인격의 양성에 필수적이다. 언론은 언제나 주로 성性과 관련된 제한적인 쟁점들에 혹해서, 대놓고 여론의 관심을 요한 바오로 2세의 이런 핵심 사상이 아닌 주변적인 문제들로 이끌었고 나는 이 점이 마뜩잖았다. 심지어 언론은 그의 신학적 인간학의 맥락을 무시한 채 메시지 일부만 뚝 잘라 내어 희화화하거나 하찮아 보이게 만들기도 했다. 선정적 언론뿐 아니라 수많은 유명한 지식인 논평가들도 카롤 보이티야에게 '동방에서 온 보수주의자'라는 가면을 뒤집어씌우려고 애썼다. 그러나 그들이 하는 말 속에서는 내가 정독한 본문들의 저자, 또 여러 차례 직접 만나 대화했던 사람의 특징들을 전혀 발견할 수 없었다. BBC 논평가 한 사람은 요한 바오로 2세의 죽음에 대한 전 세계적 반응, 특히 젊은이들의 반응에 충격을 받은 듯, 보기 드문 비판적 자기 성찰의 태도로 내게 이렇게 말했다. "우리가 그분을 완전히 잘못 생각했던 것 같습니다. 우리가 그분을 이해하지 못했어요."

시간이 가면서 그의 문헌들에서 한 가지 주제가 점점 더 자주 나타나기 시작했다. 어쩌면 그의 '강박관념' 같아 보일 정도였다. 그 주제는 바로 2000년 **대희년의 중요성**이었다. 교황은 개혁적인 제2차 바티칸 공의회를 새 천년기 기념을 준비하는 "섭리의 사건"이라 불렀고, 자신의 교황직을 "희년 전야"라 일컬었다. 그는 그리스도가 역사 속에 들어온 사건을 상징적으로 기념하는 이 대희년의 거행에 갈수록 탄탄한 신학적·영성적 차원을 부여했다. 구약성경에서 희년을 화해와 참회와 정화의 시간으로 이해하는 것에서도 영감을 얻었다. 그는 교회와 "선의의 모든 사람"을 향해 이 중차대한 역사적 기회를 철저히 준비하고 이를 허비하지 말도록 당부했다. 그는 성년聖年의 개념을 그의 교황직에서 가장 중요하게 기억될 도덕적 행위인 "내 탓이오"(Mea Culpa)와 연결 지었다. 2000년 사순 시기를 앞두고 교회의 역사적 잘못과 허물들을 공개적으로 인정하고 용서를 청한 것이다. 자연히 그에게는 "새 천년기의 교황"이라는 별명이 붙기 시작했다.

2000년이 왔다가 지나갔다. 무슨 일이 있었는가? 교황의 기대들은 그저 어리석은 꿈, 이루어지지 못한 소원이었는가? 회심하라는 그의 권고는 증발해 버린 것 아닌가? 어리석은 승리주의의 행진들에, 또는 마법 같은 희년의 힘을 무시하고 희년을 인간이 만들어 낸 의심스러운 것쯤으로 여기는 전형적인 '현실적' 생각들에 휩쓸려 간 것은 아닌가?

새 천년기 초기 몇 년 동안의 사건들을 살펴보면 놀라운 '회심의 열매들'이라 할 만한 것들을 찾기 힘든 것이 사실이다. 한눈에도 분명히 드러나는 것은 국제 테러의 급증, 불행한 이라크전과 이에 따른 수많은 비극적 결과들, 유례없이 잦은 자연재해들이다. '교회의 새로운 봄'에 관한 소식은 들려오지 않고, 교황이 꾸준히 선포했던 '유럽의 새로운 복음화'는 교회 문서에서 따오기는 했으나 우리 대륙의 삶에서는 드러나지 않는, 영혼 없이 되풀이되는 구호처럼 되어 가고 있다.

새 천년기의 문 저 너머를 바라보며 회의론에 거의 빠질 뻔했을 때, 문득 복음 말씀이 떠올랐다. "요나 예언자의 표징밖에는 아무런 표징도 이 세대에게 주어지지 않을 것입니다"(마태 12,39).

요나 예언서는 성경에서 내가 가장 좋아하는 책 가운데 하나이다. 비록 완벽하게 성공적인 심부름꾼은 아니었으나 당신이 선택하신 사람을 대하시는 주님의 그 오묘한 유머와 아이러니 때문이다. 요나 이야기를 언급하며 예수님은 분명 이렇게 말씀하시는 듯하다. 그 책에서 사람들이 예언자와 그의 예언 말고는 다른 표징을 받지 못하는 것처럼, 지금 사람들도 특별한 것, 외적인 '증거들'이 있는지 지켜볼 것이 아니라 그리스도와 그분의 메시지에 자신을 열어야 한다. 그러나 요나서의 대단원을 기억하자. 요나 예언자가 선포한 뒤에, 그가 재앙을 열정적으로 예언한 뒤에도 **아무 일도 일어나지 않았다.** 그래서 속상한 요나는 자신을 부끄럽게 만들고 자기 신뢰를 떨어뜨린 주님을 몹시 원망한다(요나 4,1-11 참조). 그러나 아무것도 하지 않으신 것처럼 보이는 주님의 행동에는 사실 숨겨진 것이 있다. 요나 예언자의 관점이나 밖에서 지켜보는 '객관적' 관점에서도 눈에 띄지 않는 그것은, 니네베 사람들이 깊이 회심했으며 주님께서 지상에 그 도성을 남겨 두셨다는 사실이다.

새 천년기를 앞두고 어디서 미래를 향한 희망을 보느냐고 언론이 질문했을 때, 나는 아주 단순한 대답이 떠올랐다. "우리가 아직 여기 있다는 사실"이다. 20세기에 인류는 자신을 재빨리, 완전히, 영원히 쓸어 버릴 유례없는 수단들을 손에 넣었다. '객관적으로' 판단하기는 어렵겠지만, 이전 시대처럼 그렇게 많은 미치광이와 증오 가득한 이념들이 역사의 무대에 등장해, 민족적·인종적·계급적 악의라는 영적 아편에 수많은 이들이 기꺼이 자신을 내어 맡기며 그토록 엄청난 호응을 얻은 적도 없었다. 그러나 우리는 우리 자신을 파괴하지 않았다. 우리는 아직 여기 있다.

여기에는 "운 좋게도"라는 손쉬운 대답부터 역사가들의 복잡한 이론들까지 여러 설명이 있을 수 있다. 그러나 구약성경 인물들의 마음속에서 길러진 오랜 믿음, 곧 몇몇 **숨어 있는 의인들**의 존재가 세상을 붙잡아 놓았다는 그 믿음을 우리가 쉽게 무시할 수 있을까?

베드로좌의 그 노인, 그리고 그의 회심 요청을 무시하지 않은 교회 울타리 너머의 수많은 이들이 그 몇 안 되는 의인에 속했던 것 아닐까? 그들에게 우리 세계의 존재와 아직 열려 있는 미래가 달린 것 아닐까? '아무 일도 일어나지 않았다.' 그렇다. 그러나 그 사실이 바로 '요나의 표징' 아닐까?

새 천년기를 기념하면서 나는 「교황과 교황의 해」라는 글을 쓴

적 있다. 썩 잘된 글은 아니었고, 그때만 해도 오 년 뒤 실제로 '교황의 해', 즉 교황이 선종하는 해가 올 줄은 몰랐다. 여러 날 동안 어떤 바람 같은 것이 세상 한가운데로 불고 지나갔다. 그리고 수많은 신문 기사들처럼 '케케묵은 교의들'에 집착했던 반동분자 교황에 관한 모든 언론의 상투어들을 쓸어 가 버렸다. 잠시 세상은 조용한 긴장감 속에 까치발을 하고 서 있었다. 위대한, 참으로 위대한 사람이 세상을 떠났다는 것을 모든 이가 갑자기 깨달았다.

"휠체어에 몸을 의지한 그 병들고 침 흘리는 노인이 정말 당신 교회를 대표하는 표상인가?" 최근 몇 년 동안 내가 여러 차례 들은 물음이다. "어떤 의미에서는, 그렇다." 나는 이렇게 대답한다. "겉모습만 본다면 탄식할 만한 것이 많다. 하지만 당신이 더 깊이 들여다볼 수 있다면 병든 교회와 닮은 어떤 힘을 볼 수 있을 것이다."

나는 그의 신체적 연약함이 부끄럽지 않았다. '이 세상'은 영원한 젊음을 부추기는 텔레비전 광고의 지시대로 다듬어진 마네킹들처럼 성적 매력과 활력이 넘치는 지도자의 모습을 그린다. 나는 교회가 '이 세상'이 제시하는 정형화된 정치인들과 지도자들과 다른 모습의 지도자를 가질 수 있었던 것이 기뻤다. 점점 빠르게 노령화되는 우리 세계 앞에서, 노화는 쓸모없는 물건들의 창고로 한 인간을 처박을 이유가 아니라는 메시지를 이 교황이 보내 준 것이 기뻤다.

그가 자기 직무의 십자가를 끝까지 짊어지고 간 지금, 많은 것이 선명해졌다. 그는 자신의 교황직을 정년이 있는 하나의 직업으로 여긴 것이 아니라 **아버지**의 사명으로 이해했다. 아버지의 사명은 '은퇴'

로 끝낼 수 없다. 사랑하는 자녀들아, 내가 이제 일흔이 되었으니 너희가 더 젊은 아빠를 찾아보아라! (현대 인류는 다 자란 어른이라 공공 생활에서 아버지다운 권위가 필요치 않다고들 쉽게 이야기한다. 정말 그럴까?)

그의 직무는 힘없는 쉰 목소리와 창문 밖으로 보이던 손 인사, 그리고 세계의 눈앞에서 맞은 평화롭고 존엄한 죽음이라는 "마지막 설교"로도 요약될 수 있다. 교회에 대해 좀처럼 좋은 말을 하는 법이 없는 내 동료 바츨라프 벨로흐라드스키는 이 "마지막 설교", 교황이 우리 세상의 수많은 "목소리 없는" 이들 가운데 하나가 된 그 침묵의 몸짓에 관해 훌륭한 글을 썼다. 벨로흐라드스키는 바로 그 순간, 교황을 둔 가톨릭 신자들에게 부러움을 느꼈다고 인정했다.

케임브리지에서 열린 학술회의 중에, 세계 각지에서 온 여러 교파의 사회학자, 정치학자, 신학자들과 함께 교황의 장례미사 텔레비전 중계를 지켜보았다. 방송 기자들은 이것이 아마 역사상 가장 큰 장례식일 것이라는 말을 끝없이 반복했다. 방송 중계는 이 사건에 진심으로 감동한 모든 대륙 사람들의 반응을 전하는 것으로 마무리되었다. 동료 하나가 조용히 말했다. "이건 우리 문화에서 종교의 자리와 교회를 새로운 눈으로, 다른 방식으로 바라보도록 요구하는 현상입니다. 뭔가가 바뀌었어요."

그렇다. 뭔가 바뀌었다. 체코 인터넷 신문의 댓글 창들은 보통 가톨릭에 대한 아주 사소한 긍정적 발언에도 영혼의 어두운 구석에서 발산되는 눈먼 광기와 증오와 저속함이 쏟아지는 곳인데, 오늘은 마치 누가 그 못된 망나니들에게 입마개라도 씌운 듯 조용하다. 때때로 들리던 독성죄의 날카로운 비명이 그 듣지 못하는 귀들에도 가닿은 것인지, 그들은 잠시 멈추어 자신들의 공격이 얼마나 통탄할 짓인지 생각할 수 있었다. 텔레비전 속 사회자들은 검은 넥타이를 매고 무거운 목소리로 '교황 성하'에 관해 말한다. 물론 나도 안다. 이것은 한낱 연극이라는 것을. 내일이나 모레면 저 사회자들은 지나치게 호들갑을 떨었다는 여론의 질타를 받을 것이다. 그리고 언론은 균형감 유지라는 명목으로, 낙태와 안락사와 복제, 인공피임과 동성애 혼인 등 글로벌 상점의 온갖 상품을 거부하는 끔찍한 교회에 반기를 드는 데 다시 열을 올릴 것이다.

    극단적 자유 사상의 옹호가들, 막강한 대중매체 대부분을 지배하고 있으며 자신과 다른 견해를 지닌 이들에게는 셜록 홈스의 명민함을 더욱 돋보이게 하는 따분하고 단순한 닥터 왓슨의 역할을 맡도록 강요하는 그들이, 자신들의 견해에 대해 교회와 교황에게까지 박수를 받으려고 그렇게 애쓴다는 것은 이상하지 않은가? 그들은 그런 쟁점들에 관해 교황이 마땅히 해야만 하는 말들을 그냥 무시하면 그만 아닌가? 그들은 (아니면 교회는) 자신의 사명과 전통을 저버리는 그런 교황, 이미 자신들이 온 세상을 향해 훨씬 더 강력하고 큰 소리로 열심히 퍼뜨리고 있는 것들을 그대로 따라 하는 그런 교황을 바라는가? 아니면 자신들이 그토록 확신하며 선포하는 진리들을 그들 영혼과 양심 깊은 곳 어딘가에서는 완전히 확신하지는 못해서, 우리 서구 문화 한가운데서 홀로 다른 소리를 내는 이 외로운 목소리, 자유

사상의 구호들이 정말 그들의 주장처럼 그렇게 아무런 오류가 없는지 다시 한번 생각할 기회를 조용하고 끈질기게 제시하는 이 목소리가 파묻히도록 소리치거나 조롱할 필요를 느끼는 것인가?

역사적 역할의 변화도 희한하다. 본디 교황직이란 정치력 또는 강압적 권력에 대한 재량이 없고, 말하자면 한 **순례자**로서 만백성에게 끈질기게 건네는 말의 도덕적 영향력 말고는 어떤 힘도 없는 것인데, 이 교황직이 누구도 무시할 수 없는 힘이 되었다. 가톨릭의 짧은 '폐업 기간', 곧 교황의 선종에서 장례까지의 며칠 동안, 세계 언론은 놀라운 진리를 선포하고 있었다. 요한 바오로 2세의 재임기에 교황직의 권위는 지난 2000년 역사를 통틀어 그 어느 때보다도 더 컸던 것으로 보인다는 사실이었다.

"20세기의 마지막 사반세기 동안 세계에서 가장 이목을 끌었던 인물이 세상을 떠났습니다." 텔레비전 화면의 남자는 그렇게 말하고 있었다. 여러 면에서 교황에게 강력히 맞섰던 이들까지도 그를 그리워하기 시작한 것 같다.

장례식이 있던 금요일에 나는 케임브리지의 동료에게 깜짝 초대를 받았다. 그는 신실한 유다인인데 가족 친지들과 함께 안식일을 시작하는 가족 저녁 식사 자리에 나를 초대한 것이다. 도시 외곽에 있는 그의 집에 도착하자 예식을 위해 촛대와 포도주잔들이 준비된 탁자가 보였다. 시편 시작 기도는 "샤밧 샬롬!"이라는 평화의 인사로 마무리되었다. 책장에 사진 하나가 놓여 있었다. 그날의 유다교 회보 1면에서 잘라 낸 그 사진은, 예루살렘 통곡의 벽에 이마를 대고 서 있는 요한 바오로 2세였다. 기도 중에 교황의 이름이 기억되었고 저녁 식사 내내 교황이 대화 주제였다. 그 자리에 있던 한 사람이 나중에 나에게 이렇게 말했다. "당신들 가톨릭 신자들이 언젠가 이 교황을 잊는다 해도, 유다 민족은 그를 결코 잊지 못할 거예요. 우리에게 그는 언제나 **의로운 이방인** 가운데 하나로 우뚝 자리 잡고 있을 겁니다."

교황 요한 바오로 2세가 세상을 떠났다. 성토요일의 침묵 같은, 침묵이 내린다. 낯설게 느껴질 만치 조용한 군중 위로 성 베드로 대성당의 종소리가 울려 퍼진다. 관 위에는 성경이 놓여 있다. 바람이 한동안 그 복음서 책장들을 획획 넘기다가, 이제 툭 닫아 버린다.

14   이 저녁의
        기도

오늘 저녁[1] 우리 그리스도인, 유다인, 무슬림 들이 한데 모여 유럽의 미래를 위해 기도하기로 한 장소로 떠나기에 앞서, 하시딤 이야기를 하나 여러분께 들려드릴까 합니다.

핀커스 라삐가 제자들에게 밤이 끝나고 낮이 시작되는 순간이 언제인지 어떻게 알 수 있냐고 물었습니다. "개와 양을 구분할 수 있을 정도의 빛이 있을 때가 아닐까요?" 한 제자가 대답했습니다. "아니다." "대추야자나무와 무화과나무를 구분할 수 있을 때가 아닐까요?" 두 번째 제자가 대답했습니다. "아니다, 그것도 아니다." "그럼 아침은 언제 옵니까?" 제자들이 물었습니다. "우리가 누군가의 얼굴을 들여다보고 그를 우리 형제자매로 알아볼 수 있는 바로 그때다." 핀커스 라삐가 말했습니다. "우리가 그렇게 할 수 있기 전까지는 아직 밤이다."

아브라함의 자손이고, 한 분이시며 전능하신 똑같은 하느님을 믿는 우리가 서로를 형제자매로 알아보고 인정하지 못했던 동안은 기나긴 밤이었습니다. 상호 두려움과 편견과 증오의 긴 밤, 우리 조상들과 앞사람들이 서로 상처 입힌 역사의 끔찍한 밤이었으며, 그 상처들은 아직 온전히 아물지 않고 지금도 우리를 아프게 하고 있습니다. 다행히 그 시간 속에도 귀한 평화의 순간들이 있었음을, 또한 하느님께서 여러 때에 걸쳐 우리 각 영적 가족 안에 마음과 정신이 열린 사람들을 일깨워 주시어 그들이 자기 사람들과 가장 가까이 있는 이들로부터 자주 불의를 겪으면서도 화해와 상호 이해의 길을 추구했음을 하느님께 감사드립니다. 공동 기도를 통해 화해와 새로운 시작의 새벽을 준비하고자 이 저녁의 어둠 속을 걸어가는 지금, 그들을 기억하고 그들을 보내 주신 하느님께 감사드립시다.

유럽 허무주의 시기의 위대한 예언자 프리드리히 니체는 그의 빛나는 정신에 광기의 구름이 드리우기 훨씬 전에 광인의 이야기를 들려주었습니다. 광인은 더 이상 하느님을 믿지 않는 사람들 사이로 대낮에 등롱을 들고 나타나 "신은 어디로 가 버렸는가?" 하고 물었습니다. 다른 이들과 달리 광인은 대답을 알고 있었습니다. "우리가 신을 죽였다." 그가 등을 들고 온 것은, 그는 "모든 태양에서 멀어진" 그 사건 이후 세상이 밤 속에 있음을 알고 있었기 때문입니다.

다른 작품에서 니체는 가장 반갑지 않은 불청객인 허무주의가 이미 우리 문턱 앞에 와 있다고 했습니다. 그러나 니체에게 허무주의는, 신의 죽음과 마찬가지로 위협인 동시에 기회라는 두 얼굴을 지니고 있었습니다. 신의 죽음을 예언한 예언자는 20세기의 문턱에서 세상을 떠났지만, 허무주의는 20세기에 유럽이라는 집에 정문으로 들어왔습니다. 그것은 오랫동안 서로를 죽였던 아브라함의 자손들이, 아브라함의 하느님 ─ 니체가 말한 형이상학자들의 하느님만이 아니라 ─ 은 죽었고 죽은 채 있어야 한다고 믿는 사람들에게 떼죽음을 당한 깊은 밤의 시작이었습니다. 아르메니아인 집단 학살, 유다인 홀로코스트, 나치와 공산주의 집단 포로수용소에서 수백만 그리스도인들이 겪은 고통, 코소보에서의 무슬림 대학살…. 우리가 오늘 만나고 있는 이곳의 사람들도 얼마나 큰 고통을 겪었으며, 폴란드가 적의 멍에에 있을 때 이 땅에서 얼마나 많은 다른 이들이 고통받았습니까!

그러나 가장 깊고 가장 고통스러운 밤 속에도 희망과 기회는 감추어져 있습니다. 그리스도인과 유다인과 무슬림 들이 함께 살아가고 묵상하는 나라에서 나온 위대한 신비가 십자가의 요한은 하느님과 인간의 관계에서 어둠의 중요한 의미에 관해 많은 글을 썼습니다. 영혼의 어두운 밤, 사람들이 하느님의 침묵을 마주하게 되고 하느님의 부재를 느끼는 그 밤은 한 인간의 영적 성장과 성숙에 매우 중요한 시간입니다.

많은 이들에게 하느님이 침묵하시거나 부재하시는 것처럼 보인 그 공포의 시간, 많은 이들이 하느님이 죽었다고 생각했던 그 시간 — **집단적 영혼의 어두운 밤** — 은, 이제야 그 열매를 맺을 역사의 중요한 순간이 아니었을까요?

"하지만 위험이 있는 곳에 구원도 자란다"[2]고 횔덜린은 노래했고, 그보다 훨씬 이전에 바오로 사도는 "죄가 많아진 곳에 은총은 넘쳐흘렀습니다"(로마 5,20)라고 말했습니다. 우리는 올리브와도 같다고, 탈무드는 그렇게 말합니다. 짓이겨질 때 비로소 우리는 가장 가치 있는 것을 만들어 낼 수 있다고 말입니다.

이스라엘 백성은 바빌론 포로 생활에서 고향으로 돌아왔을 때 영적 쇄신을 바라는 소중한 갈망도 함께 갖고 왔습니다. 저는 수십 년 동안 전체주의 공산주의 정권에 짓눌렸던 나라들이 그 억압의 밤에서 벗어난 뒤에, 다른 유럽 국가들에 그런 똑같이 소중한 것을 가져다주었는지, 아니면 여전히 그렇게 할 수 있는지 꽤 긴 시간 자문해 왔습니다. 종종 저는 우리에게 그런 것을 기대했던 이들에게 우리가 실망을 안겨 줬다고 대답하고 싶은 유혹을 느낍니다. 지친 엘리야 예언자처럼 우리도 "우리는 우리 조상들보다 나을 것이 없다"(1열왕 19,4 참조)라고 인정해야 합니다.

그러나 올해 부활절을 지내고서 저는 어렴풋한 빛을 볼 수 있음을 느꼈습니다. 비단 저만 그런 것은 아니리라 확신합니다. 그 빛은 꺼져 가는 육신의 등불 안에서 우리 가운데 있었을 때는 아마 모든 이가 알아볼 만큼 뚜렷하지는 않았을 것입니다. 폴란드 출신의 교황, 요한 바오로 2세가 그 희망의 빛이며 신호가 아니었을까요? 역사의 어두운 밤과 십자가에 못 박힌 민족들의 깊은 고통에서 유럽에 보내 주신 하느님의 선물은 아니었을까요?

이런 말씀을 드린다고 해서, 그 위대한 교황과 관련하여 경박하고 얄팍한 '개인숭배'를 부추기려는 뜻은 결코 아닙니다. 제가 말씀드리고 싶은 것은 매우 상징적인 중요성과 의미를 지니는 두 가지 구체적인 행동, 오늘 저녁 여기 모인 우리가 감사하며 영감을 얻을 수 있는 행동입니다. 우선 저는 새 천년기 사순 시기를 시작하며 교황이 "내 탓이오"를 통해 교회의 과거 잘못을 용감하고도 겸손하게 고백하고 참회한 것을 말씀드리고 싶습니다. 그리고 두 번째로는 아시시에서 열렸던 세계종교 지도자 기도 모임을 꼽고 싶습니다.

저는 20세기가 인류의 기억에 희망의 두 이미지를 남겼으며, 이는 이 시기가 역사적 어둠과 고통의 시간이었을 뿐 아니라 변화와 희망의 순간이기도 했다는 표징이 될 만하다고 깊이 확신합니다. 하나는 인간이 최초로 달에 착륙해서 지구를 찍은 사진이고, 다른 하나는 아시시의 성 프란치스코 대성당 앞에서 유다교와 이슬람교를 비롯한 다른 세계종교 지도자들과 함께 달라이 라마와 손을 맞잡고 있는 교황의 사진입니다.

그 두 이미지에는 많은 공통점이 있습니다. 달에서 찍은 사진은 인간의 용기와 지력의 놀라운 성취를 증언할 뿐 아니라 우리 세상이 얼마나 작은지도 보여 줍니다. 지구는 "모든 태양에서 멀어져" 우주의 무한한 어둠 속을 항해하는 작은 배처럼 보입니다. 아시시의 사진은 우리가 이 작고 약한 배를 타고 함께 살아가는 법을 배워야 함을 깨닫기 시작했다는 희망의 증거입니다.

유럽 일치의 수호성인이며 제 고향 프라하의 주교였던 아달베르투스 성인의 무덤에서 멀지 않은 이곳에 우리가 다시 함께 기도하러 온 오늘, 첫 기도 모임이 열렸던 곳에 묻혀 있는 프란치스코 성인의 기도를 기억합시다. "주님, 저를 당신 평화의 도구로 써 주소서!"

우리 정신과 마음에 우리 역사 전체를 품고, 역사의 아픈 상처의 치유를 위해 기도합시다. 먼 과거와 최근에 폭력과 증오에 희생된 이들, 특히 우리 하느님의 이름으로 우리 종교들의 거룩한 상징들 앞에서 부당하게 죽임을 당한 이들을 기억합시다. "승자가 역사를 기록한다"고 사람들은 말하지만, 하느님께서는 희생자들과 패배자들의 탄식을 들으십니다. 그러니 우리도 그들의 외침에 우리 마음의 귀를 기울이고, 우리 전통만이 아니라 다른 전통의 순교자와 희생자들도 기꺼이 기억해야 할 것입니다.

우리 성조 아브라함이 남긴 신앙의 유산, 곧 한 분이신 하느님에 대한 믿음이 우리를 하나의 큰 가족으로 일치시킵니다. 오늘 우리는 우리가 서로 가까이 있음을 깨닫습니다. 그러나 하느님께서는 우리가 상상할 수 있는 것 이상으로 아브라함의 영적 후손이 늘어나게 해 주시겠다 하신 그 약속을 실현하셨습니다. 아브라함의 후손은 "하늘의 별처럼, 바닷가의 모래처럼" 많으며, 우리가 그들을 만나리라고 전혀 예상치 못한 곳들에도 있습니다.

오늘 밤 우리는 하늘의 별을 바라보며, 눈에 보이는 우리 공동체 울타리 너머 저 멀리 있는 이들도 기도 중에 기억합니다. "이 돌들로도 아브라함의 자녀들을 만드실"(마태 3,9 참조) 수 있는 하느님께는 그들도 가까운 존재들입니다.

기도할 수 없는 이들을 위해서도 기도합시다. 역사의 어두운 밤과 고통의 골 때문에 믿을 힘을 잃어버린 이들이 여기 속합니다. 그들에게 새벽이 가까이 왔다는 확신을 주는 것은 우리의 임무입니다. 우리 세 종교의 신비가들이 알고 있듯이, 신비롭고 숨어 계시는 하느님이신 우리 하느님의 얼굴과 이름은 알아보지 못할지언정, 우리처럼 거짓 신들과 지나치게 단순화된 하느님 개념을 거부하는 이들도 여기 속합니다.

최근 한 그리스도인 신학자는 "**그리스도인, 유다인, 무슬림, 무신론자는 적어도 여러 신을 믿지 않는다는 점에서는 공통적이다**"라고 썼습니다. 우리가 믿는 하느님은 이 세상의 여러 신 가운데 하나가 아닙니다.

그렇습니다. 이 세상을 위한 우리의 공동 봉사는 이 세상의 거짓 신들을 섬기거나 흠숭하기를 단호히 거절하는 데에도 있습니다. "알라후 아크바르"(하느님은 가장 위대하시다). 세상 수많은 곳에서, 수많은 우리 무슬림 형제자매들의 입에서 하루에도 몇 번씩 들을 수 있는 말입니다. 그들의 신조는 이런 말로 시작됩니다. "하느님 말고 다른 신은 없다."

하느님 말고 다른 신(신성)은 없다! 이것은 우리 모두 함께 세상 모든 곳을 향해 크게 외쳐야 할 말입니다. 하느님은 폭풍우나 회오리 바람 가운데 계시지 않습니다! 하느님은 인종과 민족, 정치와 종교적 증오나 불관용의 지진 속에 계시지 않습니다! 하느님은 "조용하고 부드러운 소리"(1열왕 19,9-18 참조) 가운데, "평화를 이루는 사람들" 가운데 계십니다. "그들은 하느님의 자녀라 불릴 것"(마태 5,9)이기 때문입니다.

하느님은 모든 것을 파괴하는 쓰나미 물결 같은 자연재해들 안에 계신 것이 아니라, 고통받는 이들과 함께하는 연대의 물결 안에 계십니다.

'거룩한 전쟁'(聖戰)은 없습니다. 평화만이 거룩합니다. 모든 이가 "눈에는 눈"의 논리를 따른다면, 온 세상은 곧 눈멀게 될 것입니다. 우리는 보복과 앙갚음의 위험한 악순환을 단번에 영원히 끊어야 합니다. 우리 세계가 치유되려면 우리는 더 이상 "네가 나에게 한 것처럼 나도 똑같이 너에게 할 것"이라는 논리에 기댈 수 없습니다. 우리는 "하느님께서 나에게 하신 것처럼 나도 똑같이 당신에게 할 것"이라는 논리를 배워야 합니다. 그것은 용서와 화해의 길입니다.

그렇게 행동할 수 있는 힘은 관상과 기도에서만 나옵니다. 이 저녁의 기도가 고통이 있는 모든 곳, 여전히 밤이 지배하는 세상의 모든 곳에 다다르기를 빕니다. 이 기도가, 사람들이 서로를 형제자매로 알아보는 모든 곳에는, 지금 여기 우리처럼 새벽이 밝아오고 있다는 희망의 표지가 되기를 빕니다.

15　　　　사라의
　　　　　웃음

몇 해 전, 아주 가까운 친구가 자신은 더 이상 죽음 이후의 삶을 믿지 않는다고 털어놓았다. 그렇게 말하던 그의 정확한 말마디와 분위기를 아직 기억한다.

　우리는 높은 산의 봉우리를 향해 오르고 있었다. 엷은 안개가 걷히며 불쑥 드러난, 병풍처럼 에워싼 산들을 바라보면서 나는 내가 상상하던 마지막 심판의 배경이 어쩌면 이럴 것 같다고 말했다. 저마다 자기 삶의 골짜기들이 저 아래 펼쳐져 있고, 우리는 인생 여정의 가장 높은 지점에 서서 구름 속으로 주님의 물음에 대답할 것 같다고. "나는 이제 그런 것 안 믿네." 조용한, 아주 조용한 대답이었다. "나에게 어떤 그다음이 더 있을 것이라고 믿을 힘이 없어."

깊이 또 진실하게 하느님을 믿었던 이 사람이 자신의 가장 아픈 비밀을 내게 털어놓았구나 싶었다. 그래서 섣불리 되받아치기를 삼갔다. 그는 논쟁의 장을 열고 싶은 게 아니라 자신이 잔잔히 털어놓은 말의 무게를 묵묵히 나누어 주기를 바라는 것 같았다. 우리는 산에서 사람들이 그러하듯 말없이 산행을 계속했다.

그 등산 이후 나는 한동안 반복되는 꿈을 꾸었다. 눈이 머는 꿈이었다. 놀라서 깰 때마다 온전히 정신이 들기 전에 칠흑 같은 어둠을 들여다보며 그것이 꿈이 아니라 현실 같은 느낌을 잠깐씩 받고는 했다. 세 번째 꿈이 최악이었다. 깜짝 놀라 깬 그 찰나의 순간, ― 꿈과 현실의 문턱에서 느끼는 어질함은 다들 겪어 보았을 것이다 ― 나는 캄캄한 어둠의 소용돌이에 휘말려 바닥을 알 수 없는 허공으로, 절대적 허무의 구렁텅이로, 그 이후란 없는 최종적 끝으로 추락하며 죽어 가는 느낌을 받았다.

산에서 나눈 대화가 퍼뜩 떠올랐고, 그 대화가 내가 받아들일 수 있는 것 이상으로 나에게 어떤 영향을 미쳤음을 깨달았다. 아마 내 안에 오랫동안 억눌려 있던 무언가를 건드렸기 때문일 것이다. 나는 죽음을 '무'無와 '완전한 끝'으로 두려워한 적은 없었다. 그 일이 있기 전에는 사후의 삶에 대한 믿음에 전혀 문제가 없었다. 성년이 되기 직전에 그리스도인이 되었을 때, 나는 신경에서 그 믿음도 나머지 다른 믿음들과 함께 받아들였다. 그 신비를 두고 무언가를 상상하는 것은 의미 없다는 것을 알았고, 그것이 특별히 성찰 주제나 의심 거리가 된 적도 없었다. 영원과 '종말'을 걱정할 시간은 무한히 있다고 믿으며 전혀 다른 차원의 관심사들을 지닐 만한 그런 나이에 신앙을 갖게 돼서 그랬을 것이다.

    영원에 대한 불신을 털어놓은 그 친구를 다시 기억에 떠올렸다. 그는 단순한 유물론자가 아니라 지적이고 학식 있으며 신앙생활을 하는 가톨릭 신자다. 종교 문제에 관해 "나는 믿지 않는다"고 말할 때, 사람들은 종종 "그런 것을 상상할 수 없다"라는 뜻으로 그렇게 말하고는 한다. 그러나 그 친구의 경우에는 그보다 더 진지하고 깊은 차원의 어려움이었다.

    그가 그리스도교의 영원에 관한 자신의 어려움을 해결하기 위해 '윤회에 대한 믿음'처럼 오늘날 종교 시장에서 구할 수 있는 값싼 것들을 선택하지 않았다는 사실을 나는 존중했다. 윤회에 대한 믿음은 나에게는 너무 생경한데, 특히 서구 밀교密敎에서 제시하는 윤회 교리에 관해서는 내가 이를 근본적으로 거부하는 정당한 이유가 여럿 있다. '과학적 세계관'이나 아니면 의심쩍기는 그것과 매한가지인 그리스도교 근본주의처럼 편협한 사상의 교리적 장벽이 내 신앙과 상상력을 가로막고 있어서 그 이론들을 거부하는 것은 아니다. 나는 유구한 전통의 인도 영성에 관해 경솔한 판단을 내릴 의도는 전혀 없다. 더군다나 이런 교의들은 ― 적어도 더 심오한 형태의 것들은 ― 서구의 많은 이들이 사후 영혼의 여행에 관해 갖는 일반적 개념과 거의 겹치는 부분이 없다고 전적으로 확신한다. 힌두교와 불교의 학자들이나 권위자들과 대화를 나누어 본 결과, 나는 그들 다수가 윤회 신화를 죽음의 경계를 초월하는 연대의 신비에 대한 시적 은유로 받아들인다고 생각한다. 우리 그리스도인들이 '연옥' 또는 '성인들의 통공' 교리로 (역시 은유의 도움을 받아) 제시하는 그 신비이다.

그렇다. 나는 우리가 신경에서 '성인들의 통공'이라 고백하는 그 신비로운 연대는 우리가 상상할 수 있는 것보다 더 깊고 오묘하고 더 강렬한 형태이며 훨씬 더 깊이 들어간다고 기꺼이 인정한다. 나는 여러 초기 그리스도교 저자들에게 영향을 미치기도 했던 플라톤의 영혼론이나 운명의 순환에 관한 동양의 신화들도 비슷한 통찰을 제시하며, 그러한 통찰들은 그 신비 깊은 곳 어딘가에서 하나로 만난다는 사실도 배제하지 않는다. 나는 동양의 신비주의가 제시하는 그 달콤한 현기증, 곧 우리가 개인의 굴레에서 벗어나 신의 품에서 스르르 녹아 없어지는 상태를 관상하는 것에도 공감할 수 있다. 그러나 나는 서구 문화의 가장 큰 보물, 곧 가장 지고하고 가장 소중한 원리로서 인격 개념 — 개인과 인간이라는 무엇과도 바꿀 수 없는 가치 — 을 포기할 뜻은 없다. (그래서 우리는 하느님도 '위격'이라 일컫는다.)

나는 이 '몸', 곧 시간과 공간 안에서 무엇과도 바꿀 수 없는 나의 존재, 아무도 똑같이 따라 할 수 없는 나의 인생 이야기, 나의 독특한 개성은 내가 하느님께 받은 임무이며, 그 임무에 대해 나는 지나간 것을 변명하지 않고, 몇 번이고 '다시 시도'하지도, 다음 생에 갚을 여지 같은 것도 없이 하느님께 직접 대답해야 할 것이라고 믿는다.

현재 서구에 널리 퍼진 '윤회에 대한 믿음'에서 나를 불편하게 하는 것은 그 '내용'이 아니다. 결국, 사후에 일어나는 일에 관한 이론이나 '개념'은 — 그것이 '물질의 영원성'에 대한 유물론자들의 믿음이든, 흔히 천국과 연옥과 지옥으로 알려진 그리스도교적 전망이든, 또는 이런 동방의 꿈들이든 — 모두 은유의 언어에 의존하며, 지극히 인간적인 투사와 환상들로 가득하다. 우리가 '저 너머에서' 뭔가가 우리에게 들려왔거나 계시되었다고 믿는다 해도, 우리는 그 메시지도 이미지와 은유를 통해서만 우리에게 말할 수 있음을 안다. 내가 가장 언짢은 것은 서구에서 '윤회'를 가장 열렬히 옹호하는 이들이 자신들의 믿음에 대해 말하는 방식의 그 교만과 단순함이다. 여성 심령술사들의 번쩍이는 눈빛과 꾸며 낸 목소리에서 그들의 어정쩡한 관심의 얄팍함을 감지하기란 어렵지 않다. 그런 관심은 성실한 영적 여정 비스름한 것을 추구한다기보다는 흥미 위주의 주술에 장난삼아 빠지는 것에 가깝다.

나는 사람들이 '윤회'에 대해서 이야기하거나, 이와 연관 지어 천국과 연옥과 지옥을 말하는 것을 참고 들어 줄 수가 없다. 그것도 초보 영지주의자처럼 혼자 다 아는 척하며, "나는 알았어, 이제 내게는 분명해졌어"라고 말하는 것은 참기 힘들다. 내가 보기에 이는, 유물론자들이 죽음이 궁극적 끝이라는 자신들의 '확신'을 지지하기 위해 역시나 단순하고 교만하게 '과학'을 불러오는 것과 다를 바 없이 무모하고 어리석은 일이다.

우리는 모른다는 것, 그것이 사실이다. 이러한 무지의 선언에 유일하게 덧붙일 수 있는 것은 내 희망이다. 나는 내 신체와 정신의 기능들이 마지막 끝에 다다른 그 너머에서도 하느님께서는 나를 무無로 빠지게 두시지 않으리라고 믿는다. '영원한 생명'에 대한 믿음의 확실성 그리고 일반적으로 모든 신앙의 확실성은 내가 경험적으로 '확인할' 수 있는 확신과 근본적으로 다를 뿐 아니라, 영지주의의 난해한 '영지'와도 다르고, 이념 체계나 '세계관' 이론들을 추종하는 이들의 '신념'과도 다르다. 그 차이는 신앙의 구성 요소, 곧 신뢰와 희망이라는 요소에 있다.

부활에 대한 복음 메시지와 이에 따른 '육신의 부활과 영원한 삶'에 대한 교회의 믿음은 동양 신화들과 경쟁 상대가 될 만한 '사후의 삶에 관한 이론'을 제시하고자 하는 게 아니다. 이 중에서 앞서 말한 여성 심령술사들이 가장 마음에 드는 것을 고를 수 있게 하려는 것도 아니다. 나는 마치 동양의 『사자의 서』를 읽어 내려가듯 복음서에서 영혼의 사후 운명의 지도를 찾지 않는다. 나는 복음에서 성령의 힘을 길어 올린다. 성령의 힘은 우리가 품은 의문, 신비에 관해 언제나 열린 마음을 유지해야 하는 그 의문의 무너뜨릴 수 없는 희망에 활력을 준다. 어쩌면 그 희망은 우리가 아직 목적지에 이르지 못한 채 여전히 길을 걸어가는 동안 거듭해서 근심과 슬픔과 의심과 불확실성에 사로잡힐 것이다. 영지주의의 계승자들이 말하는 '더 높고 비밀스러운 앎'과는 달리 신앙은 신비와의 겸손한 공존이다. 신앙은 하느님 말씀으로 살아갈 뿐 아니라 그분의 침묵으로도 살아간다.

성경 편집자들이 성령의 지혜에 이끄심을 받아, 우리가 성경의 각 책에서 찾을 수 있는 인간의 사후 운명에 관한 다양한 해석들을 전혀 검열 삭제하지 않은 것은 잘한 일이다. 뒤에 나온 복음서의 선언들이 구약성경의 관점들을 '능가한다'는 흔한 '진화론적' 개념에는 피상적인 편파성의 위험이 존재한다. 만약 '능가한다'라는 말이 '틀렸음을 입증한다'라는 뜻이라면, 우리는 성경의 많은 부분을 하느님 말씀이 아니라 반박되어 '무효화'된 견해들의 무덤이나 고문서고로 여겨야 할 것이다. 그러나 그렇지 않다! 가장 깊이 있는 그리스도인 신학자들과 성경 해석가들이 교부 시대부터 알고 있었듯이, 히브리어 성경과 신약성경 사이에는 '해석학적 고리'가 존재한다. 구약성경은 신약성경을 해석하고, 반대로 신약성경도 구약성경을 해석한다.

구약성경의 코헬렛에서 풍기는 회의론이나 시편 곳곳에서 말하는 저승의 어둠과 절망을 무리 없이 받아들일 수 있는 이들, 아마 그런 이들만이 요한 묵시록과 바오로의 서간들에서 제시하는 부활의 전망을 받아들일 수 있을 것이다. 또한 그들만이 "나는 부활이요 생명입니다. 나를 믿는 사람은 죽더라도 살 것입니다"(요한 11,25)라는 예수의 심오한 말씀을 해방의 복음 — 단순한 교리나 이론이 아니라 구원의 기쁜 메시지 — 으로 받아들일 수 있다고 나는 믿는다. 십자가에 못 박히신 그리스도께서 구렁에서 부르짖는 "저의 하느님, 저의 하느님, 어찌하여 저를 버리셨습니까!"라는 말씀을 가볍게 여기는' 이들은 부활절 아침의 기쁨도 누리기 어려울 것이다.

부활의 신비는 '죽음과 지옥'의 어둠에 대한 부록 같은 것이 아니다. 이 생각은 교황 베네딕도 16세인 요제프 라칭거가 종말론에 관해 쓴 책에서 매우 깊이 있게 표현한 바 있는데, 내게 깊은 영감을 주는 글이었다.

참으로 의로우신 그리스도는 당신의 무고함 안에서 죽기까지 죽음과 저버림을 겪는 분입니다. 의로우신 분이 저승에, 하느님 찬미가 한 번도 울려 퍼진 적 없는 그 부정한 땅에 내려가셨습니다. 예수께서 내려가심으로써 하느님 몸소 저승에 내려가십니다. 그 순간 죽음은 더 이상 하느님께 버림받은 어둠의 땅, 하느님에게서 무정하게 멀어진 영역이 아닙니다. 그리스도 안에서 하느님 몸소 그 죽음의 영역으로 들어가시어 불통의 공간을 당신 현존의 자리로 변화시키십니다.²

죽음의 정복자이신 분을 만나고자 한다면 우리도 그 장소를 피할 수 없다. (그곳이 우리의 생각에 가끔 그림자를 드리우는 것도 피할 수 없다.) 그러나 우리는 그분께서 그 어둠을 뚫고 오셨고 그것을 극복하시고 정복하셨다는 희망에 의지할 수 있다. 죽음과 그 어둠이 반드시 '모든 희망을 버려라'(Lasciate ogni speranza)³라는 명판이 달린 지옥문일 필요는 없으며, 그보다는 내가 그분을 만나는 곳이 될 유일한 이유는 여기 있다. 이것이 바로 내가 죽음이라는 "어둠의 골짜기를"(시편 23,4) 걷고 있다는 두려움을 마침내 극복할 수 있는 유일한 이유다.

    나와 함께 산에 올랐던 그 친구는 내세에 대한 믿음을 경솔하게 저버린 것이 아니다. 그는 어려운 신앙 조문을 조잡한 신념이나 미신 또는 '물질의 영원성'에 대한 (범신론적 신비주의의 기이한 도치인) 유물론적 믿음, 또는 앞서 지적했던 것처럼 무한한 재생의 순환 고리에 의존하려는 사이비 동양 사상과 맞바꾸지 않았다. 나는 그의 회의론의 근원은 다른 데서 찾아야 한다는 것을 알 수 있었다.

그는 삶에서 너무나 큰 고통과 절망을 겪고 나서 신뢰할 힘이 소진된 것이었다. 거듭된 좌절 끝에, 그는 만약 인간 삶의 마지막 지평 그 너머에서 어떤 희망이 솟아난다면 자신이 다시 한번 환상에 빠지고 말 것이라고 확신했을 것이다. 고마운 혜택을 약속하는 어떤 것에 의존하는 일이 그에게는 어렵고 심지어 불가능해 보였을 테고, 불멸의 가능성에 대한 '파스칼의 내기'는 단지 위안을 주는 속임수처럼 보였을 것이다. 나는 그가 하느님께 거의 영웅적 행위로 충성하며, 자신은 아직 살아 있고 '하느님께 입장권을 반납하지 않았다'라는 믿음에 충실했던 순간들을 거쳐 왔음을 안다. 나는 그 점에서 그를 높이 샀다.

그의 상황에 공감하고 그 상황을 돌아보면서 나는 '종말'에 관한 나의 믿음이 어둠으로 가득하다는 것을 불현듯 깨닫기 시작했다. 인생에서 두어 번 '죽음의 문턱'까지 간 적이 있었지만 그런 극한의 순간들에도 내게 죽음은 '비존재'의 모습을 지니지 않았다. 죽음이 무無로 다가온 꿈을 꾼 그날 밤까지는, 나는 그런 일들은 부차적 관심사밖에 되지 않는다고 바보처럼 생각할 수 있었다. 아마 나에게 (아직은) 딱히 관련이 없었기 때문일 것이다. 이제 그런 환상을 버려야 했다. '종말'은 내 인생 여정에 관련된 '화두'일 뿐 아니라 내 그리스도교 신앙에 관해서도 전혀 부차적이라고 할 수 없음을 깨달았다.

어떤 의미에서 '종말'에 대한 믿음은 하느님에 대한 우리 믿음의 진정성을 가늠하는 일종의 시금석이다. 이승의 삶이라는 장 안에만 우리를 제한한다면, 우리가 그리스도교에서 얻을 수 있는 것은 계몽주의 이후 초월성을 팔아 버리고 남은 것들, 말하자면 찔끔 남은 도덕적 원리들과 인도주의적 친절, 시대 변화가 약간 반영된 실존주의, 그리고 신비에 관한 시적 감각 정도뿐일 것이다. 그러나 우리 지상 삶의 무대에 커튼이 드리워지려 할 때, 우리는 갑자기 객석에 지독하게 혼자 남는다. 그때 그런 인도주의적 종교의 신은 샛문으로 사라져 버리고 없다. 그 신은 죽음을 마주하기에는 너무나 약해 빠졌기 때문이다.

'이 세상'은 죽음이라는 문제를 조심스럽게 피할 수도 있고 모호하게 슬쩍 건드릴 수도 있다. 이 세상은 텔레비전 공포 영화들, 뉴스 속 재난들, 록 음악가들이 걸치는 장신구들의 끝없는 상투성을 통해 죽음을 '중화'하고, 오락 산업에 통합시킴으로써 죽음을 경시하고 싶어 한다. 그러나 죽음은 외면할 수 없는 것이므로, 마침내 죽음이라는 주제가 적나라하게 등장할 때 죽음은 이런 물음을 던질 수밖에 없다. 너의 하느님은 어디 있는가? 너의 삶에는 네가 죽음을 상대화할 수 있게 하는 것이 있는가?

인간의 고통, 유한한 인간존재의 십자가의 한 축은, 영원한 생명의 약속 앞에서 극심한 의심에 시달릴 수 있다는 사실이다. 이미 말했듯이 그날 산에서 내 친구에게 들은 말은 오만한 편협함으로 하느님의 약속을 동화로 치부하는 사람의 지적 변덕이 아니었다. 그는 바오로 사도의 말처럼 "귀에 듣기 좋은 말"(2티모 4,3)만 들으려 하고 그때그때 유행하는 종교 상품들에 따라 이 신앙에서 저 신앙으로, 이 의견에서 저 의견으로 획획 돌변하는 사람도 아니다. 사람들이 고통을 겪고 나서 믿음과 희망의 잠재력이 다 소진되었을 때, 그들의 의심을 호교론적 논쟁으로 공격하기보다는 다시 믿을 용기를 얻을 수 있도록, '그럼에도'라고, '다시 한번'이라고 말하는 신앙의 걸음을 내디딜 수 있도록 친밀한 지지와 격려를 보내는 것은 이웃인 우리의 몫이다.

영생에 대한 믿음에서 가장 큰 어려움 가운데 하나는 그 전망이 근본적으로 그 어떤 인간의 경험도 초월하기에 **상상할 수도 없는** 것이라는 데 있다.

상상할 수도 없는 것에 대처하기란 쉬운 일이 아니다. 종말론적 희망에 관해 성경은 그것이 "눈으로 본 적도 없고 귀로 들은 적도 없으며 사람의 마음속에 떠오른 적도 없는 것"(1코린 2,9)에 관한 것이라고 분명히 말하고 있다. 수 세기 동안 교회 역시 **생각할 수도 없는** 것에 대한 생각을 사람들에게 제시하려고 애써 왔다. 지식인들은 세련된 신학 이론들을 받아들였고, '평범한 사람들'은 '빈자의 성경'⁴을 받아들였다. 그들이 설교에서 들었던 하늘나라와 지옥과 연옥을 시각적으로 묘사한, 교회의 벽과 스테인드글라스 창문의 그림들이었다. '지극히 거룩하신 구세주' 성당 강론대에 섰던 내 전임자 중 하나였던 코니아시 신부는 지옥에서 뜨거운 기름에 튀겨지는 영혼과 찢어지는 사지를 묘사하면서 쇠사슬 소리를 덜그럭거리고 온몸을 비틀며 침을 흘리고 황홀경에 빠져 쓰러지고는 했는데, 사람들은 그것을 좋아했다. 아마도 요즘 관객들이 공포 영화를 보며 느끼는 것과 똑같은 오싹하고 속이 울렁거리는 전율을 느꼈기 때문일 것이다. 내 어린 시절을 돌이켜 보면, 자기 수도회의 전통에 충실했던 어느 악명 높은 구속주회 설교자는 '종말'에 관해 설교할 기회가 있으면 절대 놓치지 않왔다. '지극히 거룩하신 그리스도의 성체 성혈 대축일'에 그가 지옥을 얼마나 끔찍하게 묘사했던지 제단 앞에 있던 몇몇 여자아이가 무서워서 오줌을 싸 버린 일도 있었다.

일부 그리스도교 호교론자들과 신학적 복고주의자들은 인정하지 않으려 하지만, 칸트와 니체에서 비트겐슈타인에 이르는 철학적 비평은 낡고 쓸모없는 학문적 형이상학과 신학 체계를 박살 냈다. 20세기 그리고 새로운 세기 초반의 역사의 비극들은 사후에 관한 인간의 인식을 완전히 흔들어 놓고 문제를 제기했다. 굴라크 강제노동 수용소, 아우슈비츠 수용소, 드레스덴 폭격, 히로시마 원자폭탄 투하, 카틴 학살, 스레브레니차 학살, 이라크 아부그라이브 교도소에서 미군의 가혹 행위, 베슬란 학교 인질 사건을 겪고 난 뒤, 지옥 고문이라는 케케묵은 이미지는 딱하고 우스꽝스러우며 창의성마저 부족해 보인다. 마찬가지로, 천상 기쁨이라는 전통적 개념 또한 현대 세계에서 누릴 수 있는 부와 흥미로운 가능성들의 영역에 비하면 따분해 보인다. 2004년 4월 만하임 강연[5]에서 나는 이런 주제들을 더 폭넓게 다루면서, '부정신학'과 유사하게 '종말에 관한 것이 **아닌** 것'만 말하는 **부정 종말론**의 개념을 소개하고자 했다. 정치적·사회적 유토피아를 비롯하여, 현재 교회 생활과 사회생활 상황에 대한 만족 또는 진리 전체의 완전한 표현임을 내세우는 (신학 체계를 포함한) 사상 체계에 이르기까지 '궁극적이고 지고한' 것이 되고자 하는 모든 가치들에 대한 그런 비평은 분명 신앙의 중요한 예언적 요소, 곧 모범의 파괴이다.

그러나 이 부정 종말론이 '나에게 어떤 다음이 있을 것'을 믿지 못하는 슬픔을 극복하는 데 도움이 될까? 비존재의 구렁텅이에 관한 내 불안을 적나라하게 드러내는 꿈에서 깨어났을 때 나를 차분하게 다독일 수 있을까?

나는 영원한 생명에 대한 그리스도교의 전망이 '목발'이나 '값싼 위안'으로 묘사되는 것이 늘 이상하고 우습기까지 했다. 그리스도교 믿음에 따르면 죽음의 문 너머에서 나를 가장 먼저 기다리는 것은 하느님의 심판이다. 죽음이 모든 것의 끝이며 우리는 누구에게도 내 삶에 대해 해명할 필요가 없다는 바로 그 생각이 오히려 '값싼 위안' 아닌가?

그러나 우리가 복음이 그리스도에 관해 들려주는 바를 진지하게 받아들인다면, 그분의 심판은 분명 '못된 사람들을 혼내 주는 도깨비' 같은 것은 아닐 것이다. 그리스도는 진리(복음서의 언어에서 '진리', 곧 '알레테이아'aletheia는 '숨김없는 상태'를 뜻한다)이며, 그 진리의 빛 속에 서는 일은 참으로 우리 여정의 정점이 될 것이 틀림없다. 적어도 나는 언제나 이렇게 느껴 왔다. 언젠가 우리는 마침내 나 자신과 나의 삶과 내 삶에 딸린 모든 것에 관한 완전하고 실제적인 진리를 발견하게 될 것이다. 우리는 답하지 못했던 물음들과 오류들과 복잡한 신비들의 덤불 속에서 우리를 피해 가던 '해답'을 마침내 들을 것이다.

우리 믿음의 종말론적 성격은 우리가 이 문제를 열어 두고 **판단을 삼가야** 함을 뜻한다. 나는 나의 심판관도, 내 형제의 심판관도 될 수 없다. 내가 지상에 사는 동안은 나의 다양한 행동과 말과 그것들이 빚어내는 결과의 모든 진리, 또는 복잡다단한 내 삶의 상황들에 담긴 의미를 온전히 평가할 수 없다. 그것들은 언제나 내가 알지 못하고 이해할 수 없는 무언가를 지니고 있기 때문이다. 나는 나를 둘러싼 세상을 심판하거나 재단하는 데 시간과 기운을 쏟을 필요도 없다. "이 세상의 두목이 심판을 받았기 때문이다"(요한 16,11). 우리가 아니라 진리 자체이신 분께서 마지막 말을 하실 것이라는 희망은 언제나 나에게 큰 해방감으로 다가왔다.

아마 '종말에 관한 물음'이 제기될 때면, 우리는 회의적 견해나 값싼 위안, 똑똑한 척하는 '이미 뻔한 이론들'을 삼가고 침묵해야 할 것이다. 우리가 마땅히 할 일은 '아는' 것이 아니라 기다리는 것이다. 우리 믿음과 사랑과 희망의 바탕이 되는 태도는 **인내**이다.

우리가 참으로 침묵할 때 우리는 비로소 우리에게 말씀하시는 목소리를 다시 한번 들을 수 있을 것이다. "용기를 내어라, 내가 세상을 이겼다. 나는 부활이요 생명이다. 내가 세상 끝 날까지 언제나 너희와 함께 있겠다."

좋은 말씀들이다. 그런데 빈말에 불과한 약속들은 아닐까? 천막 어귀에서, 그리고 우리 내면 깊은 곳에서 사라는 의심하며 웃는다(창세 18,12-15 참조). 어떻게 그런 일이 가능할까? 우리는 이미 다 큰 어른인 데다가, 대단한 기대를 하기에는 너무 늦어 버렸는데.

"어찌하여 사라는 웃느냐?" 주님께서는 **"너무 어려워 못 할 일이 없다"**는 것을 사라는 몰랐을까? 사라는 두려운 나머지 거짓말도 한다. 사라의 웃음은 신뢰하기 두려운 마음의 표현이기도 했다. 주님께서 다시 말씀하셨다. "아니다. 너는 웃었다."

　주님께서 우리에게도 말씀하신다. "아니다. 너는 웃었다." 그러나 아마 주님께서는 우리 어머니 사라에게 하셨던 것처럼 우리에게도 하실 것이다. 우리의 초조하고 의심쩍은 웃음과 불신은, 이 삶을 마친 다음 그분의 약속이 실현되는 것을 본 이들의 행복한 웃음으로 바뀔 것이다.

16 원기를 회복하는
    그리스도교

아직 초고 상태의 이 원고를 며칠 두었다가 다시 읽어 가다 보니 이 글이 쓰인 장소와 환경, 곧 내가 다시 떠날 이 은수처에 관한 이야기가 군데군데 나온다. 그 부분을 빼 버리고, 저자나 이 글이 탄생한 환경을 언급하는 군더더기 없이 본문 자체만 남겨 놓는 것이 낫지 않을까? 아니다. 나는 이런 성찰이 나온 배경을 인정함으로써 독자들에게도 그것을 이해할 확실한 열쇠를 줄 수 있다고 생각한다.

내가 이곳에서 글을 쓰는 것은 북적거리는 프라하보다 안식년 가운데 몇 주간을 이곳에서 머무르는 편이 낫기 때문이다. 그러나 단지 시간적 여유와 평화와 고요를 누리며 자연을 가까이 접할 수 있고, 전례와 묵상과 작업의 리듬을 유지하며 근처에 있는 관상수도회 수도원의 시설도 활용할 수 있어서만은 아니다. 더 큰 이유가 있다. 나는 여기서 뭔가가 일어난다고 느낀다. 완벽한 고립과 고요, 정해진 기도 순서로 짜인 시간을 얼마간 보내고 나면, 나는 일상의 의무들 속에 있을 때와는 **다르게** 인식하고 보고 생각하기 시작한다. 자조自嘲는 내가 늘 달고 다니는 것이라, 해마다 하는 이 '은수자 놀음'을 종종 비딱한 눈길로 바라보기도 하지만 이 '놀이'는 운명이 나를 갖고 노는 다른 놀이들보다 훨씬 더 진지하다는 것을 갑자기 깨달았다.

올해는 그 어느 때보다 이런 느낌이 더 강렬했기에, 용기를 내어 말해 보려고 한다. 최근 몇 해 동안 나는 내적 변화를 겪고 있다. 아마 내 신앙생활에 '새로운 바람이 불고' 있다고 말해도 좋을 것이다. 이 책에서 다룬 주제들이 나로서는 단순히 관념적이거나 학문적인 것만은 아니다. 내 개인적인 영적 체험을 표현하려고 한다. 신앙생활의 새로운 바람은 비단 나만 겪는 일은 아니라는 것을 분명히 느낄 수 있고, 고해 사제의 경험을 통해서도 알 수 있었기 때문이다.

상황을 **새로운 시선**으로 바라보고자 한다면, 고독과 집중이 반드시 전제되어야 한다. 이 책 여러 곳에서 나는 '새로운 종교 운동'에 관한 개인적인 거리낌을 아마도 부당하게 비꼬는 투로 드러냈을 것이다. 그 거리낌 가운데는, 종교 공동체의 열정과 열기 속에서 사람들이 현재와 같은 형태의 '종교'가 어느 정도로 깊은 위기에 빠졌는지 기꺼이 인정하지 않는다는 걱정도 있다. 위기의 깊이를 인정하고 체험하지 못한다면 변화하고 새롭게 시작할 기회도 놓칠 수 있다. '그리스도교의 새로운 봄', '새로운 복음화'처럼 그런 무리에서 자주 들려오는 흔한 말들은 교회의 상황이 아직 그다지 나쁘지 않으며 여전히 젊은 구성원들이 많다는 생각에 너무 낙관적으로 의존하게 될 위험이 있어서 걱정스럽다. 그것이 가장 중요한 것일까? 문제는 우리의 숫자가 아니라, 우리가 길을 잃었는가 아닌가이다.

나는 쇠렌 키르케고르가 신앙의 새로운 길 — **역설 속에 살아갈 용기로서의 신앙** — 에 대한 최초의 진정한 예언자라고 생각하는데, 그는 신앙 안에서 사람들은 **각자** 개인으로 하느님 앞에 선다고 강조했다.[1] 키르케고르 자신도 고독 속에서 예수님이 말씀하신 역설을 체험했는데, 하느님은 아흔아홉 마리 양을 두고 "길 잃은 양 한 마리"를 찾아 나서는 목자와도 같다는 것이었다. 아마 오늘날에도 하느님께서는 "길 잃은 양"을 찾아 나서시어, 그들 마음에 말을 건네시고, 그들을 당신 어깨에 짊어지실 것이다. 그러고는 길을 잃은 적 없는 아흔아홉 마리, 스스로 건강하다고 믿기에 의사이신 그분의 필요를 느끼지 못하는 이들에게서는 이루실 수 없었던 것을 "길을 잃었다 다시 찾은" 이들의 경험을 통해 이루어 내실 것이다.

"교회는 공동체"이고, "그리스도교는 개인 기업이 아니다"라고 한다. 우리는 모두 이런 교회의 수사학에 익숙하고, 물론 어떤 의미에서는 맞는 말들이다. 그러나 나는 장차 교회의 얼굴은, 다시 말해 "저승의 세력도 이기지 못할 것"(마태 16,18)이라는 약속을 실현할 교회는 당연히 받아들여진 아무 문제 없는 전통을 다 같이 공유하는 집단이기보다는 "흔들리는 이들의 공동체"[2]에 가까울 것이라고 점점 더 확신한다.

지금은 불안과 격변의 시대이고, 앞으로는 더 나빠질 것이다. 우리가 앞으로 겪을, 그리고 이미 겪고 있는 큰 역설 가운데 하나는, 지금 스스로 '성채'라 여기고 내세우는 지역 교회가 앞으로는 모래 위에 지어진 집의 운명을 맞게 될 것이라는 점이다.

의미에 대한 신뢰가 폭삭 무너지는 경험을 하고 난 지금, 그리스도교 신앙은 **새로워진** 신뢰의 행위이다. 그것은 단순히 예전 상태로의 기계적 회귀가 아니며, 우리가 파악하고 이해할 수 있는 한계를 뛰어넘어서까지 신뢰할 용기를 요구한다.

우리는 신앙의 '그리스도교적 특성'을 통상 그 '내용'과 '주제', 우리 신앙의 '이야기', 그리스도교의 메시지(케리그마)가 전달되는 이야기에 관한 것들의 관점에서 정의한다. 그러나 그 모든 것을 '괄호 안에' 잠시 집어넣고, 신앙의 가장 근본적이며 본질적인 구조, 수정水晶 안에 있는 **결정 격자**까지 들어가 보자. 여기서 '수정'이란 성경 본문 그리고 우리가 교회의 성전聖傳과 관습에서 만나는 모든 상징과 교의와 예식의 보화 전체를 말한다.[3]

이 책 첫 장에서 말한 그리스도교 신앙의 **파스카적** 특성은 두 가지 '충격' 체험에 있다. 첫째는 '십자가'이다. **이전 확신들의 총체적 상실**, "비존재의 밤 속으로 기울어 가는"[4] 체험이었다. 그러나 그러한 무너짐은 "흔들린 이들의 연대"[5]를 낳을 수 있다. 두 번째 충격은 무너져 내리는 순간에 절망과 체념이라는 유혹에 맞서 극복함으로써 **다른 질서의 약속**을 찾는 것이다. 이는 흔들린 이들이 빠진 어둠 속에 서서히 한 줄기 **희망**으로 뚫고 들어온다.

이것은 바로 부활 이야기에서 볼 수 있는 구조다. 예수님에 대한 제자들의 신뢰에서 시작한다(제자들을 부르심에서 최후의 만찬까지의 이야기). 그리고 제자들의 변절["그때에 제자들은 모두 예수님을 버리고 달아났다"(마태 26,56)]과 제자들이 **무너져 내리는** 예수님을 맞닥뜨리는 것["저의 하느님, 저의 하느님, 어찌하여 저를 버리셨습니까?"(마태 27,46)라는 마지막 울부짖음까지]으로 끝나는 수난의 비극에 이른다. 그런 다음에는 슬픔과 절망, 두려움에 빠진다["제자들은 유다인들이 두려워 문을 모두 잠가 놓고 있었다"(요한 20,19)]. 그러나 그다음에 두 번째 충격, 두 번째 변화가 온다. 엠마오로 가는 길이다. **누군지 모를** 동료 여행자가 나타나 그들이 겪은 일, 그들의 슬픔과 씁쓸한 의문들을 귀 기울여 들어 준다. 그들이 하고 싶은 말을 다 풀어내게 두고, 그런 다음에야 성경 전체의 이야기를 **다시 한번** 그들에게 들려준다. 그리고 그들의 슬픈 체험이 어떤 맥락 안에 있는 것인지 알려 준다. **그때서야** 비로소 그들은 이해하고, 신비 속을 들여다본다["그러자 그들의 눈이 열렸다"(루카 24,31)]. 이 '두 번째 이해의 순간'은 "빵을 떼실"(루카 24,35) 때, 이렇게 반복되는 성찬 거행 때에 일어난다. 그러니 성찬례는 부활 이야기의 시작에도, 끝에도 있다. 그리고 성찬례 중에 그리스도께서는 그들 시야에서 사라진다. 그들은 더 이상 예전 모습의 그분을 필요로 하지 않기 때문이다. 그들은 기억(*anamnesis*)으로서의 성찬례를 갖고 있다. 단순히 과거의 기념물이나 과거를 떠올린다는 의미의 회상(*memento*)이 아니라, 현재를 과거[그리스도의 십자가 죽음과 "율법과 예언자들에 대한 그분의 설명"(루카 24,27 참조)을 상기하는 것]와 '절대적 미래'(하느님 나라에서의 잔치를 '미리 맛보는' 것)로 열어 주는 '이해'의 열쇠이다.

우리 삶을 돌아보아도 이와 똑같은 구조를 거듭 발견할 수 있다는 생각이 든다. 막스 베버는 종교란 세계를 이성적으로 설명하는 한 방법이라고 여겼다. 온갖 위험이 도사리는 정글에서 완전히 길을 잃은 원시인들은 자연현상 안에서 어떤 얼굴 또는 영혼을 보기 시작했다.[6] 진화 과정을 거치면서 이 눈이 더 발전되고 신성의 얼굴이 점점 더 또렷해지고 더 합리성을 갖추면서(자연종교에서 일신교로의 이동), 마침내 이성(세속화 시기와 계몽주의 시대에)은 더 이상 어떤 '신성한 도구'를 필요로 하지 않게 되었으며, 자연과 사회에서 이성은 단순히 인간의 합리성으로 인식되었다. 그러나 그때, **인간으로 진화하기는 했지만 인간답게 되지는 못한** ― 기계화, 관료화되었으며 낯선 ― 세상에서, 사람들은 다시 정글 속 길 잃은 원시인들처럼 느끼기 시작한다. 이는 베버의 이야기를 간단히 변형한 것으로, 물론 더 발전시키고 살을 붙일 수 있다. 이성적 문명의 정점에서 사람들은 그 냉정하고 복잡한 비인간성을 맞닥뜨리고 불안해할 뿐 아니라, 이 비인간성은 인류에게 치명적 위협이 되는 비합리성으로 표출된다. 우리 세계에 그런 예들은 얼마든지 많다.

파토치카는 기술을 군사적 목적에 오용한 결과를 맞닥뜨리고서 **"흔들린"** 이들, 특히 기술 문명의 최전선에 있던 창시자들이 어떻게 각성하기 시작했는지 이야기하고는 했다. (그 예로 오펜하이머와 사하로프를 꼽았다.) 그들은 과학적 이성의 자동적 '진보'에 의지하는 대신 양심의 목소리를 우선시하기 시작했다. 양심이라는 그 '의미 감각'은 또한 인간의 행동을 '외부', 신학적 용어로 말하자면 '이 세상'에 의해 결정되는 단순한 **반작용**이 아닌, 내부, 곧 양심에서 비롯하는 작용으로 변화시킨다. 그러한 변화를 위해 무르익은 알맞은 때, 곧 **카이로스**는 제1차 세계대전 — 파토치카가 주장한 것처럼, 결코 실제로 끝나지 않았다 — 을 겪고 난 뒤 인류가 '비존재의 밤'으로 기울고, 그때까지 아무 의심 없이 받아들여진 힘의 논리와 합리성에 지배되는 세계인 '낮의 세계'의 진리에 의지하기를 멈춘 바로 그때이다.

물론 개인의 삶에서도 진정 그리스도교다운 '파스카 신앙' — 그리스도교 상징들과 수사학의 겉치레를 순진하고 피상적으로 지키는 수계守誡 신앙과는 다르다 — 은 다시 찾은 신앙, 곧 **원기를 회복한 신앙**으로만 찾아오게 마련이다.

먼저 '원래의 신앙'이 흔들리거나 이 신앙을 잃어버린다. 이 신앙은 '조상들에게 물려받은 그리스도교', 어린 시절 양육의 산물이나 회심자의 초기의 열정일 수도 있고, 그리스도교나 종교와 무관한 사람이 갖고 있던 '원래의 확신'일 수도 있다. 이러한 위기와 연속성의 단절에는 여러 이유가 있을 수 있다. 우리에게 원래의 신앙을 전해 준 이들에 대한 환상이 깨지면서 심리적으로 큰 충격을 받았을 수도 있고, 개인적 비극을 겪으면서 원래의 신뢰와 확신이 그 빛을 잃었을 수도 있고, 아니면 단순히 환경과 '정신적 풍토'가 바뀌었을 수도 있다.

가끔은 성경에서 "한낮에 창궐하는 괴질"(시편 91,6)이라고 알려진 (또는 옛 은수자들과 수도승들에게는 **나태**[7]의 죄라고 알려진) '한낮의 악령'의 영향으로 중년의 우울증을 겪으면서 '젊은 신앙'을 잃어버리기도 한다. 카를 융은 심리치료를 하면서 개별화 과정에 관한 연구에서 이 현상에 큰 관심을 쏟았다.⁸ 오늘날 권태에 빠진 서구 유럽 그리스도교를 바라보면서 나는 "그리스도교가 아직 유아기에 있다"라는 테야르 드 샤르댕의 낙관적 확신을 지닌 사람들이나, 반대로 그리스도교는 낡고 한물갔다고 생각하는 사람들이나 모두 잘못 생각하고 있는 것 아닌가 한다. 어쩌면 우리 그리스도교는 실제로 중년의 위기, '아케디아*acedia* 단계', 무기력과 나른함의 시간을 겪고 있을지도 모른다.

그러나 이는 지금이 잠에서 깨어나, '그리스도교의 나팔수들'이 제안하는 그런 방식은 아니더라도, '다시 부는 바람'을 찾고 **깊은 데로 저어 나아가 그물을 내릴**(루카 5,4 참조) 마음가짐을 갖출 가장 적절한 때라는 뜻일 수도 있다.

아마 우리는 사람들이 그리스도를 만나러 가장 먼저 찾는 곳, 즉 그리스도를 세일 상품처럼 진열해 놓은 그 전시장들에서는 그분을 만날 수 없을 것이다. 대신 그분은 엠마오로 가는 길에서 하셨던 것처럼 우리에게 오실 것이다. **낯선 사람**으로, 누군지 알 수 없는 동료 여행자로, 처음에는 우리가, 그리고 누구나 잘 알고 있는 것들에 관해 아무것도 모르는 천진한 모습으로 오실 것이다. 그러면 우리는 그분께서 성경의 '위대한 이야기'들을 우리에게 **다시 들려주시게** 해 드려야 할 것이다.

우리는 '포스트모던 시대'에 살고 있다. 이 시대는 '큰 이야기'(거대 서사)들의 종말을 특징으로 하는 시기로 묘사되어 왔다.⁹ 그러나 이

시대는 또한 우리의 문화적 기억 속에 저장된 많은 이야기가 새로운 맥락에서 새로운 해석으로 돌아오고 있는 시기이기도 하다.

엠마오로 가는 길 이야기에서 영감을 끌어내 보자. 성경과 성전 聖傳을 기계적으로 '뒤돌아' 찾아보는 데 만족하지 말고, 이 이야기를 새롭게 더 깊이 경청해 보자. 새로운 맥락에서, 새롭고 더 깊은 해석을 찾아보자. 엠마오 이야기에서 예수님께서는 **'성경의 위대한 이야기'**를 **다시** 들려주신다. 말하자면, 이야기들을 **다시 해석**하신다. 그분은 여행자들의 현재 상황과 마음 상태에 비추어 그들의 물음에 대답하시며 성경 이야기들을 풀이해 주시고, 그렇게 하시면서 당연히 그들의 처한 상황도 다시 해석해 주신다. 이를 통해 그분께서는 그 상황을 근본적으로 변화시키신다. 외적 요소들을 바꿈으로써가 아니라, 그들의 이해를 변화시키고 상황에 대한 그들의 태도를 변화시킴으로써 그렇게 하신다. 결국, 모든 인간 상황은, 사물의 처지 (Befindlichkeit)[10]와는 달리 본질적으로 사람들이 그것을 이해하는 방식, 그것을 대하는 태도로 형성되기 때문이다.

더구나 **종교**(religio)라는 말은 라틴어 동사 '렐레게레'(relegere)를 바탕으로 생각해 보면 '다시 읽다', '새로운 이해의 가능성으로 읽다'라고 해석할 수도 있지 않은가? 모름지기 신앙이란 본질적으로 재해석, **삶의 상황을 비범하게 '읽어 내는'** 것이 아닌가?

도스토옙스키의 『죄와 벌』에서 소냐가 라스콜니코프에게 라자로의 부활에 관한 복음서 구절을 읽어 주는 결정적인 장면을 떠올려 본다. 두 사람은 그들이 처한 견디기 힘든 상황에 비추어 이 본문을 새롭게 이해하게 되었을 뿐 아니라, 그 본문은 살인자와 매춘부인 두 사람이 삶의 상황을 새롭게 이해하고 그 상황에 대해 새로운 태도를 지니도록 돕는다. 이것이 참으로 부활이다. **그들의** 부활인 것이다!

바오로 사도는 우리가 참으로 부활을 믿게 되었다면 그것은 우리가 **이미 부활했으며** 그리스도와 함께 부활하여 새 삶을 얻게 되었다는 뜻이라고 지치지 않고 거듭 이야기한다. '새 삶'으로 가는 문은 새롭고 더 깊어진 이해다. 회심의 본질은 **다시 새롭게** 보고 이해하고 살아갈 수 있게 하는 변화된 마음이다.

통계에 따르면 체코 사회에서 그리스도교 교회들에 대한 지지가 줄어들고 있다. 그러나 반대의 흐름도 보인다. 회심의 길에 있는 많은 이를 동행할 수 있었던 덕분에 나는 그 흐름을 직접 목격해 왔다. 인구의 많은 부분을 차지하지는 않지만, 이 나라의 상당히 많은 이들이 최근에 다시 종교로, 그리스도교로, **교회로** 돌아오고 있다. 그들은 신앙의 세계로 들어가는 작은 틈새를 어디선가 발견했고, 그 세계가 인간적으로나 지적으로나 정직하며 적어도 어느 정도는 '이해할 수' 있는 것으로 보였기에 그렇게 돌아온 것이다.

여기서 이해할 수 있음이란 원시성이나 단순성의 문제가 아니라, 누군가 신앙에 관하여 그것이 자신의 체험과 **공명**한다고 말한다는 뜻이다. 대체로 그들은 이런 식으로 신앙이 선포될 때는 딱히 놀랍거나 '새로운' 뭔가를 찾지 못하지만, 자신들이 이미 오래전에 감지했던 것을 누군가 정확하게 표현했다고 느낀다. 유일하게 새롭고 놀라운 점은, 대체로 시대에 뒤처졌다고 '치부된' 교회의 구성원들 안에서 이런 표현이 나온다는 것이다.

어린 시절 그리스도교 신앙 속에서 자랐거나 예전에 한 번 그리스도교로 개종했었는데 어떤 이유에서 원래의 믿음이 죽었다가 신앙으로 다시 **돌아오는** 재개종자들이든, 아니면 실제로 그리스도교에 대한 경험은 없으나 그 안에서 자기 나라의 영적 문화의 기원과 뿌리를 느껴서 돌아오는 개종자들이든, 내가 그들에게 언제나 일러 주려고 노력하는 것은 참된 영적 '돌아옴'은 퇴행이나 뒷걸음질이 아니라 더 깊이 내딛는 걸음이 되어야 한다는 점이다.

여정의 가치와 의미는 그들이 돌아오는 길에 여러 방식으로 드러난다. 오래 집을 떠나 있다 돌아오면 자기 집을 '새로운 눈으로' 바라보게 된다. 게다가 여행하는 동안 그들을 풍요롭게 했던 것들은 돌아온 후에 비로소 참된 자산이 된다. 우리에게 일어났던 많은 것들은 집의 안정됨과 차분함 속에서 비로소 **체험**으로 무르익을 수 있다.

때때로 나는 '직접적 그리스도교'와 '다시 부는 바람인 그리스도교'에 관하여 이야기한다. 이것이 최선의 표현은 아니겠지만, 지금으로서는 더 나은 표현이 생각나지 않는다. 아마 폴 리쾨르가 종교적 믿음에서 (더 이상 우리가 다가갈 수 없는) '최초의 순수성'과 (두 번째 직접성이라 일컬을 수 있는) '두 번째 순수성'을 구분한 것이 이와 비슷한 생각 아니었을까 한다. 이성주의의 비평이라는 불길을 통과한 신앙인 그 두 번째 순수성은, 리쾨르에 따르면 종교의 **해석**(종교적 이야기들과 상징)으로서만 가능하다.

최초의 종교성은 종종 거룩한 것들의 세계에 자연스럽게 홀리는 것이 특징이다. 그러나 대개는 머잖아 그 낙원의 울타리 밖에 있는 자신을 발견하는 순간이 찾아온다.

다섯 살 된 내 대녀 니케는 어디선가 동화책 속 또 다른 자신을 불러낸다며 벽을 톡톡 두드리고는 한다. 그러나 때로는 "이제는 안 돼"라며, 공주나 맥스와 샐리[11]로 바로 변신할 수 없게 되었다고 슬퍼한다. 심리학자 친구들은 니케가 동화 세계를 즐기도록 그냥 두라고 충고한다. 얼마 안 있어 학교에 갈 나이쯤 되면 슬프게도 그 차원의 현실은 차단되어 있음을 깨닫게 된다는 것이다. 훈훈한 영화 「섀도우랜드」에 나오는 소년은 옥스퍼드에 있는 C. S. 루이스의 집 다락방 옷장을 통해 나니아로 가는 길을 찾으려고 하지만 헛수고다.

우리 서구인들이 신앙을 대하는 태도도 이와 비슷하다는 생각이 때때로 든다. 밤에 침대 옆에 무릎을 꿇거나 주일에 성당 문턱을 넘으면서 우리도 '톡톡 두드린다'. 그러면 약속된 신호에 따라 우리의 신실한 자아가 등장하고 우리는 '거룩함의 영역'으로 들어가는 것이다. **그러나 때로는 더 이상 그것이 안 될 때가 있다.** 아마 우리도 어린 니케와 똑같은 궁지에 놓인 것인지도 모른다. 보물의 영역이 차단되고, 문을 두드려도 헛수고가 될 그 나이에 가까워지고 있는 것이다.

어쩌면 언젠가 '거룩한 시간'이 다시 돌아오고, 보물들이 다시 한 번 드러날 때가 올 것이다. 이기적이고 탐욕적으로 보물을 찾는 사람은 자기 아이, 곧 '내면의 아이'를 깜빡 잊고 두고 갈 위험이 있다는 교훈을 주는, 성금요일에 얽힌 체코의 전래 민요에서처럼 말이다.

(우리의 일상 세계와는 **절대적으로 다른**) '거룩함의 영역'을 어

린이의 공상 세계와 비교한다고 해서 거룩함의 체험을 가벼이 여기려는 의도는 전혀 없다.

어떤 의미에서는 어린이에게 열려 있는 세계가 우리 세계보다 더 풍요롭고 훨씬 더 다양하고 깊이 있다. 그것은 **잠든 사람**의 '사적 세계'(*idios kosmos*)와도 비슷하다. 헤라클레이토스에 따르면 우리는 매일 밤, 깨어 있는 사람들의 '공유된 세계'에서 잠든 사람의 사적 세계로 돌아간다. 어린이들은 어른들보다 다양한 차원의 '평행' 현실 속에서 움직이고, 이 세계에서 저 세계로 건너가는 데 큰 어려움이 없으며, 충돌 없이 두 세계를 유지할 수 있는 능력이 더 뛰어나다는 인상을 가끔 받는다. 니케는 오늘 오후에는 맥스가 되었다. 맥스인 '척'한다는 개념은 조금도 없이, 진심으로 맥스가 된다. 그리고 우리에게도 이 진리를 존중하라고 끈질기게 요구한다. 니케의 설명대로라면, 우리가 이 규칙을 받아들이기만 하면 니케는 **동시에** 우리 세계에도 속하면서 꼭 필요할 때는 '우리 언어로' 우리와도 소통할 수 있다. 부모가 아기 예수님 대신 성탄 나무 밑에 선물을 두다가 아이에게 들키면 아이의 성탄 신화가 완전히 깨질 것이라는 생각은 단지 우리 생각일 뿐이다.[12] 단지 **우리**가, 진리는 이것**이거나 아니면** 저것이 되어야 한다고 상상하기를 좋아하는 것뿐이다.

역사학자 폴 벤느도 주목할 만한 책 『그리스인들은 신화를 믿었는가?』에서 비슷한 생각을 썼다.[13] 고대 세계 사람들은 어떤 대상이나 피조물을 어느 때에는 신성한 실재로서 이해했다가, 또 어느 때에는 그것을 세속적이고 실용적인 방식으로 취급하는 데 아무 문제가 없었다. 현대의 세속 사람들만 이것 아니면 저것 가운데 하나를 택해야 한다고 생각한다. 세계의 역설성과 현실의 다차원성에 대한 감각을 잃어버린 탓이다.

어린이들은 논리나 진리의 개념에 따라 추론하지 않고, 그들의 세계는 아주 풍요로워서 아무 문제 없이 역설을 포함할 수 있다. 어린이들에게는 **역설이 역설로 인식되지 않는다.** 우리도 꿈에서는 어떤 사람이 강아지이면서 동시에 아저씨가 되어도 아무 문제가 없고, 죽은 사람이 식탁에 나와 함께 앉아 있어도 아무렇지 않게 받아들일 수 있듯이 말이다. 니케이자 맥스인 내 대녀를 보면서, 머잖아 그 아이의 세계가 단순화되고 그 놀이가 '시늉'이라는 얕잡아 보는 낱말로 '현실'과 분리될 것이 아쉽다. 나에게 익숙한 내 마음속 작은 서랍에 구겨 넣을 수 있는 것, 그 이상의 것을 나한테 말하고 싶었고 또 그럴 수 있었던 꿈을 더 붙잡지 못하고 깨어나는 것도 아쉽다. 내가 그 꿈을 털어 내고 "그저 꿈일 뿐"이라고 혼잣말한 것은 내가 속수무책이라는 표지일 뿐이다.

계몽주의 사상가들이 어른의 시대인 이성의 시대를 세웠다고 자랑스럽게 선언하고 종교를 어린이들의 동화 세계로 보내 버렸을 때, 그들은 어느 모로는 옳았다. 다만 특이한 것은, 그들이 청소년기의 치기 어린 자신감으로 그렇게 하면서 그 과정에서 뭔가를 잃어버렸을 수도 있지 않을까 잠시 멈추어 생각하지는 않았다는 것이다. 실제로 그 뒤에 바로 나타난 낭만주의 시대는 계몽주의가 선택한 '한낮의 세계'가 편향되고 이성의 빛은 너무나 차갑다는 것을 알게 됐다. 낭만주의자들은 꿈과 밤의 세계로 들어가는 길을 찾으려고 노력했고, 그들의 출입구는 **감정**과 **감성**과 **정서**였다. 이렇게 해서 낭만주의라는 정서적 종교가 나왔다. 지난 세기의 낭만주의뿐 아니라 통틀어 그렇다. 그러나 낭만주의라는 정서적 종교는 진정한 복원이라기보다는 단순히 놀이, '시늉 종교' 또는 '시늉 신앙'이 아니었던가?

니케도 조금 더 자라면, 어린이다운 상상력의 문을 통해 **모든 것이 가능했던** 다차원적 세계로 돌아갈 수 없을 것이다. 아마 '이 세계'가 너무 답답할 때면 가끔 그 세계로 들어갈 다른 길들을 찾아보기는 할 것이다. 때때로 이 세계는 우리 모두에게 너무 답답하다. 그렇지 않다면, 예술에서 마약에 이르기까지 많은 것이 존재하지 않았을 것이다.

어린아이의 상상 세계를 어른의 이성 세계보다 낭만적으로 추켜세우려는 뜻은 조금도 없다. 나는 그저 어린이의 상상력은 **신비의 차원**, 현실의 초월로 들어가는 **하나의** 문이라는 것을 말하고 싶다. 결국, 세계는 우리에게 보이는 것보다 훨씬 더 크다. 현실은 우리 이성과 우리의 일상적이고 틀에 박힌 사고에는 불가능해 보이는 무한한 변화와 가능성을 감추고 있다.

불가능성이라는 주제는 포스트모던 철학을 선도한 주창자인 자크 데리다의 작품에서 매우 중요한 역할을 한다. 그는 신비주의와 부정신학 전통에서 영감을 끌어냈다. 데리다는 가능성이란 불가능성의 영역에서 나온다고 주장했다. 그의 견해에 따르면 **가능성**은 예측할 수 있거나 계획할 수 있는 모든 것이며, 반면 **불가능성**은 현재 우리의 이성과 상상력의 지평 안에 있어서 **우리의 통제 아래 있는** 가능성을 근본적으로 초월하는 것이다.

어린이들은 그들이 누릴 수 있는 보물을 깨닫지 못한다면, 반면에 '세속 지혜'의 기술이라는 시험을 막 통과한 이들은 그들이 사실은 그것에 대해 얼마나 아는 것이 없는지를 모른다. "어머니 배 속으로 다시 들어갔다가 태어날 수야 없지 않겠습니까?"(요한 3,4)라는 니코데모의 말이 여기 딱 맞아떨어진다. 예수께서 니코데모에게 "다시 태어나야 한다"고 말씀하시거나, 다른 곳에서 제자들에게 "어린이처럼 하느님 나라를 받아들이지 않는 사람은 결코 그곳으로 들어가지 못할 것입니다"(마르 10,15)라고 말씀하실 때, 분명 그분은 우리더러 유치해지라고 재촉하시는 것이 아니다.[14]

우리가 어린 시절의 신앙으로 돌아가는 것은 불가능하다. '불가능한 것들의 영역'으로 들어가는 그 입구는 우리에게 막혀 있다. 우리가 쫓겨난 낙원, 지금은 천사들이 횃불을 들고 지키고 있는 그 낙원에 관한 성경 이미지 **역시** 어쩌면 이 '인간 상황'과 관련 있을 것이다.[15] 어느 날 니케가 더 이상 맥스가 될 수 없는 것처럼, 우리는 다시 어린이가 될 수는 없다. 우리는 어린이**처럼** 될 수 있을 뿐이다. 이 **비유**를 이해하고 실현한다는 것은 '불가능성'으로 들어가는 또 **다른** 입구를 찾는 일이다.

우리는 계몽주의 시대가 우리에게 가져다준 성인기 이전으로 되돌아갈 수는 없으며, 이에 대해 일방적인 판단을 내리는 것도 경계해야 한다. 거룩함의 세계로 떠난 낭만주의 소풍은 환상이다. (유럽 낭만주의 시기가 그랬고, 현재에는 어린 시절 신앙으로 퇴행하거나 근대 이전의 교회와 신심과 신학을 모방함으로써 우리 문화와 자신의 삶에서 '사라져 버린 거룩함'에 대응하려고 애쓰는 현대인들이 그러한 소풍을 떠난다.) 대체로 이런 시도들은 즐거움을 주고 때로는 아주 근사해 보일 수도 있다. 그리고 확실히, 때에 따라서는 이런 시도가 필요하고 유익할 수도 있다. 그러나 이것들은 환상이다. 실제 삶이 그러하듯, 살아 있는 실제 신앙은 환상의 살얼음판 위에 서 있을 수 없다. 그 살얼음을 통해 우리는 우리의 '초기의 종교성'이라는 그 깊은 물속을 들여다볼 수도 있고 거기서 뒹굴 수도 있으나, 그러다가 그 거룩한 깊은 물속에 빠져 정말 익사할 수도 있기 때문이다. 우리는 거룩함이라는 알려진 보물의 세계를 떠돌아다니다가, 우리 내면의 '어른'을 깜빡 잊고 놔두고 나올 수도 있다. 이성 또한 우리가 쉽게 버려서는 안 되는 흔치 않은 선물이다!

　　인간의 인지 과정을 묵상할 때, 어쩌면 우리는 그리스도교 신앙의 기본 모형인 파스카 체험과 어떤 유사성을 식별할 수 있을 것이다. 우리는 자연에서든 역사에서든 '객관적 법칙들'을 밝혀 오고 있다고 오랫동안 믿어 왔다. 이 작업을 어떤 이들은 세계가 지극히 이성적이라 '신 가설'이 필요하지 않다는 증거로 받아들였고, 또 다른 이들은 세상에서 신의 흔적을 발견하는 것에 매혹되는 '사유의 신심'으로 받아들였다.

　　이제 포스트모던 시대에 많은 이들이 다다른 결론은, 모든 '객관성'은 환상이었으며 자연과 역사의 '법칙'들은 우리가 항해의 편의를 위해 현실에 투사한 우리 나름의 생각이었다는 것이다. 지금 우리가 보는 무한히 깊고 복잡하며 다형적인 '공간들'을 우리 이성의 얼개 속에 사로잡으려는 시도는 실패할 수밖에 없다. 니체는 '이성의 거미줄'의 허약함을 최초로 — 그는 다른 여러 면에서도 그랬지만 — 깨달은 인물이었을 것이다. 니체는 모든 인식은 인식하는 사람의 관점에 제약을 받으며, 모든 견해, 나아가 모든 관상과 관찰은 그 **자체로 해석**이라는 것을 깊이 이해하고 있었다. 우리의 개입과 우리의 인지 활동에서 완전히 분리되어 '우리 자신의 실체'에 다다르기란 불가능하다. 우리는 우리 해석 **너머까지는** 내디딜 수 없다. 우리의 관점을 넓히는 유일한 방법은 다른 이들과의 대화를 통하는 길뿐이다.

모더니즘의 이러한 실패, 그 순진성의 상실, '계몽주의를 깨우치는' 과정은 서구 지식인들의 역사적 여정에서 이 단계가 내놓은 더욱 가치 있는 결과물이다. 신비주의 체험에서 자라난 '부정신학'이 이미 오래전에 명백히 알았던 것, 말하자면 현실은 우리의 생각이나 언어나 범주나 인식과는 비길 수 없을 정도로 훨씬 '더 크다'는 것을 이제는 우리 지식의 모든 영역에서 진지하게 받아들여야 한다. 앞으로 나아가는 길은 오직 역설을 통해서만 가능하다.

현실이 현대의 유물론과 실증주의에서 보는 것처럼 그렇게 평면적이라면, 세상이 우리가 요한 복음서에서 영감을 받아 "이 세상"이라 부르는 '세상의 껍데기'라면, 그렇다면 무신론자와 불가지론자들이 절대적으로 옳을 것이다. 그런 세상에는 하느님이 없고, 그런 세상에서 우리는 하느님을 만날 수 없다. 하느님에 관해 이야기한다는 것은 껍데기에 만족하지 않고 저 '깊숙한 곳'까지 고려하면서 **현실을 다르게 인식한다**는 것이다. 그러나 이런 공간적 비유를 사용할 때는 매우 신중해야 한다. 고전적인 형이상학적 현실주의의 순진함, 플라톤주의와 인도 신화에서 말하는 '다음 세상'이나 '주관주의'로 빠지지 않게 매우 조심해야 한다. 세상은 '객관적으로 존재하는' **두** 세상, 즉 한쪽에는 가변적인 껍데기의 세상, 다른 한쪽에는 '그 너머' 깊숙한 실제 세상으로 나뉘어 있는 것이 아니다.

무한히 다양한 모습을 지닌 하나의 실재가 있을 뿐이다. 우리가 증언하는 것은 다양한 견해, 서로 다른 관점, 서로 다른 경험들의 열매다. 우리가 은유적으로 '껍데기'라고 묘사하는 것, 또는 성경의 표현을 써서 '이 세상'(saeculum)이라고 지칭하는 그것은 '객관적으로 존재하는' 무언가가 아니라 특정한 세계관의 산물, 현실에 대한 특정한 해석이다. 어떤 견지에서 보면, 특정한 삶의 방식과 현실에 대한 태도의 틀 안에서, 세상은 '세속'(saeculum)으로 드러난다.

그러나 우리가 '깊은 곳', 하느님 나라, 거룩한 것, '불가능한 것의 영역'이라 부르는 것에도 비슷한 것을 말할 수 있지 않을까? 심지어 이 경우에도 우리는 우리가 다가갈 수 있는 어떤 '객관적 실재'를 가리키는 것이 아니다. 그 길은 믿음과 사랑과 희망 말고는 없다.

하느님께서는 믿는 이들의 믿음과 사랑과 희망의 행위를 통해 세상에 '현존'하시고 '가시적으로' 드러나신다. 그 밖에 다른 식으로 이해될 수 있는 하나의 실체로서 현존하시는 것이 아니다. '신앙 밖에' 서 있는 이들은 우리가 하느님이라 부르는 존재를 신자들의 증언,

말하자면 믿음과 희망과 무엇보다도 사랑의 행위를 통해 어렴풋이 볼 수도 있을 것이다. 비록 그렇게 어렴풋이 본 것을 묘사하고 해석하는 데에는 전통적인 신앙 언어가 아닌 다른 어휘를 끌어오겠지만 말이다.

그러나 믿는 이들 자신도 믿음과 사랑과 희망의 행위를 통하지 않고서는 하느님을 체험할 수 없다. 현재의 신학자들 가운데 특히 요제프 라칭거는 언제나 강조하기를, 믿음은 수학 공식 같은 의미로 이해할 수 없으며, 믿음과 사랑과 희망의 길로 이루어지는 **삶의 체험**과 동떨어져서 '이성적으로 증명'할 수 없다고 했다. "예수님 말씀의 진리는 이론으로 검증할 수 없습니다. 오히려 그것은 실험을 거쳐서만 증명할 수 있는 '기술적 진술'(technical proposition)과도 비슷한 것입니다. 여기서 하느님께서 하신 말씀의 진리는 온 인격, 삶의 체험을 요구합니다. 그 진리는 진정으로 나 자신을 하느님의 뜻에 내어 맡길 때만 내게 분명해집니다. … 창조주의 이 뜻은 나에게 낯설거나 무관한 것이 아니라, 내 존재의 바탕입니다."[16]

내가 믿음의 길 말고는 하느님께 이르는 길이 없다고 주장할 때, 하느님을 '단순히 주관적인' 실체로 축소하거나 격하하려는 의도는 전혀 없다. 인간의 이러한 신앙 — 그것이 진정 신앙이라면 — 체험의 근본적인 특징은, 하느님은 **모든 인간 행위의 역량 전체를 무한히 초월하는 어떤 것**이며 하느님을 '온전히 인간적인' 어떤 것으로 축소하려는 시도는 하느님을 우상으로 대체한다는 뜻임을 깨닫는 것이다.

현대의 엄격한 신학에 일종의 기반이 되었던 순진한 형이상학적 현실주의가 무너진 이후, 그리고 과학과 과학 지식의 실증주의적 개념도 무너진 이후, 우리는 **상충하는 해석들**이라는 상황에 놓여 있다. 이 점에서 나는 현실을 '주관적' 현실과 '객관적' 현실로 구분하는 현대의 생각을 거부하고 대신 세계관의 다원성을 진지하게 받아들이는 '포스트모더니즘'의 생각에 온전히 동조한다. 현실은 역설로 가득하며 다양한 해석들에 열려 있는 무궁무진한 신비로 우리 앞에 서 있다. 우리가 선택하는 해석은 개인적 선택과 위험과 책임의 문제이다.

그러나 내가 '**믿음**'이라는 말로 가리키는 그런 세계의 해석을 선택한다면 위대한 역설이 우리를 기다리고 있다. 우리의 믿음은 단순히 '**우리의 일**', **단순히** 우리의 선택이 아니라, **이미 그것에 앞섰던 도전에 대한 대답**이라는 것이다. 예수님께서는 말씀하신다. "여러분이 나를 택한 것이 아니라 내가 여러분을 택했습니다"(요한 15,16).

『가톨릭교회 교리서』도 믿음은 대화라고 말한다. 하느님 몸소 인간 마음 안에 '형이상학적 불안', 곧 **의미**를 찾고자 하는 요구를 심어 두시고, 당신의 계시로써 이 물음에 응답하신다. 그러면 인간은 ─ 신뢰와 내어 맡김의 행위인 신앙으로 ─ 말씀이신 분을 통해 하느님께서 당신을 내어 주시는 그 거룩한 나눔에 응답한다.

현대에 등장한 하느님에 대한 여러 개념, 예컨대 계몽주의 이신론자들이 삼위일체의 신비를 대체하려고 슬쩍 만들어 낸 ─ 안타깝게도 많은 그리스도인은 이를 알아채지 못했다 ─ '우주라는 시계를 만든 위대한 시계공' 같은 개념들이 사라진 것은 신자들의 영성과 영성 생활에도 영향을 미친다. (고해 사제로서의 내 경험을 참조한다면) 오늘날 많은 그리스도인은 '기도의 위기'를 겪고 있다. 그들은 '눈에 보이지 않는 아저씨'와 나누는 가상 대화에 신심을 자극하는 시 구절들까지 끼워 놓으면 더는 진지하게 앉아 있지 못한다. 우리 그리스도인들은 **관상**을 다시 한번 배워야 한다. 관상이란 하느님께서 당신의 독특한 사건들과 **우리의 삶을 통해** 말씀하실 수 있게 하는 내적 침묵의 기술이다. 그렇게 하면 우리가 그 신심의 속임수에 빠져들려고 할 때 우리 삶 자체가 하나의 개선책이 될 것이다. 우리 자신의 투사와 계획들을 신의 입속에 밀어 넣는 일은, 언제든 '대기하고 있는' 거짓 신의 경우에만 가능하다. 다행히도 살아 계신 하느님, **실재의 깊은 신비**는 이런 식으로 다룰 수 없다.

사람들의 영적 여정을 동행하는 고해 사제에게 가장 중요한 사명은, 우리 삶의 사건들에서 하느님의 암호를 식별하고 알아보며 **우리 삶을 통해 던지시는 그분의 도전에 응답할** 수 있도록 침묵하고 경청하는 기술을 가르치는 것 아닐까?

⚜

'고해 사제의 밤들'에 나를 무겁게 짓눌렀던 많은 것들이 '은수자의 아침', 이 고독과 관상의 시간에 서서히 선명해졌다. 아직 매우 **이른 아침**, 동틀 녘이다. 환한 대낮이 오기까지는 아직 많이 남았다. 나는 살아서 이 삶에서, 이 세상에서 밝은 대낮을 보게 될까?

지금 사라져 가고 있는 종교는 우리의 현실 경험에서 역설을 없애려고 노력했다.[17] 우리가 지향하며 키워 나가는 믿음, 파스카 신앙은 우리에게 **역설과 더불어 살아가라**고 가르친다. 지금 시대가 가져올 격변들, 특히 종교 영역의 격변도 두려워하지 말자. 많은 것이 사라지고 있고 훨씬 더 많은 것이 사라질 것이다. 그러나 '다시 부는 바람인 그리스도교'를 세울 기초는 남아 있을 것이다. 그것은 믿음과 희망과 사랑, 이 세 가지다. 나는 그렇게 굳게 믿는다. 우리가 문턱에 서 있는 이 시대에 무엇보다 가장 필요한 것은 희망일 것이다.

| 주 |

1 고해 사제의 밤

1 '데우스 엑스 마키나'(deus ex machina)는 '기계 장치에서 나온 신'이라는 뜻으로, 고대 그리스 극에서 막다른 상황이나 어려운 결말을 해결하기 위해 느닷없이 신을 등장시키던 기법을 일컫는 말이다 – 역자 주.

2 원래 복음서가 쓰인 언어에서 메토도스(*methodos*)는 '길'을 뜻한다.

3 이천 년 동안 그리스도교를 따라다닌 그리스도교의 종말에 대한 온갖 예측들 가운데 기억나는 것을 꼽아 보자면 볼테르와 프로이센의 프리드리히가 주고받은 서신들을 들 수 있다. 18세기 중반에 그들은 그리스도교가 길어야 50년 안에 세계에서 사라질 것이라고 확신했다[Ben Ray Redman, *The Portable Voltaire* (New York 1949) 26 참조].

4 유다교 신학자 아브라함 헤셸(1907~1972)의 저서들에서 이러한 '심층 신학'을 엿볼 수 있다. 헤셸은 비인격화된 현대 세계에서 어떻게 하느님마저 '우리에게 쓸모 있는 것'으로 격하되고, 또 이것이 종교의 평범함으로 이어졌는지 보여 준다. 그러니 그러한 구조들 아래 깊이 파고들어 가 신비와 경이, 경외에 대한 감각을 재발견해야 한다.

5 고해성사에서 사제가 바치는 사죄경 전문은 이렇다. "인자하신 천주 성부께서는 성자의 죽음과 부활로 세상을 당신과 화해시키시고 죄를 용서하시려고 성령을 보내 주셨으니 교회의 직무를 통하여 몸소 이 교우에게 용서와 평화를 주소서. 나도 성부와 성자와 성령의 이름으로 이 교우의 죄를 용서합니다."

6 예컨대, 로마서 6장 9절 참조. "우리가 알기로, 죽은 자들 가운데서 일으켜진 그리스도께서는 다시는 죽지 않으십니다."

7 신학자들이 강조하듯, 우리가 '부활'이라고 번역하는 신약성경 그리스어 본문의 낱말은 잠에서 깨어난 사람들, 죽은 것처럼 보였다가 현세로 돌아온 '소생'의 체험에서 가져온 것이기 때문에, 죽음을 이긴 그리스도의 승리라는 신비에 대해서는 유비 또는 은유밖에 되지 못한다. 그리스도교 신앙에서 그리스도의 부활은 소생과는 근본적으로 다르고 훨씬 더 심오한 것으로 해석하기 때문이다. 우리가 이 개념의 한계에 주목하는 것을 부활 신비의 축소로 받아들인다면 완벽한 오산이며, 오히려 그 정반대이다.

8 동료 신학자들을 위한 주석: **역설의 신학**은 '오직 ~뿐'을 거부하고 '~뿐 아니라 ~도'의 원리를 옹호한다. 그러니 '부활은 **오로지** 십자가의 재해석이다'라고만 말할 수는 없다. 그렇지 않으면 우리는 낡은 해방신학의 얕은 개울에 갇힐 것이다. 그 정반대의 편파적 견해, 곧 부활은 수많은 역사적 사건들이나 수많은 기적 가운데 하나일 '따름'이

주 273

라는 견해는 근본주의적 평범함의 깊은 구렁에 빠질 수 있다. 부활은 시간 속에 불쑥 끼어드는 **종말론적** 사건이다. 단순한 연대기적 사실이 아닌 '사흗날'이라는 표현도 이를 암시한다. 제자들의 마음과 정신을 꿰뚫고 거기에 빛을 비추어 그들이 그리스도의 고통과 십자가의 의미를 이해하기에는 시간이 필요했다.

9 *Love's Strategy: The Political Theology of Johannn Baptist Metz*, ed. John K. Downey (Harrisburg, PA: Trinity Press International 1999) 참조.
10 아마 이를 가장 명시적으로 설명하고 있는 것은 야고보서(2,18-26)와 최후의 심판에 관한 예수님의 비유(마태 24,31-46)일 것이다.
11 Sigmund Freud-Oskar Pfister, *Sigmund Freud, Psychoanalysis and Faith: Dialogues with the Reverend Oskar Pfister* (New York: Basic Books 1963) 122.
12 '자연적인 것'과 '초자연적인 것'의 개념은 특히 제9장 '바이올린을 연주하는 토끼'에서 다룰 것이다.
13 이 주제에 관해서는 제3장 '불가능한 것들의 나라가 오시며'에서 더 이야기하겠다.

2 저희에게 작은 믿음을 주소서

1 여기서 에른스트 윙거의 철학 에세이 『숲 산책』*Der Waldgang*이 떠오른다. 이 책에서 '숲을 거니는 이'는 저자가 생각하는 인간의 원형이며 점점 더 '자동화'되는 시대에 자유에 대한 자신의 원래 태도를 간직한 사람이다. 이 책에서 언젠가 나에게 큰 영감을 준 것은 사제에 관한 대목이었는데, 박해와 영적 사막의 시간에 사제는 이러한 '숲 생활' 말고는 참된 삶에 대한 갈망을 달랠 다른 힘의 원천을 찾지 못한다.
2 마르 11,22 참조. 대부분의 번역본에는 "하느님을 믿어라"로 되어 있지만, 체코어 크랄리체 성경과 영어 위클리프 번역본에서 따르고 있는 문자적 의미는 이러하다.

3 불가능한 것들의 나라가 오시며

1 물론 성령의 활동을 강조하는 모든 운동을 '광적 은사주의'와 무분별하게 연결해서는 안 된다. 더구나 미국 복음주의 교회에서 생겨나 다른 교파로도 퍼진 '오순절 운동' 안에서도 '광적 은사주의' 단계는 일시적인 '유아기적 장애' 단계로 본다.
2 Richard Rorty, *Achieving Our Country: Leftist Thought in Twentieth-Century America* (Cambridge, MA: Harvard University Press 1998) 22. [리처드 로티 『미국 만들기: 20세기 미국에서의 좌파 사상』(동문선 2003) 참조].
3 요한 복음에 나오는 '이 세상'이라는 개념에 대한 철학적·신학적 해석은 수없이 많다.

그것은 하느님 나라에 대조되는 '악 속에 놓인' 세상이다. 이는 가짜(僞) 플라톤주의처럼 일종의 '저 세상'이라는 이름으로 '세속성'을 경멸하는 것이 아니다. 우리는 '이 세상'을 하이데거가 말한 '퇴락'(Verfallenheit), 곧 '진짜가 아닌 삶', 세상을 살아가는 무책임하고 '산만한' 껍데기의 삶이라고 설명할 수도 있다. 바오로 사도는 이러한 두 가지 삶의 방식을 '성령에 따라 사는 삶'과 '육에 따라 사는 삶'으로 구분했다.

4 루카 복음이 몇 번이고 용서해야 한다는 예수님의 말씀을 겨자씨에 관한 말씀 바로 앞에 배치한 것은 분명 우연이 아니다.

5 제1차 바티칸 공의회의 신학적 정의를 여전히 고수하는 이들과 그 교의에 영감을 받은 신스콜라철학을 달래기 위해 덧붙이자면, 나도 인간 이성, 더 정확히는 특정한 합리성의 길이 우리가 '하느님' 또는 창조주라 부르는 주권이 존재한다는 확신으로 이끌 수 있다는 데 동의한다. 사랑과 희망 안에서만 당신을 드러내시며 그러한 거룩한 덕들 덕분에 무한한 신비의 꿰뚫을 수 없는 빛 안에 잠겨 계시는 하느님과 '형이상학자들의 하느님'의 관계에 대한 논의는 여기서는 접어 둔다.

6 테르툴리아누스 『그리스도 육신론』 5,4.

4 어렴풋한 현존

1 프랑스어에서 'milieu'라는 단어는 '중심' 또는 '환경'을 뜻할 수도 있다.

2 테야르가 『차라투스트라는 이렇게 말했다』에 나오는 니체의 가장 유명한 이 문구를 선택한 것은 분명 우연이 아니었다.

3 Jan Patočka, *Heretical Essays in the Philosophy of History*, ed. James Dodd, trans. Erazim Kohák (Chicago: Open Court 1999).

4 키프리아누스(†258)의 이 문장은 본디, 교회가 박해받던 시기에 떨어져 나간 신자들의 세례의 유효성을 부정한 엄격주의자들을 겨냥한 말이었다. 이 문장을 '가톨릭교회의 구성원이 아닌 이들은 구원받을 수 없다'는 의미로 해석하는 것은 1949년 8월 8일 교황청 신앙교리성에 의해 이단으로 거부되었음을 주목해야 한다. 실제로 이 이단을 옹호한 미국인 예수회 사제 레오나르도 피니는 교황 비오 12세에 의해 1953년 2월 5일 파문되었다.

5 Hans Urs von Balthasar, *Elucidations* (San Francisco: Ignatius Press 1998).

6 같은 책, 강조는 저자가 한 것.

5 진중한 신앙

1 Nicholas Lash, *Holiness, Speech and Silence: Reflections on the Question of God* (Farnham, Surrey, UK: Ashgate Publishing Group 2004) 84.

6 믿음이 있는 과학자의 고달픔

1 물론 사르트르를 여기서 언급하는 것이 우리 교회의 구조를 지옥에 비기려는 뜻은 아니다. 나에게 구약에서 말하는 주님을 찬미하기 어려운 그늘진 슬픔의 영역인 저승, 또는 '교회 밖'(extra ecclesiam) 원칙을 세례받지 않은 아기들의 형벌(또는 형벌 면제) 장소로 잘못 이해한 이들이 고안해 낸 고성소(limbo)를 가장 생생하게 불러일으키는 것은 오히려 그런 부류의 회의나 강연들이다.
2 Werner Keller, *The Bible as History* (New York: Bantam Books 1983).
3 래시 교수의 철학은 제9장에서 더 광범하게 다룰 것이다.
4 이 생각을 처음 발전시킨 사람은 Michael Buckley, SJ일 것이다. 그의 책 *At the Origins of Modern Atheism* (New Haven, CT: Yale University Press 1990) 참조.
5 이 주제에 관해서는 이 책 5장 참조.
6 Lash, *Holiness, Speech, and Silence*, 특히 78-85 참조.

7 하느님이 아니라는 기쁨

1 현대 문화의 '자기본위주의'에 관해서는, 다음과 같은 책들을 참조하라. Gilles Lipovetsky, *L'ère du vide: Essais sur l'individualisme Contemporain* (Paris: Gallimard 1999); Paul C. Vitz, *Psychology as Religion: The Cult of Self-Worship* (Grand Rapids, MI: Eerdmans 1994).

8 다시, 여기

1 Jiří Langer, *Nine Gates*, trans. Stephen Jolly (Cambridge, U.K.: Luterworth Press 1987). 랑에르의 책 덕분에 나는 한때 몇 년 동안 하시딤 전설의 세계에 빠져들었다. 내 옛 제자가 불교 선사로 들어갔던 것처럼 말이다.
2 체코의 문호 야로슬라프 하셰크의 미완성 유고작 반전 소설 『착한 병사 슈베이크의 세계대전 중의 모험』의 주인공 – 역자 주.

3 제2차 바티칸 공의회, 비그리스도교와 교회의 관계에 대한 선언「우리 시대」참조.
4 아마도 콜로 1,15-20가 이를 가장 아름답게 표현하고 있을 것이다.
5 제2차 바티칸 공의회가 교회 헌장「인류의 빛」에서 교회를 정의하면서 쓴 표현이다.
6 작가요 소설가요 검객으로 알려진 17세기 프랑스 실존 인물이다. 1897년 초연된 에드몽 로스탕의 희곡『시라노 드 베르주라크』를 통해 널리 알려졌다 - 역자 주.

9 바이올린을 연주하는 토끼

1 Nicholas Lash, *Holiness, Speech and Silence*.
2 제6장 '믿음이 있는 과학자의 고달픔'도 참조.
3 Lash, Holiness, *Speech and Silence*, 44-45.
4 같은 책 10.
5 같은 책 14.
6 같은 책 14-15.
7 Fergus Kerr, *After Aquinas: Versions of Thomism* (London: Wiley-Blackwell 2002) 190.
8 1381년에 프라하 주교좌성당의 참사회원 겸 고해 사제로 임명되었다(†1394).
9 아달베르투스Adalbertus Ranconis라고도 불린다(1320년경~1388.8.15). 1355년에 소르본 대학 학장이었다.
10 이와 관련한 내용은 5장 '진중한 신앙'을 참조하라.
11 아마 우리는 새 천년기의 그리스도교는 **신비주의**가 되거나 존재하지 않거나, 이 둘 중 하나가 되리라고 한 라너의 예견이 실현되는 것을 볼 가능성이 크다.

12 폭력이다

1 무대와 갤러리, 출판 시장의 수많은 싸구려 반그리스도교 쓰레기들 대부분은 대개는 하룻밤에 흔적도 없이 사라질 것이다. 이런 것들이 만들어지는 이유는 저자들이 그리스도교 일부 교계의 격렬한 반대를 기대하기 때문이다. 이런 반대는 책들이 시장에서 성공을 거두고 '대담한 작품'이라는 평판을 보장한다. 저자들의 그런 기대는 절대 실망을 안기지 않는다. 그러나 도를 지나쳐 유다인과 무슬림들까지 공격하는 작품들이 나오면 서구에서는 관계 당국이 곧바로 개입하고 문제의 작품들은 종종 몰수되며 저자들은 벌을 받거나 최소한 자신의 무관용과 종교 모독에 대해 사과를 요구받는다. 다른 한편, 그저 그리스도교만 그런 식으로 또는 훨씬 더 노골적으로 모독하는 작품들이

나오면 똑같은 관계 당국들은 예술의 자유와 언론의 자유라는 명목으로 저자들을 옹호할 것이다. 우리는 이상한 세상에 살고 있다.
2 안나 카타리나 엠머릭 복자의 환시에 관해 시인 클레멘스 브렌타노가 쓴 책 - 역자 주.
3 미국 침례교의 제리 폴웰 목사가 세운 개신교 우파 조직 - 역자 주.
4 스즈키 다이세츠鈴木大拙(1870~1966). 일본의 불교학자로 서양에 선禪 사상을 소개하는 데 힘썼다 - 역자 주.

13 요나의 표징

1 바츨라프 하벨의 희곡 『비망록』 *The Memorandum* (San Francisco, Grove 1990)에 나오는 관료주의의 인위적 언어.

14 이 저녁의 기도

1 이 장은 2005년 9월 16일~18일 폴란드 그니에즈노에서 '대화의 유럽'이라는 주제로 열린 국제회의 중에 유다교와 그리스도교, 이슬람교 대표들의 기념비적인 공동 기도 모임 개막식에서 발표한 내용이다. 이 장의 제목은 1938년 뮌헨 조약 직후 발표된 카렐 차페크의 글에서 따온 것이다.
2 프리드리히 횔덜린의 시 「파트모스」에서.

15 사라의 웃음

1 예컨대 이 구절이 시편 제22편에서 따온 것이고 그 시편은 '낙관적 결말'로 끝난다는 (사실이기는 하지만) 평범하기 짝이 없는 지적이 그렇다.
2 Joseph Razinger, *Eschatology: Death and Eternal Life* (Washington DC: Catholic University of America Press 2007). [『종말론 - 죽음과 영원한 생명에 관하여』 조한규 옮김 (생활성서 2020) 참조.]
3 단테의 『신곡』에서 지옥문 위에 새겨진 글.
4 구약성경과 신약성경의 주요 장면들을 묘사한 그림에 짧은 설명을 덧붙인 일련의 목판화들로 이루어진 성경 - 역자 주.
5 Tomás Halík, *Vzýván i nevzýván*.

16 원기를 회복하는 그리스도교

1 여기서 신앙이란 '신앙의 성조' 아브라함이 먼저 걸었고 예언자들이 선포했던 여정을 말한다. 덧붙이자면, 언제나 사회(부족, 민족), 전통, 권위를 바탕으로 굴러가는 '종교'와는 다른 것이다.

2 체코 철학자 얀 파토치카가 그의 마지막 책이자 가장 빼어난 작품인 *Heretical Essay in the Philosophy of History*에서 사용한 표현이다.

3 여기서는 카를 구스타프 융이 원형(수정 안의 결정 격자)과 상징(수정 '덩어리')의 관계를 설명하기 위해 즐겨 사용한 직유에서 영감을 받았는데, 이 비유가 원형과 상징의 불가분성을 잘 보여 주기 때문이다. 결정 격자는 수정을 벗어나서는 볼 수 없다. 말하자면 상징을 벗어나서는 원형을 볼 수 없다. 마찬가지로 신앙이 이야기적 구성 요소를 뜻하든(성경과 성전聖傳), 기념의 상징(전례)이나 사람들이 그들의 삶에서 경험하고 증언하는 것[봉사(*diakonia*)와 순교(*martyria*)]을 뜻하든, 신앙의 내적 구조는 신앙이 '벌어지는' 환경을 벗어나서는 만날 수 없다.

4 역시 얀 파토치카의 책에서 빌려 온 이미지이다.

5 이 장 각주 2 참조.

6 그들이 자연 현상에 그것을 투사한 것인지 아니면 거기서 그것을 발견한 것인지는 잠시 접어 둘 문제다.

7 흔히 알려진 죄의 목록에서 '아케디아'(칠죄종 가운데 일곱째 죄인 나태)는 '게으름'으로 부정확하게 번역되고는 한다. 그러나 사실 이것은 일종의 넌더리, 삶의 권태, 염세적 태도와 체념이다. 이러한 영적 특성을 심리학 또는 정신과학 측면에서 설명한다면, 그렇게 함으로써 이 문제를 다소 하찮게 만들기는 하지만, '번아웃 증후군'이라는 진단을 내릴 것이다.

8 융은 상징적 중년기 무렵(대체로 서른다섯 이후) 많은 사람이 가정이나 관계, 직장, 건강에서 일종의 위기를 겪거나 지금까지 성취한 모든 것과 이전의 동기들에 뚜렷한 이유 없이 넌더리가 나는 경험을 한다고 말한다. 그러나 이러한 위기에는 목적이 있다. 남은 반생을 외적 표면을 세우는 데 소모하지 말라는 것이다. (다시 말해, 경력이나 재산에 매달리지 말라는 것이다. 우리 삶의 '가시적 토대'를 다지는 것은, 좁은 물질적 의미에서뿐 아니라 '우리 삶의 오전'을 위한 활동이었다.) 이후의 삶을 위해 고되고 위험한 내적 여정, 자기(Selbst)를 찾고 성숙시키는 영적 여정을 마침내 시작하라고 경고하기 위한 것이다.

9 Jean-François Lyotard, *La Condition Postmoderne* (Les Éditions de Minuit: Paris 1985). [장 프랑수아 리오타르『포스트모던의 조건』유정완 옮김 (민음사 2018).]

10 하이데거가 쓴 표현으로, 사람들이 상황 속에 처한 자신을 어떻게 감지하는지를 뜻하는 말이다.
11 맥스, 샐리 그리고 개 조나단은 체코 어린이 텔레비전 프로그램 속 캐릭터들이다.
12 체코 전통에서는 아기 예수님이 12월 24일 저물녘 성탄 나무 아래에 성탄 선물을 둔다고 여긴다.
13 Paul Veyne, *Did the Greeks Believe in Their Myths? An Essay on the Constitutive Imagination* (Chicago: University of Chicago Press 1988). [『그리스인들은 신화를 믿었는가?』 김운비 옮김 (이학사 2002).]
14 일부 신학 애호가들이 해석하듯이 '환생'을 두고 하신 말씀도 아니다. '카르마'(업보) 체계는 성경에는 전혀 생소한 것이다. 밀교(密敎)에서 지어내어 끊임없이 내세우는 주장, 곧 환생에 관련된 원래 신앙 조항들을 나중에 교회회의들이 성경과 초기 교회의 가르침에서 삭제했다는 말은 입증하기 (또는 반박하기도) 불가능한 허튼소리이다. 이런 주장은 쿠란이 복음서보다 예수님 생애에 관해 '더욱 원본'에 가까운 내용을 담고 있다는 무슬림들의 주장만큼이나 터무니없다. 이런 주장은 아마도 오리게네스의 가르침에 담긴 신플라톤주의적 요소 일부를 교회가 단죄한 것을 왜곡되게 설명한 데서 비롯했을 것이다.
15 아니면 정반대의 관점에서 바라볼 수도 있다. 유아기에서 성인기로 넘어갈 때 인간은 어떤 의미에서 구원 역사의 이 '**원초적**' 체험을 '되풀이한다'고 말이다.
16 Pope Benedict XVI, *God and the World: A Conversation with Peter Seewald* (San Francisco: Ignatius 2002). [요제프 라칭거와 페터 제발트『하느님과 세상』정종휴 옮김 (성바오로출판사 2004) 참조.]
17 특히 사회학자 니클라스 루만은 탈역설화(Entparadoxierung)에 관하여 이야기한다. Niklas Luhmann, *Funktion der Religion* (Suhrkamp taschenbuch wissenschaft) (Berlin: Suhrkamp 1977) 참조.